미래
교양
총서

아시아, 평화를 상상하다

미래교양총서 2

아시아, 평화를 상상하다

© 중앙대학교 다빈치 미래교양연구소 편, 2017

1판 1쇄 인쇄__2017년 09월 20일
1판 1쇄 발행__2017년 09월 30일

지은이__강상규·공진성·심아정·오창은·한수영·최진석·오영진·사카다 키요코·신혜정
펴낸이__홍정표

펴낸곳__글로벌콘텐츠
　　　　등록__제25100-2008-24호
　　　　이메일__edit@gcbook.co.kr

공급처__(주)글로벌콘텐츠출판그룹
　　　　대표__홍정표　이사__양정섭　편집디자인__김미미　기획·마케팅__노경민
　　　　주소__서울특별시 강동구 천중로 196 정일빌딩 401호
　　　　전화__02)488-3280 팩스__02)488-3281
　　　　홈페이지__http://www.gcbook.co.kr

값 13,000원
ISBN 979-11-5852-164-6 93300

미래교양총서 2

아시아, 평화를 상상하다

다빈치 미래교양연구소 편

글로벌콘텐츠

대안(對岸)과 대안(代案)을 상상하며

동해바다의 물을 길어 올려 정성스럽게 증발시켜 소금 결정을 만드는 예술가가 있습니다. 오키나와에서 활동하는 사카다 키요코[阪田淸子]입니다. 그녀의 고향인 니이가타[新潟] 해변에는 먼 바다에서 표류물들이 밀려온다고 합니다. 정체불명의 표류물을 보며 그녀는 바다 건너에서 보내온 수취인 불명의 편지 같다는 상상을 합니다. '누구의, 어떤 이야기가 상처투성이가 된 채 바다 건너 낯선 해안에 당도한 것일까?'

동해는 한국과 일본, 북한, 러시아의 해안에 둘러싸여 있습니다. 아시아 근현대사의 굴곡과 비극을 온전히 지켜본 이 바다를 서로의 해안에서는 각기 다른 이름으로 부릅니다. 그래서 예술가는 그 바닷물을 응축한 소금결정을 만들었을 것입니다. 슬픔과 눈물의 여정을 집약한 결정을 통해 다시 서로의 낯선 해안을 비추어보고 싶었을 것입니다.

그녀는 재일조선인 시인인 김시종의 장시 「니이가타」, 17656자에 이르는 문자 하나하나 위에 소금결정을 올려놓는 작업을 합니다. 2017년도 평창비엔날레에 출품된 작품 〈About opposite shore〉입니다.

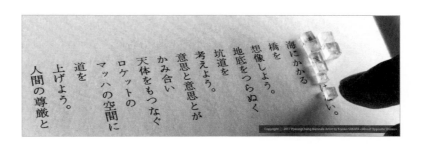

　「니이카다」는 일그러진 아시아 근현대사의 면면이 드라마틱하게 각인되어 있는 시입니다. 정체불명의 표류물이 되어 일본 땅에 도달하여, 타자로서의 삶을 감내해온 재일조선인이 쓴 시 위에 한 점 한 점 소금결정이 놓입니다. 네모난 결정을 통해 바라본 일본어 문자는 흐릿하게 번져 보입니다. 하나의 언어, 하나의 해안, 민족, 국가를 구획하듯이 단호하게 인쇄된 문자가 이제 낯선 빛으로 번지며 반사됩니다. 동해의 물결, 동해의 눈물을 통과하며 새로운 언어, 빛의 언어가 탄생합니다.

　눈에 비치는
　길을
　길이라고
　단정해 버리면 안 된다.
　아무도 모른 채로

사람들이 내디뎌온
그런 곳을
길이라고
불러서는 안 된다.
바다에 걸린
다리를 상상하자
땅 밑을 관통하는
갱도를 생각하자……
인간의 존엄과
지혜의 화합으로
빈틈없이 짜 넣어진
역사에만
우리의 길을
열어두자
그곳을 통과하지 않으면 안 된다.

—김시종, 「니이가타」 중에서

    『아시아, 평화를 상상하다』는 이러한 문제의식에서 우리가
살아가는 아시아의 현실 위에서 새로운 평화를 상상해보기 위
해서 기획되었습니다. 아시아는 다이나믹하게 유동하며 새로운

가능성을 국제사회에 발신하고 있습니다. 하지만 해결해야할 갈등도 다양하며 현실적으로는 긴장과 위기가 점점 고조되고 있는 상황입니다. 역사적으로 지리적으로 너무도 가까운 이웃이면서도, 서로의 해안에는 수취인불명의 무수한 편지만이 도달할 뿐, 그것을 읽어낼 지혜와 감성은 턱없이 부족합니다. 서로의 해안을 상상하는 새로운 혜안이 필요한 시대입니다.

　민간교육재단인 원아시아재단One Asia Foundation에서는 국가와 민족, 이념과 종교를 추월하여 새로운 아시아의 평화공동체를 사유해보자는 목적에서 세계 각국의 대학에 〈아시아공동체론〉 강좌개설을 지원해오고 있습니다. 이 책은 2017년도 1학기에 열린 중앙대학교 제2차 〈아시아 공동체론〉 강좌를 바탕으로 구성되었습니다. '아시아, 청년, 평화'라는 주제로 각 분야의 전문가들의 이야기를 경청했습니다. 우리 청년들이 자신과 타자를 향한 감수성을 키우고, 세계를 바라보는 지성을 단련하는 과정에서, 평화에 대한 새로운 희망이 시작될 수 있다고 믿기 때문입니다. 원자력, 폭력, 디아스포라라는 주제로 삶의 조건을 성찰해보는 정치학적 상상을 해보고, 공감과 상상력이라는 키워드로 문학, 감성교육, 가상현실의 문제를 비추어보고, 마지막으로 평화를 향한 미술가와 시인의 실천과 도전을 살펴보는 구성으로 되어 있습니다.

아무쪼록 이 책이 세계의 무수한 타자로부터 전해지는 소리와 새롭게 대화하며, 서로의 대안對岸과 대안代案을 상상해가는 작은 디딤돌이 되기를 기원해봅니다.

강연을 해주시고, 소중한 원고를 모아주신 선생님들께 머리 숙여 감사의 인사를 드립니다. 특별히 강좌를 후원해주신 원아시다재단이 사토요우지[佐藤洋治] 이사장님, 그리고 강좌를 기획하고 운영하는데 정성을 쏟아주신 중앙대학교 다빈치교양대학의 박경하 학장님과 다빈치 미래교양연구소의 교수님들, 그리고 수유너머104 연구소의 심아정 선생님께도 감사의 인사를 올립니다.

푸르고 아름다운 아시아의 청년들에게 이 책을 바칩니다.

한수영(중앙대학교 다빈치교양대학 교수,
미래교양총서 기획편집인)

2부
평화를 위한 감성과 상상

3부
평화를 위한 예술가의 순례

1부
평화를 위한 정치학적 상상

동아시아의 상생과 평화

: 히로시마와 후쿠시마에서 길을 찾다

강상규

Profile

방송통신대학교 일본학과 교수. 서울대학교 외교학과 졸업, 일본
도쿄대학 정치학 박사. 한국과 일본의 건강하고 의미 있는 소통과
상생의 길, 동아시아 역사의 새로운 해석에 관심을 갖고 연구하고
있다. 저서로는『19세기 동아시아의 패러다임 변환과 제국 일본』,
『19세기 동아시아의 패러다임 변환과 한반도』,『19세기 동아시아
의 패러다임 변환과 다중거울』,『조선정치사의 발견 : 조선의 정치
지형과 문명전환의 위기』,『근현대 한일관계와 국제사회』,『근현대
일본정치사』 등이 있다.

동아시아의 상생과 평화

: 히로시마와 후쿠시마에서 길을 찾다

극단의 시대 20세기

우리가 살아가는 21세기, 우리들 각자는 장밋빛 미래, 후손들이 행복하게 살아가는 미래를 꿈꿉니다. 하지만 세상이 꼭 그런 방향으로 나아가는 것 같지는 않습니다. 파란만장했던 20세기! 에릭 홉스봄Eric Hobsbawm이라는 저명한 역사학자는 이 시기를 '극단의 시대'라고 명명했습니다. 왜일까요? 20세기에 들어 대량생산체제가 가능해지면서 인류의 역사에서 일반대중들도 풍요로움을 경험할 수 있었던 매우 특별한 시기이고, 그럼에도 불구하고 혹은 어쩌면 그렇기 때문에 거기서 더 많은 욕망들이 분출되고 갈등이 폭발하며 엄청난 전쟁과 거대한 광기의 시대를 경험해야 했던 시기였기 때문입니다. 이제는 우리가 그런 '극단의 시대'를 건강하고 성숙하게 졸업할 수 있으면 좋겠는데, 현실은 그렇게 간단하지 않은 것 같아 보입니다.

오늘 강연에서는 이러한 문제의식의 연장선상에서 20세기에 시작된 핵무기와 원자력의 문제에 관해 생각해보기로 하겠습니다. 원자폭탄이나 핵무기, 원자력! 사실 일반 사람들이 관심을 갖기에는 왠지 너무 거창하고 또한 불편한 이야기처럼 들릴 수 있습니다. 하지만 이제 좀 더 차분하게 문제를 바라보고 냉철하게 생각해보는 기회가 될 수 있으면 좋겠습니다.

원자폭탄의 등장

핵무기에 관해서는 19세기 후반부터 이야기를 꺼낼 수도 있겠지만 여기서는 내용이 너무 번지는 것을 막기 위해서 핵무기가 현실공간에서 만들어지게 되는 상황으로부터 이야기보따리를 풀어보기로 하겠습니다.

여러분, 제1차 세계대전이 끝나고 1920~30년대 역사적 상황 속에서 독일에 히틀러Adolf Hitler라는 인물이 등장했다는 것을 모두 잘 알고 있을 것입니다.

그런데 그 히틀러가 집권한 나치 독일에서 원자폭탄 제조를 위한 매우 중요한 발견이 이루어지게 되었습니다. 그것은 우라늄이

〈히틀러〉

중성자를 흡수하면 불안정해지고 원자핵이 분열하면서 엄청난 힘이 발생한다는 것이었습니다. 이게 1938년 말의 일입니다. 당시의 세계는 전쟁의 방향으로 쏠려가고 있던 상황이었습니다. 그런데 이런 거대한 힘의 단서를 발견하게 되면서 이것으로 폭탄을 만들게 되면 그 폭탄의 파괴력이 엄청날 것이라는 생각을 하게 됩니다. 따라서 나찌 독일과 대립하던 다른 진영 쪽에서는 긴장하지 않을 수가 없었고, 그런 가운데서 세계의 과학자들이 미국에 몰려오게 되고, 그래서 엄청난 예산을 들여 핵무기 개발을 추진하게 되는데 이것이 이른바 '맨하탄 프로젝트Manhattan project'였습니다. 1942년도의 일입니다. 이때 맨하탄 프로젝트의 총책임을 맡았던 인물이 바로 다음 사진 속에 나와 있는 오펜하이머Robert Oppenheimer 박사입니다.

여기서 당시의 상황을 상기해보도록 합시다. 여러분이 잘 아

〈맨하탄 프로젝트 책임자 로버트 오펜하이머 박사〉

는 바와 같이, 미국이 제2차 세계대전에 참전하게 된 직접적인 계기가 된 것이 바로 일본의 진주만 폭격이었죠? 그게 1941년 12월 7일의 일입니다. 그러니까 미국이 전쟁에 참여하면서 원자폭탄을 만들려고 하는 계획이 본

〈일본의 진주만공격〉

격화되었음을 알 수 있고, 아울러 히틀러가 원폭을 만들어내기 전에 이것을 빨리 만들지 않으면 어떤 위기 상황에 노출될지 모른다는 위기감이 확산되는 가운데 어떻게든 빠르게 압도적인 파괴력을 지닌 원자폭탄을 빨리 성공시켜내야 한다는 일종의 사명감이 작용하고 있었다는 것도 이해할 수 있습니다. 그야말로 아슬아슬한 '시간과의 경쟁'이 벌어지던 상황이 전개가 되었던 것이죠.

그리고 1945년 7월에야 드디어 원폭 실험에 성공하게 됩니다. 그런데 이 원폭이 개발되었던 시점은 이미 히틀러가 자살하고 나치독일이 항복 선언을 한 뒤였습니다. 1945년 4월과 5월의 일이죠. 즉 유럽에서의 전쟁은 이미 끝이 난 상황이었던 것이죠.

그런데 일본과의 전쟁은 끝나지 않고, 끝날 것 같은 조짐도 좀처럼 보이지 않는 상황이었습니다. 그리고 바로 이 시점은 오키나와에서 미군과 일본군의 전투가 전개되고 있었죠. 오키나와전이 진행된 것이 다름 아닌 1945년 4월부터 6월까지였습니다.

그런데 그 작은 섬 오키나와에서의 싸움은 좀처럼 끝나지 않았고, 미국 측의 희생은 예상보다 훨씬 컸습니다. 그런 상황 속

에 미국은 전쟁을 빨리 끝내고 싶었지만, 가미가제 특공대를 비롯한 일본군의 저항은 상상을 초월할 만큼 강력한 것이었고, 일본의 본토를 점령하는 데까지는 최소 1년 이상의 시간이 소요될 거라고 하는 불길한 예상들이 나오는 가운데 미국의 핵실험이 인류역사 최초로 성공하게 되었던 것이죠. 이게 7월 16일의 일입니다. 이 핵 실험을 트리니티Trinity 실험이라고 합니다.

〈인류 최초의 원자폭탄〉

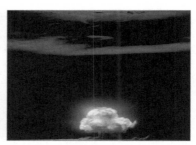
〈트리니티 핵실험〉

그리고 7월 26일 일본의 무조건항복을 요구하는 포츠담 선언이 이루어지죠. 여기에 나온 연합국 측 대표들의 얼굴이 굉장히 낯익을 것입니다. 사진에서 보면 왼쪽부터 소련의 스탈린Joseph Stalin, 미국의 트루먼Harry S. Truman, 영국의 처칠Winston Churchill입니다.

〈포츠담선언에 임하는 연합국 대표〉

미국의 핵실험이 성공하면서 핵실험 성공 소식은 일본 수뇌부에 전달이 되었습니다. 그리고 어떤 식으로든 저 포츠담 선언에서 일본이 항복하지 않았을 때 일본이 맞이하게 될 사태는 괴멸적인 재앙의 수준이라는 경고를 듣게 됩니다. 하지만 일본 수뇌부는 전쟁을 멈추려 하지 않았습니다. 그런 상황에서 한반도 분단의 구체적 계기가 극적으로 만들어진다는 것도 주목해 볼 필요가 있을 것입니다. 그리고 마침내 일본에 원폭이 투하되게 됩니다.

히로시마와 나가사키

히로시마에 원폭이 떨어진 날은 45년 8월 6일이었습니다. 히로시마 상공에서 에놀라 게이Enola Gay라는 이름이 붙은 B29 전폭기에서 투하된 원자폭탄의 이름은 리틀 보이little boy였습니다. 그리고 3일 후 나가사키에 다시 팻 맨fat man이라고 하는 또 다른 원폭이 투하되었습니다. 이번에는 플루토늄으로 만든 원폭이었습니다. 이렇게 해서 인류는 핵무기를 제조하여 전쟁에서 사용하는 초유의 경험을 하게 됩니다. 그동안의 전쟁이 상대방을 '제압'하기 위한 것이었다면 이제 인류는 스스로를 '멸종'시킬 수 있는 새로운 차원으로 돌입하게 된 것입니다. 하지만 우리는 놀라우리만큼 히로시마와 나가사키의 비극에 대해 잘 모릅니다. 왜냐하면 이 모두가 '저들'의 이야기, 타자들의 사정이라고 생각하기 때문이며, 과거의 사건으로 인식하고 있기 때문이죠.

요컨대 '일본이 전쟁을 저질렀고, 그래서 그 전쟁에서 나쁜 짓을 하다가 거기에 대해 일종의 천벌을 받은 것'이라고 생각하기 때문에 히로시마와 나가사키의 이야기는 우리의 기억 밖 저

〈히로시마(좌), 나가사키(우)에 투하된 원폭에서 피어오르는 버섯구름〉

편에 망각의 그늘에 두면 되는 문제인 것처럼 생각을 하고 있습니다.

히로시마의 원폭투하로 인해서 45년까지 일본의 히로시마에서 대략 14만 명이 죽었습니다. 그리고 나가사키에서는 7만 명이 죽었습니다. 50년까지 사망자는 두 지역에서 각각 20만, 14

〈일본의 원폭 피해자들〉

〈1945년 9월 2일 미주리호 선상에서 일본대표가 항복문서에 서명하는 장면〉

만으로 불어납니다. 물론 여기에서 이들이 1950년까지 얼마가 죽었다는 통계수치는 정확하다고 하기 어렵습니다. 왜냐하면 원폭에 의한 방사능 피폭에 의한 사망 여부를 분명하게 확증하기가 사실상 어려운 경우가 너무 많기 때문입니다.

히로시마 나가사키의 원폭투하를 통해서 일본은 결국 항복을 합니다. 1945년 8월 15일입니다. 그리고 지금 여기 보는 사진 매우 유명한 사진이죠? 바로 더글라스 맥아더Douglas MacArthur 사령관입니다. 맥아더 장군이 1945년 9월 2일 도쿄만 안쪽에 정박한 미국전함 미주리호 선상에서 일본 대표로 나와 항복 문서에 서명하고 있는 시게미츠 마모루重光葵 일본외상을 지켜보는 사진입니다.

그러면 여기서 우리가 히로시마와 나가사키를 어떠한 시각에서 볼 것인지에 대해 한 번 생각해보기로 합시다. 여기 두 사람의 대담 장면이 있습니다. 왼쪽에 있는 사람이 일본의 오에 겐자부로大江健三郎입니다. 1994년 노벨 문학상을 받았던 일본의 비판적 지성을 대표하는 사람이라고 할 수 있습니다. 오른쪽에 있는 사람은 한국의 시인 김지하입니다. 한국 민주화 운동에서 대단히 중요한 위치를 차지하는 인물이죠. 오에 겐자부로는『히로시마 노트』에서 이런 이야기를 합니다. '히로시마에서 죽었던 사람들은 누구인가? 그들이 과연 전쟁을 책임져야 하고, 전쟁을 일으켰던 사람들인가? 일본의 전쟁에 책임져야

〈오에 겐자부로와 김지하의 대담〉

할 사람들이 아니라 왜 평범한 일본의 서민들이 원폭을 맞아야 했는가'라는 화두를 던졌던 것이죠.

이에 대해 김지하는 명쾌한, 그리고 매우 아픈 비판을 오에 겐자부로에게 던집니다. "당신들이 왜 원폭을 맞았는지 생각해보았는가? 그리고 당시에 원폭이 떨어졌을 때 당신들에게는 아픈 것이었지만, 주변에서는 환호했던 것은 무엇 때문일까? 이에 대해 일본인은 성찰하지 않으면 안 된다." 오에 겐자부로를 혼들어 놓은 질문이었습니다.

이후 오에 겐자부로는 자기가 보았던 히로시마 나가사키에서 죽어갔던 보통 사람들의 참혹하게 일그러진 모습들을 보며 그가 느꼈던 생각에 대해 김지하가 던진 그 따끔한 지적에서 많은 깨달음과 영감을 얻었다는 고백을 후일 내놓게 됩니다. 김지하가 오에 겐자부로에게 제기한 이러한 비판은 우리들 대다수의 생각을 대변한다고 해도 과언이 아닐 것입니다. "맞아도 싸지, 너희가 얼마나 나쁜 짓을 했는데", 김지하의 비판은 결국 한마디로 이렇게 압축할 수 있지 않을까요?

하지만, 과연 우리는 김지하의 지적만으로 히로시마와 나가사키의 원폭을 이해하고 기억의 저 너머로 접어 두어도 되는 것인지 생각해보아야 합니다. 아무런 영문도 모른 채 죽어 간 보통사람들, 여기에는 조선인도 다수 포함되어 있었습니다. 우리가 피해의식에 사로잡혀 원폭이 던지는 메시지를 협소하게 해석하고 넘어가고 만다면 이것은 바로 우리들에게 매우 비극적인 사태로 돌아올 소지가 큽니다. 핵무기 피폭은 기존의 전쟁과는 전혀 다른 차원의 문제이며, 과거에 머무르지 않고 현재,

미래로 이어지는 성격을 지니고 있기 때문입니다. 그런 상황을 2017년 한반도를 둘러싼 위기상황의 전개를 통해 우리는 목도하고 있습니다.

핵 경쟁과 공포의 균형

제2차 세계대전이 끝난 이후 세계는 냉전의 소용돌이 속으로 급속하게 빨려들어 갑니다. 미국이 핵을 가지고 있는 상황에서 미국과 다른 진영에 있던 소련의 입장에서는 두려움에 휩싸이지 않을 수 없었습니다. '만약 저 무시무시한 폭발력을 지닌 무기를 우리에게 겨눈다면 어떻게 될까?' 이런 위기의식 속에서 소련은 '우리도 원폭을 개발해야 한다'는 엄청난 강박관념에 시달리게 됩니다. 결국 소련 역시 핵무기 실험에 성공하였습니다. 바로 1949년 8월의 일입니다. 그러고 보면 중국이 공산화되어 중화인민공화국이 수립된 것이 49년 10월 1일이니 거의 같은 시기라고 할 수 있겠지요? 그리고 얼마 지나지 않아 한반도에서 1950년 6월 25일 한국전쟁이 터지게 되었던 것이죠. 이러한 와중에 미국과 소련의 핵무기 개발경쟁은 무섭게 진행되어 가게 됩니다. 1952년 최초로 미국이 수소폭탄 실험에 성공했을 때 그 폭발력은 히로시마에서 터졌던 핵폭탄의 수백 배에 달하게 됩니다. 그리고 얼마 후 소련도 수소폭탄 실험에 성공하게 되죠.

한편 핵탄두의 개발과 함께 미사일과 같은 운반수단의 확보능력도 중요해지게 되었습니다. 이제 전략폭격기가 핵을 싣고

가서 적에게 핵을 투하하는 그런 형태가 아닌 것이죠. 1957년 소련은 대륙간 탄도미사일ICBM을 최초로 시험 발사하였고, 스푸트니크 인공위성을 우주로 쏘아 올리는 데 성공합니다. 그러자 미국은 1958년 국립항공우주국NASA을 설립하여 미사일 개발과 우주탐사에 박차를 가하게 됩니다. 20세기 후반의 걸프전이나 이후의 여러 전쟁을 보면 미국의 미사일이 얼마나 정확하게 상대방을 타격할 수 있는지 확인할 수 있습니다. 이처럼 거대한 폭발력을 가진 핵무기를 제조하는 능력과 그 거대한 핵무기를 탑재하여 정교하게 공격할 수 있는 미사일 기술이 연쇄적으로 상호상승하며 발전을 거듭하게 된 것이죠.

20세기 후반 인류가 핵무기에 의한 전쟁 위험이 가장 고조되었던 것은 쿠바 미사일 위기였습니다. 1962년 10월, 미국은 소련이 쿠바에 비밀리에 핵미사일을 배치했음을 알게 됩니다. 케

〈쿠바 미사일 위기를 둘러싼 케네디와 흐루시초프의 대결을 풍자한 그림〉

케네디John F. Kennedy 미국 대통령은 쿠바에 대해 부분적인 해상봉쇄로 대응했고, 미국의 핵전력은 유례없는 경계태세에 돌입하게 됩니다. 미·소 양국의 외교적, 군사적 대치상태는 흐루시초프Nikita Khrushchyov가 미국의 쿠바 불침공 보장을 조건으로 미사일을 철수함에 따라 6주 만에 해소되었습니다.

이렇게 해서 세상이 평화로워지면 좋겠지만 핵 경쟁은 그렇게 사라질 수 있는 성격이 아니었습니다. 1960년대 중반에 이르러 미·소 간의 핵무기 경쟁은 상호확증파괴MAD: Mutual Assured Destruction의 상황에 도달하게 됩니다. 핵전쟁이 발생할 경우 선제공격을 먼저 시도한 측에서도 결국 상대방의 반격에 노출되어 궤멸하게 되는 상황에 이르게 되는 상태, 이른바 '공포의 균형' 혹은 '제2공격력의 확보'라고 불리는 특이한 형태의 세력균형 상황에 이르게 된 것이죠. 요컨대 이제는 역설적으로 핵무기를 통해서 상대방을 완전히 제압하는 상황은 현실화되기 어렵게 되었습니다.

이러한 상황들을 배경으로 냉전의 상황은 1970년대 데탕트시대, 이른바 화해의 시대로 넘어가게 됩니다. 그러다가 다시 데탕트의 분위기는 강한 미국을 주창한 레이건 대통령이 1981년 등장하면서 다른 국면으로 넘어가게 됩니다. 소련을 '악의 제국'이라고 지칭하며, 군비 증강과 '별들의 전쟁'이라고 불리는 전략방위구상SDI: Strategic Defense Initiative을 추진하면서 미국은 소련에 대한 전방위적인 압박을 가하게 됩니다. 미국 측 전략은 상대방과의 핵개발 경쟁에서, 이제 필요하다면 미국이 핵전쟁을 하게 되는 사태가 벌어지더라도 상대방을 완전히 제압할 수 있는 힘을 갖추도록 하겠다는 전략으로 바뀌게 된 것이죠.

이후 인류는 1980년대 90년대의 급박했던 상황들, 요컨대 동부유럽의 사회주의 국가들이 도미노처럼 무너져 내리고 급기야 소련이 해체되는 상황과 마주하게 됩니다. 여러분, 기억하나요?

21세기와 새로운 위기들

여기 사진이 있습니다. 2001년 미국에서 벌어진 9.11테러가 벌어지는 사진입니다. 유튜브 등을 통해 당시 9.11테러 영상을 언제든지 다시 보실 수 있습니다. 정말 섬뜩한 장면이 아닐 수 없습니다. 21세기의 벽두에 벌어진 이 뜨거운 사건은 냉전이 끝난 새로운 세기가 평화와 번영, 그리고 안정된 미래로 이어질 것이라는 낙관적인 전망을 완전히 뒤

〈테러에 의해 화염에 휩싸인 세계무역센터〉

집어 놓기에 충분한 것이었습니다. 결국 이 사건으로 21세기의 안보환경은 국가 간의 경쟁 속에서 이루어졌던 기존의 군비경쟁과는 다른 차원의 새로운 안보질서가 나타나게 되고 인류가 새로운 위기상황에 노출되게 되었다는 것을 보여주는 것이었습니다.

기왕에 20세기까지의 전쟁이 주권국가들이 국익을 우선시하

며 부국강병을 추구하는 가운데 경쟁하다 벌어지는 양상을 보이고 있었다면, 이제는 전세계적으로 정보혁명이 진행되는 가운데 지구적으로 연결되어 있는 네트워크들이 작동하게 되면서, 훨씬 더 복잡한 양상으로 전개되게 된 것입니다. 정보혁명으로 과거에는 국가가 독점하고 있었던 정보를 개인들이 접근해 취득하는 것이 가능해지게 되고, 21세기에 인류가 경험하게 될 가장 무서운 설정 중의 하나로 '범지구적 테러조직이 핵무기나 화생방 무기와 같은 대량살상무기를 확보하게 되는' 상황이 거론되게 되었던 것이죠. 이렇게 하여 '범지구적인 테러조직의 네트워크화와 대량살상무기의 연결'이라는, 문명과 야만의 극단적인 형태의 결합은 21세기 지구안보를 위협하는 가장 위험한 시나리오로서 떠오르게 되었습니다. 이러한 흐름은 북핵문제가 세계적인 핵심이슈중의 하나로 부상하게 되는 배경이 되기도 하였습니다. 이런 와중에서 미국의 아프가니스탄, 이라크 공격이 이루어지고 세계적인 차원의 갈등이 꼬리에 꼬리를 물고 진행되는 양상을 우리는 목도한 바 있습니다.

2011년 3월 11일, 이번에는 일본의 동북부지방을 강타한 진도 9의 대지진과 쓰나미, 그리고 그 엄청난 재난에 이어서 나타난 후쿠시마 원전 폭발, 이로 인해 방사성물질이 대량으로 방출되는 미증유의 사건이 벌어졌습니다.

〈2011년 일본 동북지방의 대지진 이후 폭발하는 후쿠시마 원전〉

'어떻게 이런 일이 벌어진 것인가? 대체 뭐가 문제였던 거지?' 여기에서 우리는 다음과 같은 질문을 하지 않을 수 없습니다. 일본은 원자폭탄 피폭을 당한 지구상의 유일한 국가라는 뼈아픈 역사적 경험을 가지고 있다는 점, 그리고 지질학적 특성상 일본은 구조적으로 지진이 빈발할 수밖에 없다는 점 등을 고려할 때 어떻게 일본에 원자력발전소가 그렇게 수용될 수 있었는가 하는 의문입니다. 여러분도 이렇게 된 연유가 궁금하시나요? 조금 더 이 문제를 숙고해보기로 할까요?

피폭국의 체험, 지진의 나라 그리고 원전의 등장

앞서 언급한 것처럼, 1945년 8월 일본의 히로시마와 나가사키에서 원폭이 터진 바 있습니다. 인류역사상, 지구상의 전쟁에서 원폭을 맞은 나라는 사실상 유일하게 일본밖에 없습니다. 원폭의 무서움과 아픔을 누구보다 더 잘 아는 일본인들입니다. 여기에 나와 있는 포스터는 히로시마에서 원폭 피해를 알리기 위한 관련 포스터입니다. 〈히로시마의 증언: 빼앗긴 거리, 남겨진 것〉이라는 타이틀이 눈에 들어옵니다. 그런데 언제 어느 틈에 54기에 달하는 원전들이 들어서서 가동

〈히로시마의 원폭 포스터〉

되고 있었던 것일까요? 사고가 날 당시 일본의 원자력발전량은 놀랍게도 미국, 프랑스에 이어 세 번째로 높은 수준이었습니다.

다음은 '일본은 지진의 나라인데?'라는 문제입니다. 일본에서는 지진에 대해서 어떻게 대비하고 거기에서 어떤 방식으로 서로 협력해서 이 상황에 대해서 대응할 건지를 아이들부터 보육원과 학교에서 끊임없이 배웁니다.

옆의 그림에서 확인할 수 있는 것처럼, 일본열도는 태평양 플레이트, 유라시아 플레이트, 북아메리카 플레이트, 필리핀 플레이트라는 4개의 거대한 플레이트의 경계 위에 자리잡고 있습니다. 따라서 지각이 대단

〈지구의 지각(地殼)구조와 일본열도〉

히 불안정합니다. 따라서 '일본열도가 지각변동에서 생겨난 만큼, 일본 어디에서 산다고 해도 지진에서 안전한 곳은 없다'는 것은 일본사회에서는 일상의 확고한 상식이 되어 있습니다.

그런데 이런 지진의 땅 일본에서 어떻게 무서운 원전들이 버젓이 54기가 가동될 수 있었던 것일까요? 언제든지 강력한 지진이 발생할 수 있다는 일본열도의 구조적 특성을 무시한 채 원자력발전소가 건설되어 가동되고 있었던 것은 어떠한 연유에서일까요?

그렇다면 이처럼 아픔을 경험한 '역사적 특수성'을 갖고 있는 일본, 지질학적으로 지진을 껴안고 살아야 하는 일본의 '구조적 숙명'을 고려할 때, 핵에 대한 거부감이 상대적으로 강력할 수밖

에 없었을 것인데, 그럼에도 불구하고 일본이 원전에 몰두한 것은 무엇 때문일까요?

핵에 대한 공포와 선망 사이

전후 핵 경쟁에 관해서는 앞서 언급한 바 있습니다. 소련이 핵을 개발한 1949년 이후, 핵무기는 급속하게 확산되어 갑니다. 이런 와중에 미국의 대통령 아이젠하워Dwight Eisenhower는 53년 UN에서 연설을 하게 됩니다. 그 연설의 제목이 'Atoms for Peace'였습니다. 직역하면 평화를 위한 원자력 정도겠죠? 혹은 '원자력의 평화적 이용' 정도로 번역할 수 있을 것입니다. 여기서 아이젠하워는 이런 요지의 발언을 합니다. "인류의 기적적인 산물이 인류의 죽음에 이용되는 일이 없고 인류의 삶에 봉사하는 길을 발견할 수 있도록 정성을 다해 노력할 것을 맹세한다. 지금까지 이 거대한 힘을 지닌 원자력은 '전쟁과 죽음'의 무기로 활용되었다. 하지만 이제부터 원자력은 '평화와 건설'을 위해 사용되어야 한다"는 것이었죠. 이러한 '발상의 전환'은 그 자체로는 매우 드라마틱하며 그 자체가 '역사의 진보'처럼 보였습니다. 그런데 문제가 있었습니다. 그 문제가 무엇인지는 조금 뒤에 살펴보기로 하겠습니다.

지금까지 인류가 거행한 핵실험은 대체로 2,000번 정도로 추산됩니다. 그 가운데, 1954년 3월 1일에 수소폭탄 실험이 비키니 섬에서 있었습니다. 그때 비키니 섬이 위치한 마셜 제도 근처에서 고기를 잡던 일본의 어선이 수소폭탄의 낙진에 덮여 방사능에 노출되게 됩니다. 다이고 후쿠류마루第五福龍丸라는 이름을 가진 어선이었습니다. 이 사실이 알려지면서 일본에서는 반핵운동이 일어나기도 했습니다. 이게 바로 1954년의 이야기입니다. 그런데 바로 그 해에 일본에서 나카소네 야스히로中曾根康弘를 비롯한 젊은 정치인들이 원자력 기본법을 성립시키게 됩니다. 원자력 발전소가 일본에 합법적으로 들어설 수 있는 법적인 정비작업을 하게 되었던 것이죠. 그것은 '원자력의 평화적 이용'이라는 명목으로 핵기술을 산업차원에서 수용하면서, 다른 한 편으로는 핵무장이라는 미래의 선택지도 가능하게 해두겠다는 생각에서였습니다.

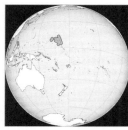

〈비키니 섬이 위치한 마셜제도〉 〈비키니 핵실험〉

공교롭게도 이 시기는 일본의 대중들에게 원자력에 대한 거부감 대신 호감이 생겨나는 시기이도 합니다. 예를 들어 보기로 하겠습니다. 여러분, 일본의 애니메이션을 많이 좋아하죠? 전후 일본의 대표적인 만화가 데즈카 오사무手塚治虫의 아톰アトム이라는

만화가 등장한 것이 바로 1952년부터입니다. 〈테츠완鉄腕 아톰〉, 우리들에게는 아마도 '우주소년 아톰'이라는 만화영화로 기억되고 있죠?

〈공전의 히트를 기록한 만화 아톰〉　　　　　〈아톰의 동생 우란〉

  전후 일본인들에게 아톰은 매우 특별한 존재였습니다. 귀여운 모습을 하고 있는 사랑스러운 로봇, 아톰. 그런데 아톰은 체구는 작지만 거대한 몸집을 가진 다른 로봇들을 엄청난 힘으로 제압합니다. 신나는 일이 아닐 수 없습니다. 그 아톰Atom을 움직이는 힘이 바로 Atom 곧 원자력입니다. 생각해보셨나요? 그리고 포스터에도 나와 있는 아톰의 여동생이 있습니다. 아주 귀엽게 생긴 여자아이죠. 그 여자아이의 이름이 뭐였는지 기억하나요? 네 바로 우란ウラン입니다. 우란uran은 원자력을 발생시키는 우라늄을 의미한다는 것, 앞서 언급한 바 있습니다.
  데즈카 오사무가 일본이 원자력을 수용해야 한다는 정치적인 의도나 계획을 가지고 만화를 만든 것은 아니겠지만, 패전 후에 보통 일본인 누구나가 갖고 있던 그 거대한 공허감, 좌절감 속에서 패전에서 딛고 일어서 부강한 나라를 건설하고 싶어 하는 그런 욕구가 존재하는 것은 매우 자연스러운 감정이라고 보아야 할 것입니다. 그런데 이렇게 등장했던 아톰이 일본 사회에 원자력이 갖는 거부감을 일반대중이 벗어내는 데 매우 중요한 역할을 하게 되었다는 점에 주목할 필요가 있습니다.

여기서 함께 주목해보아야 보아야 할 부분이 있습니다. 전후 일본의 엘리트들의 대다수가 전쟁 도발에 대한 성찰보다는 패전에 대한 반성과 상실감에 사로잡혀 있었다는 점입니다. 요컨대 많은 일본의 과학자들은 일본이 미국에 패배한 것이 일본의 과학이 충분히 발전하지 못했기 때문이며, 과학적 사고가 결여되어 있었기 때문이라는 반성에 젖어 있었습니다. 이러한 인식의 연장선상에서 과학만능적인 지향의지가 미래의 에너지로서 원자력을 수용하게 만들었으며, 원자력 에너지를 실용화하는 것이야말로 인류의 위업이자 과학기술의 위대한 성과이며 역사의 필연적인 발전방향에 부합하는 것이라는 신념을 갖고 있었습니다.

이러한 사실은 바꿔 말하면 핵분열 에너지 즉 원자력에 대한 경악할 만한 '공포'의 경험과 동시에 엄청나게 강한 파워, 곧 가공할 만한 힘에 대한 강렬한 '선망'이 역설적으로 전후 일본 엘리트들의 의식 속에서 원자력의 도입을 수용하게 했다는 것을 의미하는 것이기도 합니다.

일본 원자력의 안전신화

그러면 일본인들에게 존재하던 핵에 대한 공포감을 어떻게 극복할 수 있었던 것일까요? 그 핵심은 일본에 들어서게 될 원자력이 '절대 안전'하다는 것이었습니다. 일본정부와 전력회사, 매스컴은 기회가 있을 때마다 원전이 '다중방호시스템'이며 '완벽에 가까운 기술'로 통제 가능하기 때문에 재해에 의한 사고는 절대 일어날 수 없다고 강조하게 됩니다. 절대 안전의 선전에 원자력 관련 분야의 전문가, 학자들이 적극적으로 동참하였습니다. 원자력발전소를 추진함으로써 이익을 얻게 되는 정치가와 기업, 매스컴, 전문가 집단이 하나가 되어 사실을 은폐 축소하거나 왜곡하거나 대대적인 장밋빛 홍보와 선전을 하게 된 것이죠.

이러한 상황에서 영국에서 1957년 윈즈케일에서, 미국에서는 1979년 쓰리마일 섬에서 사고가 나더니, 1986년 4월에는 소련의 체르노빌에서 최악의 방사능 누출사고가 발생하게 됩니다.

〈원전사고로 폐허로 변한 체르노빌〉

이곳은 지금의 우크라이나 지역에 해당하죠. 지금이 체르노빌은 사람이 살수 없는 땅이 되어 있습니다. 이에 대해 일본에서는 대형사고가 일어나지 않았고, 일본의 기술은 소련의 미숙한 기술력과는 달리 대단히 우수하다는 논리로 원자력 안전신화를 유지해 나가게 됩니다.

이와 관련하여 2015년에 노벨문학상을 받은 알렉시예비치는 10년 넘게 집필한 『체르노빌의 목소리』 한국어판 서문에서 다음과 같이 매우 의미심장한 지적을 하였습니다. 그 내용을 인용하고 넘어가겠습니다. 함께 소리 내어 읽어볼까요.

사람들은 체르노빌을 전체주의로 해석했다. 소련의 핵원자로가 불완전해서 일어난 일이라고, 기술적으로 낙후했기 때문이라고, 러시아인의 안일함과 도둑질을 예로 들어가며 설명했다. 핵의 안전신화 자체는 아무런 타격을 입지 않았다. 충격은 빨리 사라졌다. 방사선은 바로 죽이지 않는다. 러시아 환경단체가 수집한 통계에 따르면 체르노빌 사건 후 150만 명이 사망했다. 이에 대해서는 모두 침묵한다.

몇 해 전, 일본 홋카이도에 있는 토마리 원전을 방문한 적이 있다. 호텔방 창문으로 그 모습을 처음 봤는데, 갈매기 날개처럼 하얀, 마치 해안에 착륙한 우주비행선 같이 보이는 완벽한 구조였다. 토마리 원전 직원들은 자신들을 마치 데미우르고스, 즉 조물주처럼 생각하는 것 같았다. 내게 체르노빌에 대해 질문했다. 내 이야기를 들으며 연민을 담은 미소를 지었다. "우리가 일하는 원전에서는 절대로 일어날 수 없는 일"이라고 했다. "원전 건물 위로 비행기가 떨어져도 끄떡없고, 가장 강력한 지진, 규모 8.0의 강진도 견뎌낼 수 있다"고 했다. 하지만 이번에 일본 역사상 처음으로 규모 9.0의 지진이 발생했다. 현대인들은 자기 능력의 한계를 인정하려 하지 않는다.

—『체르노빌의 목소리』(새잎, 2011) 한국어판 「서문」 중에서

이처럼 체르노빌의 사건이 발생했음에도 불구하고, 일본의 원전은 절대 안전하다, 일본의 원자력 기술은 지금 소련의 수준과는 다르다, 따라서 안심해도 된다는 이야기를 해온 것이죠. 그러다가 결국 후쿠시마 원전사고가 터지게 된 것입니다.

'절대반지'로서 원자력의 유혹

원자력이 갖고 있는 치명적인 유혹을 들여다보고 있으면, 마치 톨킨J. R. R. Tolkien의 작품, 『반지의 제왕The Lord of the Rings』에 등장하는 '절대반지The One Ring'의 마력을 떠올리게 됩니다. 왜 그럴까요?

그것은 핵분열 에너지, 곧 원자력 에너지가 기존의 에너지와는 '비교가 불가능한 압도적인 힘'이라는 것에서 비롯되는 것이었습니다. 압도적인 힘에 대한 선망은 인간의 욕망을 꿈틀거리게 하고 요동치게 하는 '치명적인 유혹'이 될 수밖에 없었던 것이죠. 그 힘을 장악한 자가 세상을 손에 쥐는 것은 명백해보였습니다. 이는 과거에는 경험하지 못한 공포인 동시에 죽음과 파멸을 불사할 만큼 매력적으로 보였습니다. "내가 갖지 않으면 다른 누군가가 그 힘을 가지게 될 거야"그 힘이 설령 온 세상을

〈영화 〈반지의 제왕〉에 등장하는 절대반지, 그리고 스미골과 골룸〉

재앙으로 내몰아 간다고 하더라도, 아니 어쩌면 재앙으로 몰고 갈 수 있기 때문에 더더욱 다른 존재가 그 힘을 갖기 전에 자신이 그것을 장악하고 싶은 욕망이 정당화될 수 있는 것처럼 보였을 것입니다. 그리고 원전의 평화적인 이용이라는 발상의 전환이야 말로 인류역사의 거대한 진보처럼 인식되었을 것입니다. 이제 '절대반지'로서 거대한 원자력 에너지가 인간의 손 안으로, 저마다의 일상 속으로 파고 들어오게 된 것입니다.

그런데 역설적으로 여기에 인류 대재앙의 불씨가 숨어 있었습니다. 왜냐하면 '원자력이라고 하는 것이 일상적인 세계의 에너지와는 완전히 이질적인 것'이었기 때문입니다. 요컨대, '지구상의 모든 생물이 발 딛고 사는 세계, 즉 원자핵의 안정을 토대로 이루어진 세계에 거대한 파괴력을 갖는 이물질을 투입하게 된 것'이며, 이로부터 인간의 생명, 지구환경과는 끝내 공생하기 어려운 '근본적인 문제가 발생'하게 된다는 것입니다. 이것은 환

〈《반지의 제왕》에서 절대반지를 파기할 책임을 맡은 프로도〉

언하면, 거대한 '불을 켜는 기술'로 원자력이 발전했지만, 거기서 나오는 엄청난 방사성 물질이나 원자력 폐기물의 방사능을 제어할 수 있는 기술을 인류가 가지고 있지 못한데서 비롯되는 것이었습니다.

'절대반지'로서 원자력의 유혹에 의존하면 할수록 인간의 영혼과 지구환경은 마치 '골룸'의 형상처럼 병들어 가게 되었습니다. 그것은 현대인의 단기적인 이익과 자기중심적 욕망을 채우기 위해 미래세대의 생존조건을 근원적으로 파멸시키는 행위에 다름 아니었습니다. 여러분, '극단의 시대'였던 20세기, 인류는 브레이크 없이 달리는 기차위에 올라타고 말았습니다. 과연 누가, 어떻게 '절대반지'를 파기시킬 수 있을까요? 인류는 '절대반지'의 유혹을 떨쳐내고 세계를 구할 수 있을까요?

히로시마와 후쿠시마가 우리에게 던지는 메시지

다시 일본 이야기로 돌아가 보겠습니다. 19세기 이후 제국 일본과 21세기 경제대국 일본의 행보에 제동을 걸었던 것은 아이러니하게도 둘 다 원자력이었습니다. 20세기에 극도로 부국강병을 추진해가던 일본의 외부에서 날아온 원자폭탄에 일본이 무너져 내렸다면, 21세기에는 경제대국으로 도약하려다가 스스로가 지진의 대지위에 들여놓은 원전이 폭발하면서 일본은 다시 넘어졌습니다.

여러분, 우리는 운전을 하며 살아갑니다. 자동차 운전을 할 때 우리는 여러 개의 거울을 필요로 합니다. 하나의 거울만을 보면서 운전을 한다는 것은 거의 목숨을 내건 행위나 마찬가지입니다. 저는 자동차에 부착된 여러 개의 거울을 '다중거울multiple mirrors'이라고 부릅니다. 자동차에 부착된 각각의 거울들은 모두가 매우 유용한 거울입니다. 하지만 어느 것도 그 자체로 충분하거나 완벽하게 주변을 비춰주지는 못합니다. 때로는 기존의 거울들만으로는 사각死角지대가 발생하기도 합니다. 단순한 도로위에서 일상의 안전운전을 하는 데도 자동차의 여러 거울과 함께 이를 적절히 활용하는 노련함이 요구되는데, 하물며 깊은 역사의 심연과 복잡하게 변화하는 세계를 이해하고 미래를 계획하는 데는 과연 얼마나 다양하고 입체적인 '다중의 거울'과 이를 활용하는 안목과 지혜가 필요할까요?

〈자동차에 부착된 다양한 거울들, 이른바 '다중거울'〉

만일 우리가 '진보사관'이라는 하나의 거울만으로 역사나 미래를 본다면, 우리가 살아가는 지구와 우리의 일상은 어떻게 무너질지 모릅니다. 어떻게 사고가 터질지 모른다는 이야기입니다. 그러면 우리는 어떤 거울을 통해서 미래를 보아야 할까요? 우리의 선택으로 과연 미래 세대들은 행복할 수 있을까요? 21세기의 상황에서 '다중거울'의 시각이 필요한 이유입니다.

여러분, 히로시마와 후쿠시마는 우리들의 미래가 아니어야 합니다. 세상에 결정되어 있는 것은 존재하지 않습니다. 변하는 것과 변하지 않는 것의 치열한 긴장 속에서 우리들이 삶과 사회와 세계를 깊이 '성찰'하고 타자들과의 '상생', 과거 및 미래와의 '소통'을 끊임없이 고민해야 하는 이유가 여기에 있을 것입니다. 저는 오늘 과거의 이야기를 주로 하였습니다만, 사실은 우리에게 다가올 수 있는 미래를 말하고 있음을 기억해주시기 바랍니다.

폭력의 진화와 평화의 가능성

공진성

Profile

서강대학교에서 정치학과 사회학을 공부하여 학사와 석사 학위를 받았고, 독일 베를린 훔볼트대학교에서 스피노자의 정치사상에 관한 논문으로 정치학 박사 학위를 받았다. 근대 국민국가의 형성기인 17세기 유럽의 정치사상과 폭력의 정치적 조직화 문제에 관심을 가지고 연구하고 있다. 『폭력』, 『테러』 등의 책을 썼고, 헤어프리트 뮌클러의 『새로운 전쟁』과 『제국』 등의 책을 번역했다. 현재 조선대학교에서 정치학을 가르치고 있다.

폭력의 진화와 평화의 가능성

오늘 저는 여러분에게 우울한 현실에 관해 이야기하려고 합니다. 그런데 이 현실은 답이 있는 현실이 아니라 답이 없는 현실일 수 있습니다. 저는 우리가 답이 없는 이 현실을 외면하고 그저 낭만적으로 미래를 꿈꾸기만 해서는 결코 현실이 바뀌지 않을 것이라고 생각합니다. 저는 여러분이 우리 삶이 가진 모순을 직시하기를 바랍니다. 도대체 무엇이 문제인지를 직시하도록 하기 위해 오늘 저는 여러분에게 조금은 불편한 이야기를 하려고 합니다. 저는 지금껏 주로 유럽의 역사와 경험을 공부해왔기 때문에 사실 동아시아 지역에 대해서는 잘 모릅니다. 다분히 유럽 중심적으로 이야기하는 점을 아무쪼록 이해해 주시기를 바랍니다.

『폭력』, 『테러』, 『새로운 전쟁』, 『제국』. 지금까지 제가 쓰거나 옮긴 책들의 제목입니다. 어떤 느낌이 드십니까? 뭔가 무시무시한가요? 그래서 그런지 아쉽게도 이 분야에 대한 사람들의 관심이 한국에서는 비교적 적습니다. 아예 이 문제를 군인과 경찰의 소관 사항이라고 생각하고, 그래서 민간인은 아예 관심을 가질 필요가 없다고 생각하는 것 같습니다. 또 이런 문제에 무지한 것이 오히려 평화를 이루는 데에 도움이 된다고 생각하는 것도 같습니다. 그러다보니까 이 주제가 이른바 '밀덕(밀리터리 덕후)들'의 은밀한 '빠질'의 대상이 되고, 그 외의 사람들은 아예 이 문제에 무관심한 양극화 현상이 한국 사회에서 나타나고 있습니다. 여러분이 오늘 강의를 계기로 해서 이 문제에 조금이라도 관심을 가지게 되기를, 그래서 또 제가 위에서 언급한 책들을 찾아 읽어보게 되기를 바랍니다.

힘과 폭력

먼저 '힘'과 '폭력'이라는 말에 대해 잠깐 생각해 보겠습니다. 힘이 곧 폭력일까요? 이렇게 단순하게 생각하는 사람은 아마도 없을 것입니다. 폭력은 힘의 특수한 양태입니다. 또는 힘을 사용하는 특수한 방식을 가리키는 표현입니다. 그래서 우리는 모든 힘을 두고 폭력이라고 하지 않습니다. 어떤 힘의 사용을 두고 폭력이라고 얘기하죠. 힘이 잠재적 가능성에 대한 표현이라면, 폭력은 완료된 것에 대한 표현입니다. 무슨 일이 일어났을 때 폭력이라고 할까요? '폭暴' 자가 들어간 단어들을 찾아보면 비슷한 공통점을 발견할 수 있습니다. 여러분들, 엠티 다녀왔습니까? 엠티 가서 폭음들 하죠? 폭음은 무엇인가요? 속이 쓰릴 때까지 마시는 것입니다. 폭주는 또 어떻게 하는 것일까요? 한계를 넘어 달리는 것입니다. 폭식은 위가 늘어날 때까지 먹는 것입니다. '폭'자가 붙는 단어들에는 이와 같은 공통점이 있습니다. 즉 일정한 한계를 넘어서는 일을 할 때 우리는 그 일에 '폭'자를 붙이는 것입니다.

그렇다면 폭력은 무엇일까요? 힘이 일정한 수준 이상으로 가해졌을 때 그것을 폭력이라고 부르는데, 그러면 무슨 일이 벌어질까요? 어딘가가 부러지거나 다치거나, 매우 고통스러울 것입니다. 그런 힘을 두고서 폭력이라고 하는 것입니다. 폭력은 물리적으로 가해지기도 하지만, 심리적으로 가해지기도 하고, 정신적으로 가해지기도 합니다. 그래서 요즘은 '언어 폭력'이나 '성폭력'이라는 말도 사용합니다. '폭력'이라는 말의 의미를 일단 기억해 두시기 바랍니다.

폭력의 상대성

제가 『폭력』이라는 책에서 나름 굉장히 신선하게 주장한 명제가 하나 있는데, 그것은 바로 폭력이 상대적이라는 것입니다. 제가 아주 좋아하는 만화책이 하나 있습니다. 저의 성장기에 세계관을 형성하는 데 중요한 역할을 한 만화책입니다. 『드래곤볼』이라고 하는 만화를 보면 아주 흥미로운 인물이 나옵니다. 손오

공이라고 하는 인물인데요, 아주 특이한 능력을 가진 존재입니다. 처음에는 자신도 그냥 특이한 능력을 가진 줄로만 알았는데, 나중에 동족이 나타나고 나서야 이것이 사이어인이라는 종족의 특성이라는 것을 알게 됩니다.

이 사이어인이 어떤 특성을 가지고 있느냐 하면, 엄청나게 두들겨 맞고 망가지고 거의 만신창이가 될 정도로 폭력에 노출된 후에 오히려 더 강해지는 것입니다. 그 사실을 알고서 때로는 일부러 죽음 직전까지 갈 정도로 다치기도 하고, 회복속도를 일부러 빠르게 하기 위해 선두를 찾아 먹기도 합니다. 그래서 이 종족은 싸울수록 점점 더 강해집니다. 자기 한계를 넘어 '초사이어인'이 되고, '초초사이어인'이 되고, 그렇게 계속 발전합니다. 물론 누구나 그렇게 될 수 있는 것은 아닙니다.

누군가가 이런 손오공에게 돌을 던지더라도 손오공은 아무렇지 않습니다. 전혀 아프지 않을 것입니다. 그러나 인간은 이런 손오공이 손가락으로 살짝만 건드려도 멀리 날아가 버릴 것입니다. 물리학적으로 동일한 강도의 힘이 어떤 존재에게는 가벼운 터치일 수 있지만, 다른 어떤 존재에게는 죽을 만큼 위험한 폭력이 될 수도 있는 것입니다. 여러분이 강호동이나 최홍만과 싸우는 상황을 상상해 보십시오. 그런 의미에서 어떤 힘의 폭력성을 결정하는 것은 그 힘을 가한 사람이 아니라 폭력을 당한 사람입니다. 그렇기 때문에 성인인 제가 어린 아이를 때리면 그것은 폭력이지만, 어린 아이가 저를 때렸다고 해서 폭력이라고 하지는 않는 것입니다. 폭력의 이런 상대적 성격을 잘 기억하시기 바랍니다.

폭력이 상대적이며, 힘의 폭력성을 결정하는 것이 가해자가 아니라 피해자라는 사실에서 다음과 같은 논란이 생겨납니다. 요즘 성희롱이나 성폭력 여부를 판단할 때, 가해자가 "나는 그런 의도로 한 것이 아니에요"라고 얘기해도 아무 소용이 없습니다. 피해자가 그것을 폭력으로 느꼈다면 그것은 폭력이 됩니다. 여기에서 새로운 문제가 생겨납니다. 거짓말로 다치지도 않았으면서 다쳤다고 하거나, 아프지도 않았으면서 아팠다고 하거나, 모욕감을 느끼지도 않았는데 모욕감을 느꼈다고 하거나, 희롱이라고 생각하지 않았으면서 희롱으로 느꼈다고 주장하는 일이 벌어질 수 있는 것입니다. 그런데 이것은 경쟁적 세계에 늘 있는 문제입니다. 간지럼 피우기 게임을 한다고 가정해봅시다. 그러면 간지럽지만 안 간지러운 척하면서 참지 않겠습니까? 경쟁하는 세계에서는 아픈데도 안 아픈 척할 수 있어야 하고, 반대로 안 아픈데도 아픈 척 엄살을 떨 수 있어야 합니다. 경쟁하는 상황에서 상대를 속이기 위해 사용하는 일종의 트릭인 셈입니다. 이 가능성을 언제나 염두에 두어야 하는 것이 현실입니다. 이것이 폭력과 관련해 매우 중요하게 작용합니다. 폭력은 상대적입니다. 그러므로 폭력은 수용자가 그 힘의 폭력성 여부를 결정합니다. 그런데 사람은 얼마든지 아픈데도 안 아픈 척할 수 있고, 안 아픈데도 아픈 척할 수 있습니다. 이 가능성이 정치의 세계를 굉장히 복잡하게 만듭니다.

우리는 때때로 나 자신을 더 강하게 만들기 위해 일부러 내 몸에 거의 폭력적인 수준의 힘을 가하기도 합니다. 손오공만 하는 일이 아닙니다. 여러분들, 헬스클럽에 다녀보셨습니까? 웨이트트레이닝을 할 때 트레이너가 뭐라고 하면서 운동을 독려하던가요? "한번만 더! 한 세트만 더! 조금만 더! 젖 먹던 힘까지 짜내서 한 번만 더!" 이렇게 말하지 않습니까? 그러면 힘들고 근육이 찢어질 듯 아픈데도 참고 무거운 것을 들어 올리죠. 이렇게 해서 근육이 점점 커집니다. 운동을 아무리 해도 변화가 없는 사람들은 반면에 어떻게 운동을 하던가요? 몸에 전혀 무리가 안 갈 정도로 가볍게 장난치듯이 운동을 하지 않던가요? 그렇게 하면 몸에 아무런 변화가 생기지 않습니다.

'폭력'이라고 하면 무조건 나쁜 것이라고 여기는 어떤 도덕적 편견을 우리는 가지고 있습니다. 그러나 알고 보면 우리는 폭력을 일상생활에서 필요한 대로 활용하고 있습니다. 그래서 손오공이 말합니다. "나를 죽이지 못하는 것은 나를 더 강하게 만든다." 농담입니다. 독일 철학자 프리드리히 니체Friedrich Nietzsche (1844~1900)의 말입니다. 독일어로 이렇게 말합니다. "Was mich nicht umbringt, macht mich stärker!"

자연상태와 전쟁상태

그런데 인간 사회에서 폭력이 왜 문제가 되는 것일까요? "나는 폭력을 쓰지 않는데 왜 폭력이 중요한 문제일까?" 이렇게 생각할 수 있습니다. 17세기 영국에서 활동한 철학자 토마스 홉스Thomas Hobbes(1588~1679)는 폭력이 인간의 본성이라고 생각했습니다. 폭력이 인간의 본성이라는 말이 도대체 무슨 뜻일까요? 폭력은 힘의 한 가지 양태, 즉 힘을 사용하는 한 가지 방식이라고 말했습니다. 폭력이 인간의 본성이라는 말은 인간이 가진 힘이 본성에 의해 폭력적으로 표출된다는 뜻입니다. 왜 그럴까요? 홉스가 생각하기에 인간은 다 비슷합니다. 사람들은 서로 크게 다르지 않습니다. 똑같은 것을 좋아하고 똑같은 것을 가지고 싶어 하고, 능력도 다 고만고만합니다. 더 무서운 사실은 사람들이 다 비슷비슷하게 영리하다는 것입니다. 모든 사람이 똑같은 것을 원하지 않는다면 자원이 희소하다는 말은 있을 수 없을 것입니다. 모든 사람이 비슷한 욕구를 가지고 있지 않다면 사실상 경쟁은 벌어지지 않을 것이고, 사람들 사이에서 갈등은 일어나지 않을 것입니다. 사람들이 비슷하게 영리하지 않다면 사람들 사이에서 질서와 서열도 확실하게 드러날 것입니다. 그러나 사람들이 비슷하게 유능하고 또 비슷하게 똑똑하고, 그런데 하필 비슷한 것을 좋아하기 때문에, 그들 모두를 압도할 만한 강자가 없는 한, 사람들 사이에서 끊임없이 갈등과 충돌이 생겨날 것이라고 홉스는 생각했습니다.

어떤 사람들은 이렇게 이야기할지 모릅니다. "말로 토론해서 해결하면 되지 뭐가 문제인가, 이성적 존재인 인간이 말로 해결하지 못할 일이 어디 있나?" 좋은 말입니다. 대화로 문제를 푼다는 말은 듣기에 참 좋은 말입니다. 그런데 여러분들은 정말로 대화로 문제를 해결할 수 있다고 생각하나요? 말로 해도 문제가 해결되지 않으면 여러분들은 어떻게 하나요? 경찰에 신고하거나 법의 힘을 빌리지 않나요? 그것은 최후의 수단으로서 폭력을 사용하는 일입니다. 다만 그 일을 직접 하지 않고 다른 누군가에게 맡긴 것이지, 폭력 사용 자체가 사라진 것은 아닙니다. 우리는 말로 문제를 해결할 수 없을 때에 결국 주먹을 사용합니다. 물론 말보다 먼저 주먹을 사용하는 사람도 있기는 합니다. 그런데, 주먹을 쓰지 않는 경우는 어떤 경우일까요? 주먹을 썼다가는 오히려 내가 더 많이 맞을 것 같을 때가 아닐까요? 그래서 자신보다 더 강한 사람 앞에서는 함부로 주먹을 쓰지 않습니다. 말로 하자고 하죠. 그런데 힘이 비슷해서 내가 이길 것도 같으면 주먹을 써볼 생각을 하겠죠. 그래서 막상 싸워봤더니 상대가 더 강해서 내가 졌습니다. 그러면 바로 우열을 인정하고 덤비기를 포기할까요? 아닙니다. 겉으로는 어떨지 몰라도 아마도 속으로는 이렇게 말할 것입니다. "두고 보자. 다음에는 가만 두지 않겠다." 이렇게 말하면서 다음 기회를 노릴 것입니다. 얼마든지 우리는 머리를 써서 자신이 처한 불리한 상황을 역전시킬 수 있습니다. 상대가 방심한 틈을 노릴 수도 있고, 다른 사람과 일시적으로 힘을 합쳐서 강한 사람을 공격할 수도 있습니다. 그래서 홉스는 국가가 없는 상황에서는, 즉 제3의 우월한 존재가 다른 사람들을 함부로 폭력을 사용하지 못하도록 규제하지 않는 상황에서는 언제나 폭력과 폭력이 맞붙을 가능성이 있다고 생각했습니다. 이런 인간의 본성이 그대로 드러난 상태를 홉스는 '자연상태', 곧 '전쟁상태'라고 불렀습니다.

홉스가 쓴 『리바이어던』(1651)이라는 명저에는 이런 인상적인 구절이 나옵니다. "그런 상태에서는 근면의 여지가 없다. 근면의 과실이 불확실하기 때문이다. (…중략…) 그런 상태는 폭력적 죽음에 대한 공포와 위험이 지속되는 최악의 상태이다. 그곳에서 인간의 삶은 고독하고 빈곤하고 더럽고 야만적이며 짧다." 우리 모두가 추구하는 삶은 어떤 삶입니까? 열심히 일했을 때 나에게 보답이 돌아오는 그런 삶이 아닌가요? 또 어떤 삶입니까? 고독하지 않은 삶입니다. 또 어떤 삶입니까? 가난하지 않은 삶, 깨끗한 삶, 쾌적한 삶, 그리고 야만적이기보다는 문명적인 삶, 짧은 생이 아닌 긴 생이 아닐까요? 그런데 이런 삶은 어떻게 가능할까요? 홉스가 생각하기에 이런 삶이 가능하려면 국가라고 하는 강력한 힘이 필요합니다. 국가가 없다면 그런 힘을 각자가 스스로 마련해야 하는데, 각 사람이 가진 힘은 위에서 언급한 것처럼 다 고만고만하기 때문에 결코 이 문제를 해결할 수가 없습니다. 그래서 국가와 같은 제3의 강력한 힘이 없는 상태에서 "인간은 인간에게 늑대homo homini lupus"이며, 그렇기 때문에 인간의 생은 짧다고 홉스는 말합니다.

영화 〈300〉에 나오는 다음 장면은 아주 인상적인 장면이죠. 나중에 레오니다스 왕이 될 아이를 전사 집단인 스파르타는 어렸을 때부터 아주 혹독한 방식으로 키웁니다. 아이가 가진 생존 능력을 시험해 보기 위해 아이가 자기 힘으로 살아 돌아오기를

〈영화 〈300〉 속의 한 장면〉

바라면서 아이를 지극히 자연적인 환경에 내다버립니다. 어느
날 아이가 산속에서 늑대와 마주칩니다. 인간이 다른 인간과 마
주치는 상황이 지금 이 상황, 즉 인간이 늑대와 마주치는 상황
과 과연 어떻게 다를까요? 이 두 상황을 다르다고 우리가 생각
한다면, 그것은 인간이 인간과 마주치는 상황이 어디까지나 사
회상태 또는 국가상태 안에서 이루어진다고 가정하고 있기 때
문은 아닐까요? 홉스는 인간과 인간이 마주치는 상황이 인간과
늑대가 마주치는 상황과 다른 것은 모두 우리가 사회상태 또는
국가상태에서 누릴 수 있는 그 무엇 때문이라고 생각합니다. 과
연 그 핵심은 무엇일까요? 어떤 사람은 공통의 언어의 유무가
핵심이라고 생각합니다. 과연 그럴까요? 서로 말이 통하면 평화
롭게 공존할 수 있고, 인간과 늑대의 관계처럼 서로 말이 통하
지 않으면 전쟁이 벌어지는 걸까요? 홉스의 생각에 그 핵심은
신뢰였습니다. 자연상태에서는 사람들이 서로 신뢰할 수 없다
는 것입니다. 마치 야생의 짐승과 인간이 서로 신뢰할 수 없는

것과 마찬가지로 인간과 인간이 자연상태에서는 서로 신뢰할 수 없다는 것입니다. 상대방이 나를 해치지 않을 것이라고 신뢰할 방법이 없다는 말입니다. 행여 지금 눈앞에서는 내가 가진 우월한 힘이 두려워서 상대방이 나를 공격하지 않겠다고 약속하더라도 내가 뒤돌아서면 언제든지 나를 배신하고 공격할 수 있다는 말입니다.

영화나 TV 드라마에서 사람들이 누군가에게 배신당한 후에 꼭 이런 말을 합니다. "머리털 검은 짐승은 거두는 것이 아니라고 했는데……." 인간과 인간이 서로 신뢰할 수 없다면 그 관계가 결국 짐승과의 관계와 다를 바가 없다는 뜻입니다. 혹시 여러분들 가운데 이런 홉스의 생각에 반대하는 사람이 있습니까? 홉스가 인간의 본성을 너무 부정적으로 본다고, 홉스의 생각이 너무 비관적이라고, 성악설이라고 생각하는 사람이 혹시 있습니까? 그런 사람에게 홉스는 이렇게 반문할 것입니다. "당신은 오늘 집에서 나올 때 집 문을 잠갔습니까, 안 잠갔습니까? 왜 문을 잠갔습니까? 도대체 무엇이 두려워서, 도대체 누구를 못 믿어서 문을 잠갔습니까?" 여러분들은 오늘 학교에 와서 사물함에 가방을 놓고 책을 꺼내오면서 다시 사물함 문을 잠갔습니까, 안 잠갔습니까? 왜? 도대체 무엇이 두려워서, 도대체 누구를 믿지 못해서 문을 잠갔습니까? 사실 우리는 국가 안에 살면서도 여전히 불안해합니다. 도대체 누구를 못 믿어서 그럴까요? 바로 여기에 있는 사람들을 못 믿어서 그런 것 아닐까요? 여러분들은 시험 볼 때에 옆 사람이 보지 못하도록 팔로 답안지를 가리지 않습니까? 도대체 누구를 믿지 못해서 그렇게 합니까? 바로 옆에 있는 동료 학생을 믿지 못해서 그러는 것 아닙니까? 이것이 인간의 적나라한 본성이라고 홉스는 말하고 있는 것입니다.

용병대장 존 호크우드 이야기

이제 다른 이야기로 넘어가 보겠습니다. 폭력에 노출되면 사람들은 그 상황에서 벗어나기 위해 여러 가지 방법을 모색합니다. 혼자서 자기 힘을 기르는 것도 하나의 방법이지만, 그렇게 해서 그 상황을 벗어나기는 어렵습니다. 왜냐하면, 인간이 손오공과 같은 사이어인이 아닌 이상 강해지는 데에 일정한 한계가 있고, 또 아무리 강해지더라도 잠조차 자지 않을 수는 없어서, 혼자서 자기 자신을 지키는 것이 불가능하기 때문입니다. 그래서 사람들은 집단을 결성하려고 합니다. 무리를 이루면 집단으로서 한 사람보다 강해지는 것이 사실입니다. 그리고 사람은 집단 속에서 마치 자신이 강해진 것처럼 착각을 하기도 합니다.

혼자 다니는 깡패는 없습니다. 깡패들은 언제나 무리를 지어다니죠. 저는 독일에서 7년을 살았습니다. 독일에서 살면서 이른바 '신나치'라고 하는 사람들을 간혹 보았는데요. 이들은 대개 머리를 빡빡 깎거나 단정하게 기름을 발라 빗어 넘기고, 군화를 신고, 비행점퍼 같은 옷을 입고, 눈을 부릅뜨고 다닙니다. 그런데 이들은 꼭 떼를 지어 다닙니다. 혼자 있을 때에는 순한 사람들인데, 무리를 지으면 무서운 사람이 됩니다. 약한 사람이더라도 무리를 이루면 다른 사람에게 두려움을 주는 존재가 될 수 있습니다. 집단은 언제나 개인보다 강한 법이니까요.

깡패 집단이 있습니다. 검은 양복을 입고 떼를 지어 상인들이 장사하는 곳에 와서 훼방을 놓습니다. 그 다음에 이들은 이렇게 요구합니다. "우리가 보호해줄 테니까 우리에게 보호비를 내라!" 도대체 누구로부터 누구를 보호해준다는 것일까요? 아무튼 그래서 상인들이 보호비를 줍니다. 그랬더니 이제 다른 깡패 집단이 와서 행패를 부립니다. 그리고 또 요구합니다. "우리가 보호해줄 테니까 우리에게 보호비를 내라!" 어떻게 해야 할까요? 어떻게 하는 것이 상인들에게 이로울까요? 더 센 집단에게 한 번만 보호비를 내는 것이 이중으로 뜯기는 것보다는 훨씬 이롭지 않을까요?

이런 깡패 집단들은 언제나 있었습니다. 오늘날 우리가 알고 있는 근대적인 의미의 합리적인 국가가 등장하기 전에는 이런 깡패 집단들이 국가를 대신해 사람들을 보호해주(겠다고 하)면서 그 명목으로 보호비를 뜯어냈습니다. 유럽 중세의 영주들은 심하게 얘기하면 사실 다 깡패 집단의 우두머리였습니다. 자신들은 노동하고 생산하지 않으면서 생산하는 사람들을 보호해준다는 명목으로 생산물의 일부를 가져가고 주위의 다른 집단들과 싸움을 일삼는, 좋게 얘기해서, 전사 집단의 우두머리였습니다. 이들 중에서 전문가들이 등장하게 됩니다. 돈을 받고 전문적으로 싸우는 사람들, 즉 용병이 등장합니다. 요즘 프로 축구나 야구에서 외국인 선수들을 가리켜 용병이라고 부르는데, 사실 그것은 좀 잘못된 표현입니다. 돈 안 받고 뛰는 선수는 없으며, 더 많은 연봉을 주겠다고 하는데 이적하지 않을 선수는 없기 때문입니다. 그런 의미에서라면 프로 선수들이 모두 용병일 것입니다. 군사적인 의미에서 용병을 특별히 용병이라고 부르는 이유는 그들이 일반 군인과 다르게 고정된 소속감을 가지고 있지 않기 때문입니다. 자기의 출생지가 독일이라고 해서 독일만을 위해 싸우지는 않는다는 것입니다. 유명한 스위스 용병은 전 세계 어디에서든지 자신들을 고용한 사람을 위해 싸웁니다.

용병대장 이야기를 하나 들려드리겠습니다. 14세기에 있었던 일입니다. 존 호크우드John Hawkwood(1320~1394)라고 하는 영국인 용병대장이 있었습니다. 이 사람이 당시에 유럽에서 상당히 유명했습니다. 매우 싸움을 잘 하는 용병대장으로 알려져 있었던 것이죠. 그러니까 이 사람이 말을 타고 지나가면 사람들이 그를 보고 무서워서라도 인사를

〈용병대장 존 호크우드〉

하지 않겠습니까? 하루는 이탈리아에서 온 프란치스코회 소속의 수도사 두 명이 길을 가다가 이 용병대장을 보고 인사를 했습니다. "May Lord's peace be with you!" 아마도 영어로 이렇게 인사를 했겠지요? "주님의 평화가 당신과 함께하기를 기원합니다!" 그랬더니 이 용병대장이 불쾌한 표정을 지으며 "신이 당신들이 받은 헌금을 싹 다 가져가시기를!"이라고 대꾸를 했습니다. 당황하기도 하고 기분이 상하기도 한 수도사들이 이렇게 되물었습니다. "아니, 우리는 기분 좋게 인사를 했는데, 왜 우리에

게 악담을 하십니까?" 그랬더니 용병대장이 이렇게 대답했습니다. "그 말이 어떻게 나에게 인사가 된다고 생각하십니까? 평화가 오면 내 돈벌이는 끊어집니다. 그러니까 그 말은 나에게 악담입니다. 그러니 나로서도 악담으로 되돌려줄 수밖에 없지 않겠습니까. 당신들이 받은 헌금을 신이 싹 다 가져가시기를 기원합니다!"

용병대장에게는 전쟁이 곧 기회였습니다. 무슨 기회였을까요? 경제적 기회, 상업의 기회, 비즈니스의 기회, 성공의 기회였습니다. 이런 사람들에게 평화는 어찌 보면 실업을 의미할 것입니다. 장기 평화, 영구 평화는 장기 실업, 영구 실업을 의미할지도 모릅니다. 무력을 사용하는 사람들에게 평화는 언제나 그리 달가운 일이 아니었을 것입니다. 그래서 오늘날에도 사람들은 군수물자를 생산하는 사람들, 직업 군인들, 그리고 군 예산을 이용해 먹고 사는 사람들이 평화를 바라지 않는다고 비판하곤 합니다. 15세기 유럽에도 마찬가지로 전쟁이 돈벌이인 사람들이 있었습니다. 이 사람들을 이탈리아 말로 "콘도띠에리condottieri"라고 불렀습니다. "콘도따condotta", 즉 계약서를 쓰고 전쟁에 참여하는 사람들입니다.

경제활동과 유희로서의 폭력

여러분들은 계약을 맺고 돈을 받고 일을 하면 어떤 생각이 들던가요? "이야! 돈을 받았으니까 열심히 일해야지! 돈값을 해야지! 시급 6000원! 이야, 신난다! 열심히 일하자!" 이런 생각이 들던가요? "내가 고작 이 돈을 받고 왜 열심히 일해야 해?" 이런 생각이 들지는 않던가요? 그러면 최대한 '효율적으로' 일하려고 노력하게 될 것입니다. 가능하면 정시에 출근해서 정시에 퇴근하려고 노력할 것입니다. 아니, 가능하면 조금이라도 더 늦게 출근하고 조금이라도 더 일찍 퇴근하려고 하지 않을까요? 그래야 자신에게 조금이라도 이익이 된다고 생각하지 않을까요? 그리고 일하면서도 몸 상하지 않게 조심하려고 하지 않을까요? 다치면 자기에게만 손해이니까 말이죠. 용병들도 마찬가지였습니다. 처음에 계약을 체결할 때에는 다른 용병 집단과 경쟁하며 마치 돈을 조금만 주어도 뭐든지 다 할 것처럼 얘기하다가 일단 계약이 체결되고 나면 최대한 조심스럽게 시간 끌면서 싸우지 않을까요? 몸이 재산인데 목숨 바쳐가며 싸울 이유가 없지 않겠습니까? "입금되었으니까 열심히 싸워야지!" 이렇게 생각하지는 않았을 것입니다. 그런데 상대편 용병도 마찬가지였습니다. 용병들에게는 전쟁이 길어질수록 이익이었습니다. 그러니까 서로 상대방을 이기기 위해 위험을 무릅쓸 이유가 없었습니다.

생각해 보십시오. 여러분들이 어떤 건물을 짓는 용역계약을 맺었는데, 시간과 비용은 얼마가 들어도 좋으니 잘 지어만 달라고 건물주가 말한다면, 최대한 일찍 공사를 끝마치겠습니까, 아니면 최대한 시간을 끌면서 천천히 건물을 짓겠습니까? 자신에게 이롭게 행동하는 것은 인간의 본성이 아닐까요? 용병들 역시 마찬가지였습니다. 더 나아가 용병들은 일종의 협동조합을 결성했습니다. 용병 노조 같은 것을 만든 것이죠. 용병들끼리 수주

경쟁을 너무 치열하게 벌이면 결국 자신들의 몸값만 떨어지게 되니까 조합을 결성해 자신들의 집단적 이익을 보호하려고 한 것입니다. 그렇게 해서 용병들의 몸값은 점점 올라갔습니다. 그리고 행여 전장에서 싸우다가 다치더라도 다 같은 직업 조합의 일원이니까 서로 죽이거나 하지 않고 적당히 봐주면서 싸웠습니다. 언제 또 같은 편이 되어 싸우게 될지 모르는 일이니까요. 그렇지 않더라도, 이번에 내가 상대를 봐주면 다음에 상대도 나를 봐줄 수 있다고 생각했을 것입니다. 이렇게 점점 용병들의 이해관계가 그들을 고용한 영주들의 이해관계와 달라졌습니다. 물론 용병 중에도 간혹 출세에 눈이 먼 사람이 있었습니다. 그래서 예컨대, 왕이 그 용병대장에게 전쟁에서 이기면 귀족 작위를 주겠다고 약속하면, 직업적 동료들을 배려하기보다 자신에게 출세를 약속해준 왕에게 충성하기도 했습니다. 그러나 이런 식의 출세 가능성이 없는 한, 그리고 그렇게 출세해보려는 야심이 없는 한, 용병들에게는 돈벌이가 더 중요했습니다. 그 결과, 전쟁이 무한정 길어지고, 전쟁이 소모적으로, 그리고 그와 함께 야만적으로 변하게 되었습니다.

돈을 받고 일을 하면 언제나 자신이 받는 돈이 하는 일에 비해 부족하다고 느끼게 됩니다. 그러면 사람들은 부족하게 받은 만큼 덜 일하려고 하거나, 부족한 만큼을 다른 방식으로 벌충하려고 하게 됩니다. 부정부패를 저지르는 사람들이 자신을 정당화하는 심리적 기제가 바로 이것입니다. 용병들은 자신들이 덜 받은 몫을 열심히 싸우지 않음으로써 소극적으로 벌충하려고 했고, 또 민간인들을 약탈해 적극적으로 벌충하려고 했습니다.

더 나아가 부녀자를 강간하기도 했습니다. 그런데 이런 일탈 행동을 규제할 만한 도덕적 제재 장치나 법적 제재 장치가 마땅히 없었습니다. 그래서 이 당시의 전쟁은 굉장히 잔인했습니다. 16세기에서 17세기로 넘어가는 과정에서 유럽에서는 거대한 전쟁이 두 개 벌어졌는데, 그 하나를 80년 전쟁, 다른 하나를 30년 전쟁이라고 부릅니다. 전쟁이 그렇게 오래 지속되었다는 것입니다. 우리나라에서 6.25가 3년간 지속되었던 것을 생각하면 얼마나 이 전쟁들이 길었는지를 실감할 수 있습니다. 게다가 이 전쟁들은 그 방식이 너무도 끔찍했습니다. 그런 야만적인 전쟁이 지루하게 지속되었던 것입니다.

전쟁의 대칭화와 국가의 폭력 독점

이랬던 전쟁이 점차 대칭화하게 됩니다. 먼저 '대칭symmetry'이라는 말에 대해 생각해 봅시다. 대칭은 데칼코마니처럼 왼쪽과 오른쪽이 딱 균형을 이루는 것을 가리킵니다. 전쟁이 대칭화했다는 말은 양측이 점점 더 비슷한 방식으로 싸우게 되었다는 뜻입니다. 그 전에는 용병들이 민간인들을 대상으로 폭력을 행사하고 재산을 약탈하고 부녀자도 괴롭히는 등의 매우 불공평한 방식으로 전쟁이 수행되었습니다. 정작 자기들끼리는 살살 싸우고 말입니다. 그러다가 여러 가지 요인이 복합적으로 작용해 전쟁의 수행 방식에 커다란 변화가 일어났는데, 그 여러 요인 중 하나가 화폐경제의 발달입니다.

옛날에는 전쟁을 하면 많은 수의 사람들이 전사들을 따라다 녔습니다. 무기를 파는 사람과 무기를 수리할 사람도 따라다녔 고, 말을 돌볼 사람들, 전사들이 먹을 음식과 입을 옷 등을 파는 사람들도 따라다녔습니다. 이들의 가족도 함께 따라다녔습니 다. 리어카 같은 데에 온갖 잡화를 싣고 전사들을 따라다녔습니 다. 하나의 작은 경제공동체가 형성되어 함께 움직였던 것입니 다. 그리고 이것이 또 하나의 비즈니스가 되었습니다. 왜냐하면, 전사들도 결국 먹어야 하기 때문에, 화폐경제가 발달하기 전까 지는, 이 물품들을 모두 현물의 형태로 들고 다녀야 했던 것입 니다. 그런데 화폐경제가 발전하고 나서는 이것들을 점차 현지 에서 구입할 수 있게 되었고, 그러면 그럴수록 더 멀리까지 가 서 전투를 벌일 수 있게 되었습니다. 과거에 화폐경제가 발달하 기 전에는 장거리 전투를 하기가 구조적으로 상당히 어려웠습 니다. 기마민족들이 그 빠른 이동 속도를 이용해 멀리까지 갔다

〈알브레히트 알트도르퍼(Albrecht Altdorfer)의 목판화 「황제 막시밀리안 1세의 전승행렬」(대략 1512~ 1515) 가운데 한 장면〉

가 재빨리 돌아오기는 했지만, 먼 곳에서 오래 머무르면서 싸우지는 못했습니다. 그런데 화폐경제가 발전하면서 이제 장거리 전투가 가능해졌고, 그와 함께 영토를 넓히는 것도 가능해졌습니다.

전쟁 수행 방식에 변화를 가져온 또 다른 요소는 무기기술의 발전입니다. 무기기술이 점점 더 발전하면서 우선 무기가 비싸졌습니다. 그래서 돈이 없는 사람은 그 비싼 무기를 가질 수 없었고, 그 비싼 무기가 없는 사람은 전쟁에서 이길 수 없었습니다. 그런데 비싼 무기를 다룰 수 있으려면 일정한 시간 이상 훈련을 받아야 했습니다. 그러니까 예전처럼 평소에 건달처럼 놀다가 전쟁이 벌어졌을 때 그냥 무기만 집어 들고 뛰어들면 되는 것이 아니라, 평소에 캠프, 즉 막사에 들어가서 일정 기간 훈련을 받아두어야 했던 것입니다. 그렇게 하지 않으면 정작 전쟁이 벌어졌을 때 그 무기를 이용해 제대로 싸울 수가 없었습니다. 그리고 그렇게 하려면 다시 돈이 엄청나게 많이 필요했습니다. 무기 자체도 비쌌지만, 사람들을 경제활동을 중지하고 막사에 들어와 일정 기간 동안 훈련을 받도록 하려면 그에 대한 대가를 지불해야 했기 때문에 많은 돈이 필요했습니다. 그리고 또 멀리까지 가서 전쟁을 벌이려면, 화폐경제가 발달해서 이제 돈만 있으면 어디에서나 필요한 것을 구입할 수 있다고 하더라도, 어쨌든 많은 돈이 필요했습니다. 전쟁을 위해 이렇게 많은 돈이 필요해지면서 또 다른 능력이 필요해졌습니다. 무슨 능력일까요? 바로 세금을 더 많이 거두는 능력입니다.

여러분 가운데 오늘 세금을 낸 사람이 있습니까? 없다고요?

지금 커피를 마시고 있는 사람은 다 오늘 세금을 낸 사람이 아닙니까? "어? 내가 언제 세금을 냈지?" 이렇게 생각하시나요? 오늘날 모든 소비에는 자동으로 부가가치세가 붙어 징수되고 있습니다. 지금 이 순간에도 국고에는 세금이 차곡차곡, 물론 숫자의 형태로, 쌓이고 있을 것입니다. 오늘날 국가는 이런 엄청난 조세 수취 능력을 갖추고 있습니다. 현대 국가의 수취 능력이 우리가 상상할 수 없을 정도로 발전해 있다면, 과거에는 사람들이 세금을 가가호호 방문해 일일이 걷어야 했습니다. 세금을 정확히 걷으려면 통치자의 관할 영역 내에 어떤 사람들이 정확히 얼마나 살고 있는지를 알아야 할 것입니다. 그래서 세금을 더 많이 거두려고 노력하는 과정에서 국가 관료 기구가 발전하게 되었습니다. 이 모든 변화가 함께 일어나게 되었습니다. 전쟁 능력이 커지는 것, 무기 기술이 발전하고 무기가 비싸지는 것, 화폐경제가 발전하는 것, 통치자의 조세 수취 능력이 증가하는 것, 국가 관료 기구가 커지는 것, 인구에 대한 정확한 조사와 통제가 이루어지는 것, 이 모든 일이 서로 영향을 주고받으면서 함께 일어난 것입니다. 그러면서 국가들이 대형화하게 됩니다. 그 결과, 이 큰 나라들과 맞붙어 싸울 수 없는 작은 나라들은 전쟁에서 지게 되어 큰 나라에 병합되거나 사라지게 되었고, 규모가 비슷한 대국들만 살아남게 되었습니다. 우리가 알고 있는 유럽의 국가 세계가 이렇게 해서 형성되었습니다. 이제 전쟁은 대칭적으로, 즉 급이 비슷한 국가와 국가, 군인과 군인이 맞붙어 싸우는 방식으로 치러지게 됩니다. 이 과정에서 용병들이 사라지고 군인들이 등장하게 됩니다. 제멋대로인 깡패집단이 사라지고, 국가가 제공하는 유니폼을 입은 규율 잡힌 군인들이 등장하게 됩니다. 이제 법에 의해 폭력 사용이 규제되고, 군인들은 함부로 도덕적 타락을 범하지 못하도록 철저하게 관리되고 감독됩니다. 여기 이 강의실에 제복을 입은 학생이 앉아 있는데, 한국에서도 ROTC 생도나 사관학교 생도는 엄격한 규율의 지배를 받습니다. 이 학생들은 제복을 입고 술집에 가서 놀거나 할 수도 없습니다. 이처럼 유럽에도 엄격한 규율이 군인들을 지배하는 시대가 도래했습니다. 바로 이런 현상을 두고서 국가의 폭력 독점이라고 이야기합니다.

독일의 사회학자 막스 베버Max Weber(1864~1920)는 국가를 "정당한 폭력 사용을 독점한 기구" 또는 "일정한 영토 내에서 폭력의 정당한 사용을 독점한 기구"라고 정의했습니다. 오늘날 폭력이 100% 국가에 의해 독점되는 것은 아닙니다. 그렇습니다. 조직폭력배들도 있습니다. 그렇지만 이들에게는 결정적으로 '정당성'이 없습니다. 이들은 그 허가받지 않은 폭력 행위에 대해 국가에 의해 처벌을 받습니다. 그러나 경찰이나 군대는, 적법한 직무 범위 안에서 폭력이 사용하는 한, 그에 대해 처벌을 받지는 않습니다. 그 행위를 우리는 아예 '폭력'이라고 부르지 않습니다. 물론 국가에 의한 힘의 부당한 사용을 비판하기 위해 때때로 그것을 일부러 '폭력'이라고 부르기도 하지만, 정상적인 상황에서 그것은 '공권력'이라고 불립니다. 국가가 폭력의 '정당한' 사용을 독점하고 있기 때문입니다.

"지상에 이에 비교될 힘이 없다"

국가의 이런 기능을 토마스 홉스는 자신의 책『리바이어던』에서 자세히 묘사했습니다. 이 책의 속표지에는 흥미로운 그림이 하나 들어 있습니다. 물론 홉스가 직접 그린 것은 아니지만, 책의 내용을 시각적으로 매우 잘 표현하고 있습니다. 이 그림에서 국가는 무수히 많은 수의 인간들로 구성된 한 명의 거대한 인간처럼 묘사됩니다. 실제로 존재하는 인간이 아니라, 어디까지나 상상된 인간입니다. '법인法人'이라는 말이 있죠. 실제 인간, 즉 자연인은 아니지만, 법적으로 마치 인격을 가진 것처럼 취급되는 주체를 가리킵니다. 홉스의 생각에 국가는 바로 법인과 유사한 인공적 인간입니다. 이 인공 인간이 폭력 사용의 정당성을 독점함으로써 자기 안에 있는 고만고만한 인간들이 자기들끼리 싸우면서 자멸하는 것을 막습니다. 그렇게 할 수 있으려면 이 인공 인간은 자기 안에 있는 그 어떤 자연적 인간보다 더 강해야 합니다. 그래서 이 그림의 맨 위에는 라틴어로 이렇게 쓰여 있습니다. "지상에 이에 비교될 힘이 없다Non est potestas super terram quae comparetur ei." 천상에는 혹시 있을지 모르지만 지상에는 국가보다 더 강한 힘이 없다는 것입니다. 국가보다 강한 힘이 정말 지상에 없을까요? 다른 국가가 있을 수 있겠지만, 국가의 영토terra 안에는 없다는 것입니다. 바로 이것이 영토 국가의 폭력 독점이라는 것이고, 이를 통해 비로소 우리는 국가 안에서 평화로운 삶을 누릴 수 있게 되는 것입니다. 물론 이 평화를 교란하는 범죄자는 언제나 있을 수 있지만 말이죠.

그림에서 묘사하고 있는 바와 같이 군주는 자신의 영토를 몸으로 감싸면서 지키고 있습니다. 한 손에는 세속적 권력을 의미하는 검을 들고, 다른 한 손에는 영적 권력을 의미하는 주교의 홀을 들고, 즉 성聖과 속俗의 권력을 모두 독점하면서 자신의 영토를 지킵니다. 그래야만 자신의 영토를 온전히 지킬 수 있다고 홉스는 생각했습니다. 바깥에서 오는 외적으로부터 자신의 영토를, 그리고 그곳에서 살고 있는 자신의 신민들을 군주는 보호합니다. 두 눈을 번쩍 뜨고서 자신의 영토 안에서 평화가 유지되도록 지킵니다. 바로 이 두 가지가 홉스가 생각하는 국가의 기본적인 임무입니다. 신민을 보호한다는 것은 일차적으로는 신민의 인신을 보호하는 것이지만, 더 나아가 신민의 재산과 그

것의 가능조건인 자유를 보호하는 것이기도 합니다. 자신의 영토에서 신민에게 대외적 '방어defense'와 대내적 '보호protection'를 제공하는 것이 근대 영토국가의 기본 임무입니다. 이것을 기본원리로 삼는 이른바 '국제international' 질서가 유럽에서 1648년의 베스트팔렌 평화조약 체결을 계기로 하여 등장하게 됩니다.

이제 국가와 국가는 대칭적으로, 즉 서로 정당한 자격을 가지고 비슷한 방식으로 전쟁을 하게 됩니다. 자신의 영토 안에서 정치적 정당성을 독점한 국가들이 전쟁의 주인공으로 등장하게 된 것입니다. 그래서 프로이센의 유명한 전략가 클라우제비츠Carl von Clausewitz(1780~1831)는 이렇게 말합니다. "전쟁은 다른 수단을 이용한 정치의 연속이다." 국가들 간의 정치의 다른 수단을 이용한 연속으로서 '국제전international war'이 벌어지는 것이고, 어느 한 국가가 자신의 영토 안에서 폭력을 독점하지 못했을 때 국내 정치의 다른 수단을 이용한 연속으로서 '내전civil war'이 벌어지는 것입니다. 그런데 내전은 정말 끔찍한 것입니다. 국가가 폭력을 제대로 독점하지 못했을 때 일어나는 현상입니다. 그러나 국가가 폭력의 사용을 제대로 통제할 때, 폭력은 국가만 정당하게 사용할 수 있고, 그러므로 국가 안에서는 폭력을 이용한 대결이 이루어질 수 없습니다. 오직 국가와 국가 사이에서만 최후의 수단으로서 폭력을 이용한 정치적 대결이 이루어질 수 있습니다. 이런 의미에서 클라우제비츠는 "전쟁이 다른 수단을 이용한 정치의 연속"이라고 말한 것입니다.

비대칭화와 재대칭화: 재대칭화 수단으로서의 작은 전쟁과 테러

모든 나라들은 서로 힘을 이용해 대결하고 경쟁합니다. 그런데 어느 나라가 인구도 좀 더 많고 과학기술도 좀 더 발전했고 국민들도 좀 더 용맹하다면, 아무래도 다른 나라보다 경쟁에서 조금 더 유리하겠죠. 그렇기 때문에 일시적으로 국가들간의 경쟁에서도 비대칭asymmetry은 발생할 수 있습니다. 그러면 상대적으로 열세에 처해 있는 나라는 어떻게 할까요? 대칭성을 회복하려고, 즉 재대칭화하려고 노력하게 됩니다. 이 과정에서 일시적으로 비대칭적 전술이 사용되기도 하는데, 그런 전술 가운데 하나가 바로 제1차 세계대전과 제2차 세계대전 때, 그리고 그 사이에 벌어진 여러 전쟁들에서 나타난 '작은 전쟁'이라는 것입니다.

중국에서는 마오쩌둥毛澤東(1893~1976)이라는 유명한 지도자가 바로 이 '작은 전쟁'을 이끌었습니다. 이 사람을 한국인들은 보통 중국의 정치인, 현대 중국을 건설한 사람 정도로만 알고 있는데, 서구에서는 이 사람이 군사전략가, 군사지휘관으로 더 유명합니다. 마오쩌둥은 국민당 정규군의 포위망을 뚫고 탈출하는 이른바 '장정長征'을 이끌었습니다. 이 과정에서 수많은 농민들을 규합하여 이들과 함께 정규군에 맞서 비정규적 형태로 전쟁을 수행했습니다. 이 비정규적 형태의 군대를 '유격대'라고도 부르고, '파르티잔'이나 '빨치산'이라고도 부르고, '게릴라'라고도 부릅니다. 여기에서 상식 한 가지를 알려드리겠습니다. '게릴라guerrilla'라는 말은 스페인어에서 왔습니다. 스페인어에서 '게라

guerra'가 전쟁이라는 말인데, 그 뒤에 축소형 어미가 붙어 '게리야guerrilla'가 됩니다. 이 스페인어 '게리야'가 영어권으로 건너가 '게릴라'로 발음되었고, 다시 이 말이 영어식 발음으로 한국에 들어와 '게릴라'가 된 것입니다. 아무튼, 이 '게리야'는 '작은 전쟁'이라는 뜻입니다.

대칭적 형태로 전쟁을 수행할 수 없을 때, 사람들은 대칭성을 다시 회복하기 위해 일시적으로 비대칭적 수단을 이용합니다. 주력군과 주력군이 맞붙는 형태의 전쟁 대신에 소규모 부대를 이용해 적의 후방을 교란시키고 힘을 소진시켜 적의 전투력을 무너뜨리고, 그럼으로써 궁극적으로 적의 전투 의지를 꺾는 것이 작은 전쟁의 목적입니다. 나폴레옹 전쟁 때 스페인 사람들이 그렇게 프랑스군에 맞서 싸웠고, 중국에서 마오쩌둥이 그렇게 국민당 정규군에 맞서 싸웠으며, 또 베트남에서 호치민이 그렇게 미국 군대에 맞서 싸웠습니다. 그리고 끝내 지지 않음으로써 이겼습니다.

또 다른 비대칭적 전술이 '테러'입니다. 테러terror는 라틴어 동사 '테레레terrere'에서 나왔습니다. 놀라게 한다는 뜻입니다. 여기 졸고 있는 학생이 있나요? 제가 졸고 있는 어떤 학생 앞에 가서 '꽥'하고 소리를 지르면 그 학생은 깜짝 놀라겠죠? 그런데 그 학생은 어디까지나 제가 임의로 선택한 본보기일 뿐입니다. 제가 정말 놀라게 하고 싶은 대상은 그 학생을 포함한 다른 모든 졸고 있는 학생들입니다. 단 한 명의 학생을 놀라게 하면서 깨웠지만, 그 행위에 의해 동시에 다른 학생들이 함께 놀라면서 깨게 되는 효과를 애초부터 노렸던 것입니다. 이것이 바로 테러입니다. 테러의 직접적인 공격 대상은 한 명 또는 소수이지만, 이를 통해 간접적으로 공격하는 대상은 이들을 포함한 전체입니다. 이것이 바로 테러의 핵심입니다. 최근에 러시아의 어느 지하철역에서 테러 공격이 있었습니다. 또 얼마 전에는 런던에서 누군가가 자동차를 몰고 사람들을 마구 치는 테러 공격도 있었습니다. 작년 크리스마스 즈음에는 베를린에서 어떤 트럭이 크리스마스 마켓을 향해 돌진해 불특정 다수의 사람을 다치게 했습니다. 이처럼 연쇄적으로 유럽의 대도시에서 테러가 일어나고 있습니다. 이 테러는 과연 누구를 공격한 것일까요? 다친 사람들만을 공격한 것일까요? 아니면 유럽에 살고 있는 다른 시민들도 함께 공격한 것일까요? 누구를 과연 놀라게 한 것일까요? 다친 사람들과 바로 그 주위에 있었던 사람들만 놀라게 한 것일까요? 아니면 유럽에 살고 있는 다른 일반 시민들도 함께 놀라게 한 것일까요?

이것이 테러리즘의 새로운 변화입니다. 과거에는 테러가 전쟁의 일부로서, 단지 전술적 수단으로서만 사용되었습니다. 그러므로 전쟁에서 승리하기 위한 수단적 합리성을 가지고 제한적으로만 사용되었습니다. 그리고 소기의 목적을 달성하고 나면 더는 사용되지 않았습니다. 왜냐하면, 어디까지나 그것은 불법적인 행동이고 비겁한 짓이기 때문입니다. 정상적인 국가가 할 일이 아니기 때문입니다. 군복 입은 군인이 할 짓이 아니라고 생각했기 때문에 군복을 벗고 민간인인 척하면서 몰래 했던 것입니다. 그래서 전세를 역전시키고 나면, 또는 적군이 지쳐서 물러나고 나면 더는 그런 작전을 쓰지 않았습니다. 어디까지나 재대칭화를 목적으로 했기 때문입니다. 이와 다르게 오늘날의 테러리즘은 그 어떤 상위의 목적에도 종속되지 않는, 그래서 그 사용의 방식과 범위가 통제되지 않는 특징을 보이고 있습니다. 재대칭화를 전략적 목표로 삼지 않는 일방적인 비대칭화 전략이 등장한 것입니다.

이런 의미의 비대칭화 전략이 강대국에 의해서도 일찍이 사용된 바 있습니다. 바로 두 차례의 세계대전에서 사용된 이른바 '전략 폭격'입니다. 전투기가 등장하면서 전쟁의 양상이 바뀌게 됩니다. 지상에서 군인들이 총을 들고 서로 쏘면, 죽거나 죽일 확률이 비슷해집니다. 비교적 공평한 상황에서 싸우는 것이죠. 그러나 전투기가 하늘에서 지상에 있는 사람을 향해 총을 쏘거나 폭탄을 투하하면, 지상에 있는 사람들이 죽을 확률은 높아지는 반면에 하늘에 있는 사람이 죽을 확률은 낮아지게 됩니다. 멀리 떨어진 곳에서 이 전투기를 보낸 사람들이 다칠 확률은 그보다도 훨씬 더 낮아지겠죠. 이 비대칭성이 점점 커져서 제2차 세계대전 말기에 그 정점에 도달하게 되는데, 그것이 바로 원자폭탄의 등장과 사용입니다. 미국이 멀리 태평양 건너에 있는 일본의 히로시마와 나가사끼에 원자폭탄을 투하합니다. 공격한 쪽은 거의 아무런 피해도 입지 않지만, 공격당한 쪽은 엄청난 피해를 입게 됩니다. 이후로 이 극단적인 비대칭성을 만회하기 위한 경쟁이 강대국들 사이에서 벌어졌습니다. 이른바 핵 경쟁이 시작된 것입니다. 결국 공포의 균형이 이루어졌고, 이제 어느 국가도 감히 전쟁을 감행할 수 없게 되었습니다.

전쟁은 이제 너무 비싼 것이 되었습니다. 대한민국에서도 가끔씩 "우리도 핵무장 하자!"는 말이 나오곤 하는데, 말하기는 쉽습니다. 그러나 개발에도 돈이 많이 들지만, 설령 개발에 성공한다고 하더라도, 그것을 실제로 사용할 수가 없습니다. 한반도와 같이 좁은 공간에서 핵무기를 사용한다는 것은 결국 그곳에 살고 있는 모든 사람들을 죽이겠다는 뜻인데, 어떻게 전략적으로 사용할 수 있겠습니까? 이렇게 전쟁 무기의 파괴력이 증가하면서 사람들은 심리적으로 전쟁을 도저히 감당할 수 없게 되었습니다. 물리적으로만 감당할 수 없는 것이 아닙니다. 비용이라는 것은 금전적인 것만을 의미하지 않습니다. 심리적 비용, 정신적 비용, 그리고 우리가 일반적인 평화 경제 속에서 누리는 모든 것들을 포기해야 하는 기회비용까지를 포함하는 것입니다. 이 모든 비용이 너무도 커져버렸습니다. 상상해 보십시오. 전쟁이 났습니다. 여러분 자신이 직접, 또는 여러분의 애인이 소집되어 전장에 투입됩니다. 지금껏 여러분들이 계획하던 모든 장래가 불투명해집니다. 이 모든 것을 감수해야만 전쟁을 치를 수 있습니다. 그래서 20세기 후반에 대부분의 선진 산업 국가들은 전쟁을 감행할 수 없는 상태가 됩니다. 이것은 좋은 일일까요? 이제 평화가 오는 것일까요? 많은 사람들이 그런 기대를 했습니다. 그런데 미처 생각하지 못한 것이 있었습니다.

세계의 불균등 발전

로버트 쿠퍼Robert Cooper라는 영국의 외교관이 있습니다. 이 사람은 오늘날의 세계를 근대화의 수준이 다른 세계들이 서로 공존하고 있는 것으로 묘사합니다. 즉 전근대적 세계와 근대적 세계, 그리고 탈근대적 세계가 공존하고 있다는 것입니다. 그가 보기에 오늘날의 세계가 안고 있는 문제는 전세계가 균질적으로 발전하지 않았다는 데에 있습니다. 비동시적인 것들이 동시에 존재하는 데에서 발생하는 문제가 있다는 것입니다. 유럽과 같은 곳은 이미 근대적 국제질서를 넘어선 초국적 질서를 형성하고 운영해가고 있습니다. 방학 때마다 많은 한국 학생들이 유럽으로 여행을 가는 이유가 무엇인가요? 그곳에는 국경의 장벽이 없기 때문이죠. 유럽의 대학생들도 재학 중에 1년 정도씩은 다른 유럽 국가에 가서 공부도 하고, 졸업 후에 또 자유롭게 다른 유럽 국가에 가서 일합니다. 화폐도 똑같습니다. 지구에는 물론 대한민국처럼 여전히 근대적인 국가질서에 매어 있는 나라들도 많이 있습니다. 그리고 동시에 아프리카나 동남아시아, 남아메리카, 아랍 등의 많은 지역에서 목격할 수 있는 것처럼 아직 국민국가가 제대로 수립되어 있지 않은 곳, 지난 세기에 우연찮게 세워졌던 국가들조차 전쟁 속에서 무너지고 있는 곳이 있습니다. 이런 상이한 성격을 가진 세계들이 지구에 함께 공존하고 있다는 사실이 군사적 충돌과 불안정의 원인이라고 쿠퍼는 이야기합니다.

전근대적 세계에서는 전쟁이 여전히 중요한 생활 방식의 하나입니다. 앞에서 유럽의 중세가 용병들의 세상이었다고 얘기했는데, 마치 그때처럼 이곳에서는 용병들이 전쟁을 통해 먹고 삽니다. 먹고 살기 위해서도 이곳의 사람들은 전쟁을 하고, 오히려 총을 들어야 그나마 생존의 가능성이 높아집니다. 전쟁이 민간인을 대상으로 수행되기 때문입니다. 〈블러드 다이아몬드〉를 비롯해 이런 모습들을 보여주는 많은 영화들이 있습니다. 이런 영화들을 보면 그곳에서는 어쩌면 전쟁에 뛰어드는 것이 나름대로 합리적인 선택일 수 있겠다는 생각이 들기도 합니다.

그 반면에 대한민국처럼 근대적인 세계에 속한 나라에서 전쟁은, 생존을 위한 수단이거나 돈벌이 수단이 아니라, 어디까지나 정치의 연속입니다. 즉 선택 가능한 옵션의 하나입니다. 북한에 대해서 남한이 늘 이렇게 말하죠. "핵무기 개발을 포기해라! 그렇지 않으면 혹독한 대가를 치르게 하겠다!" 그러면 북한은 이렇게 응수합니다. "헛소리 하지 말아라! 너희들이야말로 우리에 대한 적대 정책을 포기해라! 안 그러면 정말 불바다가 될 것이다!" 이러면서 으르렁거립니다. 그러나 또 다른 곳에서는 국가 간에 아무런 적대적 긴장도 없이 국경을 개방하고 서로 이동하며 평화롭게 삽니다. 이런 탈근대적 세계에서 전쟁은 가능한 한 모든 노력을 기울여 피해야 할 일입니다. 대한민국은, 제가 보기에, 근대적 세계와 탈근대적 세계 사이에 있습니다. 여러분들은 전쟁을 어떻게 생각하십니까? "까짓것 말로 안 되면 전쟁한번 하지 뭐." 이렇게 생각하십니까? 아니면, "어휴, 미쳤어? 그 손해를 도대체 어떻게 감당하려고 그래. 전쟁만큼은 어떻게 해서든지 피해야 해." 이렇게 생각하십니까? 전근대적 세계에서 전쟁이 일상이라면, 근대적 세계에서 전쟁은 정치적 선택 사항 가운데 하나이고, 탈근대적 세계에서 전쟁은 더는 감당할 수 없는 위험한 일입니다.

탈영웅적 사회

    탈근대적 세계의 사회들이 보이는 이런 위험 기피적 성향을 두고 학자들은 이제 서구 사회는 '탈영웅적 사회'가 되었다고 말합니다. 과거와 같은 영웅들의 시대가 지나갔다는 말입니다. 과거는 정말 영웅들의 시대였습니다. 영웅적 성향이 사회 안에 여전히 많이 남아 있었고 또한 추앙받는 시대였습니다. 영웅성의 핵심은 무엇일까요? 힘센 사람이 곧 영웅은 아닙니다. 아무리 힘이 세더라도 자기밖에 모르는 사람을 우리는 영웅이라고 부르지 않습니다. 그러나 비록 힘이 약하더라도 그 미약한 힘을 다해 위험에 처한 타인이나 공동체를 구하는 사람을 우리는 영웅이라고 부릅니다. 그러므로 영웅성의 핵심은 희생 태세에 있습니다. 어떤 공동의 목표나 전체의 이익을 위해 자신을 기꺼이 희생하려고 하는 사람이 바로 영웅인 것입니다. 6.25와 관련한 영화들을 보면 이런 영웅적인 모습에 관한 묘사가 나옵니다. 적군의 탱크가 몰려오는데 그것을 막을 힘이 아군에게 없습니다. 그래서 아군이 속수무책으로 당하고 있습니다. 그때 한 병사가 폭탄을 들고서 적군의 탱크에 뛰어들어 탱크를 멈춥니다. 또 이런 장면이 나옵니다. 훈련 중이나 전투 중에 수류탄이 아군이 모여 있는 곳에 떨어집니다. 당황한 병사들이 어찌할 바를 모르고 있을 때, 한 병사가 자신의 몸으로 수류탄을 감싸서 다른 병사들의 목숨을 구합니다. 지금 시각에서는 어리석기 그지없는 행동처럼 보일지도 모르지만, 과거에는 이런 행동을 하는 사람들이 정말 있었고, 또 이런 사람들을 사회가 영웅으로 떠받들었습니다. 중요한 것은 영웅의 핵심이 엄청난 양의 근육에 있거나 하늘을 날아다니는 능력 자체에 있는 것이 아니라, 이웃과 사회를 위해 자기를 희생하려는 태도에 있다는 것입니다. 그러니까 슈퍼맨 스토리의 핵심도 슈퍼맨의 강력한 힘에 있지 않고, 자기가 죽을지도 모르는 상황에서도 인류를 구하기 위해 애를 쓰는 모습에 있습니다. 바로 이 점이 슈퍼맨을 영웅으로 만드는 것입니다. 과거는 실제로 이런 헌신적 영웅들의 시대였습니다. 대한민국에서도 국토를 지키기 위해, 경제발전을 위해, 그리고 가족을 지키기 위해 많은 사람들이 자신을 희생했습니다. 그런데 오늘날 사람들은 어떤가요? 여전히 그런가요? 여러분은 국가와 사회를 위해 자신을 희생할 각오가 되어 있나요? 적어도 가족을 위해서는 자신을 희생할 준비가 되어 있나요? 그렇지 않다면, 이런 희생 태세가 점점 사라져가는 탈영웅적 시대가 도래했다는 진단에 동의하나요?

이것은 어느 영화의 장면일까요? 영화 〈봄날은 간다〉의 한 장면입니다. 제가 아주 좋아하는 영화인데요. 이들이 도대체 지금 무엇을 하고 있는 것일까요? 남녀가 모두 손을 들고 있습니다. 여자가 손을 베인 것입니다. 그랬더니 남자가 손을 심장보다

높게 들고 있어야 피가 빨리 멎는다고 하면서 그렇게 해보라고 말합니다. 그럴 듯한 처방이긴 한데 뭔가 웃기지 않나요? 손가락이 잘린 것도 아니고, 고작 손끝을 조금 베었을 뿐인데, 그렇게까지 할 필요가 있을까요? 시간이 조금 지나면 저절로 피는 멎을 텐에 말입니다. 그런데 여자는 남자가 시키는 대로 손을 높이 들어 올리고 흔듭니다. 나중에 두 사람이 헤어진 후에 여자는 혼자 사무실에 있다가 다시 손을 베입니다. 그리고 자기도 모르게 손을 들어 올리면서 그 남자를 떠올립니다. 재미삼아 하는 행동이라고 말할 수도 있겠습니다만, 사실 현대인들은 지극히 겁이 많고 자신의 건강을 너무도 염려합니다.

현대인들은 위험에 대해 과민하게 반응합니다. 위험 인지 수준이 매우 높은 것입니다. 그래서 황사 마스크를 쓰고, 생수를 사 마시고, 집에 정수기를 설치하고, 임신 중에도 수시로 초음파 검사를 하고, 심지어 태어나지도 않은 아이의 유전자를 검사합니다. 오늘날 선진국들은 대부분 다 이런 겁쟁이들의 사회입니다. 영웅성이 거의 사라져 버렸습니다. '헬조선'이라고 비판하면서도 왜 대한민국에서 폭력 투쟁이 일어나지 않는 것일까요? 사람들은 평화로운 촛불집회가 시민 의식이 성숙한 결과라고 말합니다. 그것도 부분적으로는 맞지만, 다른 무엇보다도 중요한 변화는 이제 사람들이 자기를 희생하고 싶어 하지 않는다는 것이라고 저는 생각합니다. 자기 몸 다쳐가면서까지, 자기 이익을 포기해가면서까지 이루어야 할 대의에 대한 확신도 별로 없고, 행여 대의에 대한 확신이 있더라도, 굳이 자기가 희생하고 싶어 하지 않는 것입니다. 그래서 최소한의 희생으로 안전하게 사회를 자신에게 이로운 방향으로 바꾸고 싶어 합니다. 그런 탈영웅적 참여의 상징이 바로 촛불이라고 저는 생각합니다.

얼마 전에는 이런 일도 있었습니다. 군부대에서 지뢰 제거에 병사들을 투입하는데, 병사들에게 부모님 동의서를 받아오라고 한 것입니다. 이것도 놀라운 일이지만, 그래서 부모가 동의를 안 해준 병사들을 작전에 투입하지 않았던 것입니다. 부모의 동의를 얻은 병사들만 지뢰제거 작업에 투입되었다는 사실을 나중에 알게 된 부모들이 어떻게 행동했을까요? 당연히 항의를 했겠죠. "내 자식은 죽어도 되고, 다른 사람 자식은 죽으면 안 되냐?" 이러면서 군 당국에 거세게 항의했을 것입니다. 그래서 결국 부모 동의서를 받는 일은 중지되었다고 합니다. 매우 이상해 보이지만, 여러분도 부모가 되어 자식이 군대에 가고 지뢰제거 작업에 투입된다면, 마찬가지로 그런 조치에 동의하지 않거나, 행여 동의 없이 작업에 투입되었다가 자식이 다치기라도 하면 난리법석을 떨지 모릅니다. 오늘날 대한민국이 해외에 파병을 하는 경우에도 스스로 원하는 사람이 아니면 절대 보내지

않습니다. 그러니까 대한민국에서 지금 군대에 가는 사람들 가운데 죽을 각오를 하고 군대에 가는 사람은 거의 한 명도 없을 것입니다. 이 말은 군대에 갈 때에 죽을 각오를 하고 가야 한다는 뜻이 아닙니다. 다만, 오늘날 모든 탈근대적 세계에 속한 사람들 사이에 이런 탈영웅적 심리가 만연해 있다는 것이고, 더 중요하게는 그 탈영웅적 심리가 이 세계를 공격하려고 하는 사람들에게 그 세계의 굉장히 취약한 부분으로 여겨진다는 것입니다.

이런 모습을 두고 오사마 빈라덴은 이렇게 말했습니다. "미군의 고민은 어떻게 젊은 군인들을 싸우도록 설득할 것인가이겠지만, 우리의 고민은 서로 먼저 나서려고 하는 젊은이들을 어떻게 차례를 지키도록 할 것인가이다." 전근대 세계와 탈근대 세계가 공존하는 상황에서, 이 두 세계 간에 갈등이 벌어졌을 때, 탈근대적 세계의 사람들이 가지고 있는 탈영웅적 심성이 비대칭적인 약점으로 노출되고, 반대로 전근대적 세계의 사람들이 여전히 가지고 있는 영웅성과 호전성은 전략적 자산이 되는 것입니다. 이 사실을 오사마 빈라덴은 잘 알고 있었습니다.

왼쪽 모습은 영화의 한 장면이고, 오른쪽 모습은 현실의 한

장면입니다. 아랍인에 대한 어떤 편견을 조장하기 위해 이런 모습을 보여주는 것이 아닙니다. 과연 어떤 상황에서 사람들이 이렇게될까를 함께 생각해 보려는 것입니다. 사람이면 당연히 죽는 것을 두려워해야 마땅한데, 왜 이곳에서는 사람들이 죽는 것을 두려워하지 않는 것일까요? 종교가 사람들을 그렇게 만들었을까요? 제 생각에 종교는 상황을 격하게 만들 수는 있지만, 상황과 무관하게 사람들을 죽고 싶어 하게 만들지는 못합니다. 사는 것이 죽는 것보다 더 괴롭고 치욕적일 때, 또는 죽기를 각오해야 오히려 살 수 있는 가능성이 높아질 때, 그럴 때에 사람들은 기꺼이 총을 들고 죽음을 각오하며 싸우려고 할 것입니다. 그러니까 죽음이 오히려 구원인 그런 삶이 있다는 것입니다. 총을 들었을 때에 오히려 생존의 가능성이 커지는 그런 삶이 있다는 것입니다. 그런 삶을 사는 사람들의 제한적 합리성을 우리가 우리의 시각에서 비난할 수는 있겠지만, 이들에게는 그 이상의 합리성이 보이지 않을 것입니다. 과연 더 큰 합리성을 누가 보여줄 수 있을까요? 누가 이들의 삶에 더 큰 합리성을 제공해줄 수 있을까요? 이들이 스스로 만들 수 있을까요? 이들에게 과연 다음과 같이 말할 수 있을까요? "너희들은 왜 미래를 위해 공부를 하지 않니? 너희들은 왜 미래를 위해 저축을 하지 않니? 너희들은 왜 미래를 위해 열심히 일하지 않니? 다 같이 총을 버리면 평화롭게 살 수 있는데 왜 계속 싸우니?" 어쩌면 이 모든 말들이 그곳에서는 그냥 헛소리처럼 들릴지 모릅니다. 앞에서 토마스 홉스가 자연상태를 전쟁상태라고 부르면서 그곳에는 근면의 여지가 없다고 말했습니다. 열심히 일 해봐야 얻을 수 있는 것이 없다는 것입니다. 누군가가

다 빼앗아 가버리기 때문입니다. 그렇다면 빼앗기는 자리에 있기보다 빼앗는 자리에 있는 것이 조금이라도 더 삶의 가능성을 높이는 합리적 행동이 될지도 모릅니다.

우리가 이 사진을 보고서 아이들의 도덕적 불감증과 본성의 타락을 욕하기는 쉽습니다. 그러나 어쩌다가 이 아이들이 사는 세계가 이렇게 되었을까, 도대체 저곳에서 이 아이들이 무엇을 하고 있는 것일까 곰곰이 생각해보면, 아이들을 그저 비난만 하기는 어려울 것입니다. 나름의 합리성이 저런 행동들 속에 숨어 있기 때문이죠. 이 아이들이 살고 있는 세계에서는 저렇게 총을 들고 싸우는 것이 일종의 신분상승의 통로이기도 하고, 그나마 자기 가족을 먹여 살릴 수 있는 기회이기도 합니다. 또한 평소에 자기를 거들떠보지 않던 여자 아이들을 자기 앞에서 쩔쩔매게 만들 수도 있고 심지어 폭력을 동원해 취할 수도 있게 해주는 엄청난 권력 체험의 도구입니다. 또한 아무런 놀 거리도 없는 곳에서 거의 유일한 유희의 수단이기도 합니다.

선진국에서 텔레비전을 통해 이런 분쟁 지역의 소식을 접한 여러분과 같은 착한 시민들은 굿네이버스나 월드비전, 유니세프 같은 단체를 통해 성금을 보냅니다. 그렇게 모인 성금으로 필요한 구호물품을 사서 각 단체의 요원들이 분쟁 지역으로 물품을 배달하러 갑니다. 그런데 이 구호물품을 필요한 사람들에게 전달하기 위해서도 총을 들고 길목을 지키고 서 있는 사람들에게 일부나마 나눠주지 않을 수가 없습니다. 그렇기 때문에 외부에서 구호물품들이 끊임없이 분쟁지역으로 흘러들어오면, 바로 이 구호물품에 근거해 분쟁지역의 총을 든 사람들도 끊임없이 자신들의 생활을 지속합니다. 구호물품이 전쟁에 연료를 제공하는 셈이 되는 것입니다. 그렇다면 당장 구호를 멈춰야 할까요? "차라리 저놈들이 싹 다 굶어죽게 내버려두는 것이 좋겠다." 북한에 대해 사람들이 간혹 이렇게 이야기합니다. 우리가 보낸 쌀이 총탄이 되어 돌아왔다면서 말이죠. 그러니까 이제 쌀도 끊자고, 그래서 굶어죽게 내버려두자고 이야기합니다. 과연 그래야 할까요? 이것이 바로 인도적 지원이 가진 딜레마입니다.

오늘날 우리의 뇌리에 아주 확실하게 각인된 큰 사건이 2001년 9월 11일에 일어났습니다. 바로 '9.11 테러'라고 하는 사건입니다. 이것이 바로 서구인들이 굉장히 민감하게 받아들이고 있는 새로운 형태의 전쟁을 극단적으로 보여주는 장면입니다. 이때 사용된 무기는 무엇이었습니까? 총이나 칼이 아닙니다. 핵무기도 아닙니다. 무슨 최첨단 무기가 아닙니다. 그냥 민간 항공기입니다. 이 작전을 성공으로 이끈 핵심 전략은 무엇이었습니까? 특별한 것이 아니었습니다. 그냥 살아 돌아올 생각을 하지 않는 것이었습니다. 퇴로를 확보할 필요가 없으면 작전 성공률이 엄청나게 높아지기 때문입니다. 또한 이 공격에서는 누가 애꿎게 피해를 입을지를 고민하지도 않았습니다. 행여 동족이 다치지는 않을까, 같은 종교를 가진 사람이 피해를 입지는 않을까 고민하지 않았습니다. 그래서 또한 성공 가능성이 엄청나게 높았던 것입니다.

그 반대로 이 테러 공격을 당한 사람들은 이런 식의 공격에 너무도 취약했습니다. 저 건물이 상징하는 것은 무엇일까요? 저 건물을 쌍둥이 빌딩 또는 월드트레이드센터라고 부릅니다. 자본주의의 상징과도 같은 건물이죠. 제가 최근에 아주 재미있게 본 미국 드라마가 하나 있습니다. 〈빌리언스〉라고 하는 드라마인데요. 여기에 투자회사를 운영하는 사람이 주인공으로 등장합니다. 이 사람이 큰돈을 벌게 된 계기가 바로 9.11 사건입니다. 증권회사에서 일하던 사람인데 이 날 바깥에 있다가 동료들이 일하고 있는 건물이 저렇게 비행기에 들이받혀서 무너지는 것을 보게 됩니다. 여러분들이라면 이 순간 어떤 행동을 하겠습니까? 물론 건물로 뛰어 들어간다고 해서 동료들을 구할 수는 없을 것입니다. 그러나 그렇다고 해서 평상시처럼 자기 할 일을 하지도 못할 것입니다. 그런데 이 사람은 이 순간에 앞으로 값이 떨어질 주식과 오를 주식을 계산해 주식을 사들이거나 팔아서 엄청나게 큰돈을 벌었습니다. 그렇습니다. 이것은 전쟁과도 같은 끔찍한 사건이지만, 동시에 경제적인 일입니다. 실제로 이후에 증시가 폭락했고, 한동안 증권시장은 문을 닫아야 했습니다. 한동안 사람들은 두려워서 뉴욕에 가지 않았습니다. 관광도시에 관광객이 오지 않는다면 경제적 피해가 결코 적지 않을 것입니다. 또 한동안 사람들은 두려워서 비행기를 타지 못했습니다. 두려움을 불식시키기 위해 항공기 보안 규정은 더욱 까다로워졌고, 그만큼 비행기를 이용하는 데에 걸리는 시간은 늘어났고, 인력은 더 많이 필요해졌습니다. 이 모든 것이 비용인 것입니다. 9.11 테러가 노린 것은 적에게 이런 갖가지 부담을 안기는 것이었습니다. 그리고 이것이 텔레비전과 인터넷을 통해 전 세계에 생방송되면서 더 많은 사람들이 함께 놀라게 되었습니다. 앞에서 제가 테러를 무엇이라고 했죠? 놀라게 하는 것이라고 했죠. 누구를 놀라게 하는 것일까요? 공격을 직접적으로 당한 사람뿐만 아니라, 그 광경을 지켜보는 많은 사람들을 간접적으로 함께 놀라게 하는 것입니다. 대중매체의 발달 덕분에 국지적 공격이 전 세계인을 동시에 놀라게 하는 엄청난 효과가 발생했습니다. 이런 효과를 테러 공격을 기획하는 사람들은 처음부터 계산합니다.

영웅적 초연함

〈테러 공격의 희생자를 추모하기 위해 베를린 시민들이 가져다놓은 초와 꽃〉

　테러 공격이 처음부터 이런 효과를 의도하고 수행된다면, 우리는 이에 대해 어떻게 반응해야 할까요? 위 사진은 작년 겨울 베를린 시내의 크리스마스 마켓에서 테러가 벌어진 이후의 모습입니다. 어떻습니까? 공포에 질려 있는 것 같습니까? 아니면 평화로워 보입니까? 제가 번역한 책『새로운 전쟁』의 저자인 독일의 정치학자 헤어프리트 뮌클러Herfried Münkler는 9.11 테러와 관련해 '영웅적 초연함'이라는 개념을 제시합니다. 그에 의하면 뉴욕을 공격한 사람들은 그저 쌍둥이 빌딩만을 공격한 것이 아니라, 탈영웅적 사회에 살고 있는 사람들의 연약한 심리 조직을 또한 공격한 것이었습니다. 그러므로 사람들이 앞으로 이어질지 모를 테러 공격을 두려워하면 할수록, 겁을 내면 낼수록 오히려 그 공격은 성공하게 된다는 것입니다. 추가적인 공격이 두려워서 사람들이 정상적인 경제활동을 못하면, 서로 만나지도 못하고 함께 놀지도 못하고 공공장소에서 이야기도 제대로 나누지 못하면, 더 나아가 보복이 두려워서 전쟁도 하지 못하면, 그래서 적이 협박하면 협박하는 대로 요구를 다 들어주게 되면, 정말로 공격한 사람들이 원하는 바가 이루어지는 것입니다. 그런데 핀클러에 의하면 뉴욕의 시민들이 보여준 것은 그런 공포에 벌벌 떠는 모습도 아니고 공포를 이기기 위해 과잉 대응하는 모습도 아니었습니다. 그저 침착하게 공포에 맞서 해야 할 일을 하는 모습이었습니다. 이런 모습이 매우 인상적이었다고 평가하면서 핀클러는 이를 '영웅적 초연함'이라고 불렀습니다. 탈근대 세계의 사람들이 다 겁쟁이인 것은 맞지만, 때때로 사람들은 영웅적 초연함을 보입니다. 이번에 런던에서 테러 공격이 벌어지고 난 후에도 런던 시내에서 사람들은 피켓을 들고 행진을 했습니다. 피켓에는 이런 문구가 쓰여 있었습니다. "We are not afraid." "우리는 두렵지 않다." 왜 이런 문구를 썼을까요? 두려워하면 결국 지는 것이라는 사실을 런던 시민들도 알고 있었던 것입니다. 그런데 정말 하나도 안 두려웠을까요? 왜 안 두려웠겠습니까. 싱크홀이 생겼다가 새로 포장한 길을 여러분이 지나간다고 상상해 보십시오. 두렵지 않을까요? 왜 안 두렵지 않겠습니까. 그렇지만 두려워하면, 두려워서 길 위를 걷지 못하면, 정상적인 생활을 할 수가 없을 것입니다. 특히 이런 군사적이고 정치적인 대결에서 두려워한다면 결국 우리가 지는 것이라고 생각하기 때문에 두려움을 애써 이겨내는 것입니다. 그래서 더욱 두렵지 않은 것처럼 행동하려고 하는 것입니다. 두려울 때에 사람들이 하는 행동 가운데 하나가 두려움의 원인을 주변의 눈에 띄는 사람에게 돌리고, 그들을 증오하는 것입니다. 그래서 모든 외국인들과 특히 무슬림들을 잠재적 테러리스트 취급하기도 합니다. 그리고 두려움에 굴복해서 이들에게 폭력을 행사하기도 합니다. 그러면 이제 치안이 불안해집니다. 그리고 외국인들은 추방되거나 더는 오지 않게 됩니다. 그러면 다시 경제 활동이 위축되고, 관광 수입도 줄어들게 됩니다. 한마디로 말해서 사람들이 두려움에 사로잡히면 여러 가지 문제가 발생하게 됩니다. 그러므로 물론 정부가 이 두려움의 원인을 찾아 없애주는 것도 필요하지만, 사람들이 스스로 이 두려움을 극복하는 것도 필요합니다. 이것이 탈영웅적 사회에서 발견되는 새로운 형태의 영웅성인 것입니다. 비대칭적인 방식의 공격에 대해 탈영웅적 사회가 다시 비대칭적으로 맞서는 한 가지 방식인 것입니다.

지배평화와 협약평화

이제 슬슬 이야기를 마무리하려고 합니다. 예술가들은 흔히 평화로운 세상을 상상하곤 합니다. 전쟁이 없는 세상을 상상하곤 합니다. 모두가 평화롭게 어울려 사는 모습을 그리곤 합니다. 그러나 학자들은 인류역사상 없었던 일을 함부로 상상하지 않습니다. 어디까지나 인류역사상 있었던 일에 근거해 다른 가능성을 계산할 뿐입니다. 평화와 관련해서도 그렇습니다. 역사상 있었던 평화에는 크게 두 종류가 있었습니다. 하나는 지배평화이고, 다른 하나는 협약평화입니다. 강력한 힘을 가진 존재가 그 힘을 가지고 아무도 함부로 허가 없이 폭력을 사용하지 못하도록 통제하는 것이 지배평화입니다. 사실 우리가 국가 안에서 누리고 있는 평화가 바로 그런 평화입니다. 옆에 있는 사람이 나를 때립니다. 이 사람을 우리가 경찰에 신고하면 그 사람이 폭행죄로 처벌 받게 된다는 것을 우리는 알고 있습니다. 도대체 이런 일이 어떻게 가능한 것일까요? 국가가 그 일을 책임져주고 있기 때문에 가능한 것입니다. 이것이 지배평화입니다. 우리가 국가 안에서 지금 평화롭게 살고 있는 것은 우리가 서로 싸우지 않기로 합의했기 때문이 아니라, 압도적으로 강한 힘이 우리 모두의 자의적인 폭력 사용의 가능성을 통제하고 있기 때문입니다.

그렇다면 국가들 사이에서도 이런 지배 평화가 적용될 수 있을까요? 국가들 사이에 압도적으로 강한 힘이 존재할까요? 일시적으로 존재하더라도 또 언제든지 그 힘의 관계가 역전될 수 있지 않을까요? 이런 문제를 해결하기 위해 생각해 낸 것이 바로 협약평화입니다. 협약평화는 지위가 대등한 국가들끼리 폭력의 사용을 서로 제한하기로 합의하는 것입니다. 이런 이상을 가장 잘 표현한 사람이 철학자 임마누엘 칸트Immanuel Kant(1724~1804)입니다. 칸트는 모든 나라들이 공화국이 되면 왕국이 아닌 공화국의 주인은 시민들 자신이므로 자기들에게 피해가 돌아오는 전쟁을 굳이 하려고 하지 않을 것이고, 그러므로 민주적으로 구성되는 공화국들이 서로 협약을 맺어 영구적인 평화 질서를 수립할 수 있을 것이라고 생각했습니다. 실제로 이런 구상이 유럽에서 제한적으로 실현되기도 했습니다. 그런데 오늘날 과연,

앞에서 말한 바와 같이, 탈근대적 세계와 근대적 세계, 그리고 전근대적 세계가 공존하는 상황에서 협약평화가 가능할까요?

협약평화가 가능하기 위해서도 먼저 협약의 당사자들이 상대를 신뢰할 수 있어야 합니다. 우리가 약속을 할 때에는 상대가 약속을 지킬 것을 믿고 약속을 합니다. 그것을 믿지 못한다면 약속은 무의미합니다. 여러분들은 물건을 살 때, 물건을 먼저 받고 돈을 줍니까, 돈을 먼저 주고 물건을 받습니까? 돈을 먼저 주기가 불안하던가요? 불안하지 않은 이유는 무엇일까요? 서로 신뢰가 있기 때문입니다. 또는 신뢰할 만한 다른 존재가 거래의 안전을 보장해주기 때문입니다. 만약 신뢰가 없다면 모든 거래는 불안정해집니다. 우리가 맺고 있는 모든 계약에는 이처럼 신뢰가 깔려 있습니다. 여러분들이 온라인으로 상거래를 할 때, 무엇을 믿고 결재를 합니까? 상인들도 믿고 물건을 먼저 보내줍니다. 대개 신용카드로 결재하기 때문에 사실 돈은 나중에 한두 달 뒤에나 자기 통장에 들어오는데도 믿고 물건을 먼저 보내주는 것이죠. 이 전자상거래를 궁극적으로 믿을 수 있게 만들어주는 힘, 법 자체를 유효하게 만들어주는 힘이 있다는 것을 우리가 모두 믿기 때문에 이런 거래가 가능한 것입니다. 이 힘이 없다면, 이 힘에 근거한 법이 없다면, 그 법에 대한 우리의 믿음이 없다면, 계약은 사실상 불가능합니다. 그렇다면 과연 국가들이 서로 협약을 맺어 평화를 이루는 것이 가능할까요? 얼핏 들으면 굉장히 합리적이고 그럴 듯한데, 도대체 상대가 약속을 지키리라는 것을 어떻게 믿을 수 있을까요? 남한과 북한 간에, 미국과 북한 간에 핵무기 개발을 둘러싸고 끊임없이 대화와 대결이 반복되는 이유도 바로 여기에 있습니다. 궁극적으로 북한과 남한, 북한과 미국 사이에 신뢰가 없기 때문입니다. 그래서 상대방이 약속을 이행할 것이라는 것을 믿지 못하고, 그래서 먼저 약속을 이행한 쪽만 바보가 될 것이라고 생각하는 것입니다.

결국 협약평화조차 약속을 지키지 않으면 안 되게끔 강제하는 힘이 뒷받침되지 않으면 지속되기 어렵다는 것을 우리는 알고 있습니다. 그래서 과거에 유럽에서는 약속을 안 지키는 나라가 등장하면 다른 이웃 나라들이 함께 힘을 모아 그 나라를 혼내주기로 또한 약속함으로써 약속을 유지하기도 했습니다. 그런데 오늘날에도 과연 누가 그렇게 할 수 있을까요? 누가 과연 약속을 어기는 나라를 혼내주는 일에 앞장설 수 있을까요?

아까 어린 아이들이 끔찍하게 사람을 목매달아 죽이고서 자기도 그 옆에서 천진난만하게 웃으면서 노는 모습을 봤습니다. 바로 그런 곳에 누가 어떻게 장기적인 합리성을 제공해줄 수 있을까요? 누가 평화라는 공공재를 공급할 수 있을까요? 대한민국이 할 수 있을까요? "왜 우리가 해야 해? 우리와 아무 상관도 없는 나라의 일인데." 이렇게 국민들이 말하지 않을까요? 다른 나라 사정도 마찬가지입니다. 이게 탈영웅적 사회의 모습입니다. 나에게 피해가 돌아오지 않는 한에서 다른 누군가가 그 일을 하는 것은 좋은데, 내 돈을 쓰고 싶지는 않다는 것이 탈영웅적 사회에 사는 사람들의 일반적인 생각입니다. 그곳에 평화를 유지하기 위해 내가 직접 총을 들고 나가기는 싫지만, 누군가가 좀 대신 해줬으면 하고 바라는 것이 바로 우리들의 모습입니다. 과연 누가 우리를 대신해 이 일을 해줄 수 있을까요? 우리는 너무도 쉽게 미국이 나서주기를 바랍니다. 그러나 동시에 미국이 그곳에서 자국의 이익을 챙기는 것에는 반대합니다. 미국 국민들조차 때로는 미국이 나서는 것에 반대합니다. 바로 이런 복잡한 상황이 오늘날의 군사적 분쟁과 갈등을 해결하기 어렵게 만들고 있습니다. 탈영웅적 사회가 안고 있는 이런 딜레마를 상징하는 것이 바로 아래의 두 장면입니다.

첫 번째 사진은 바로 드론의 모습입니다. 제가 '드론'이라는 단어를 처음 접한 것이 15년쯤 전이었는데, 그때는 '드론'이라는 말의 뜻이 무엇인지가 전혀 와 닿지 않았습니다. 지금은 드론을 민간에서 워낙 많이 사용하니까 드론이라는 것이 마치 별 것 아닌 것처럼 느껴지기도 합니다. 그러나 이 드론이 처음에는 군사적인 용도로 개발되었습니다. 그러다가 기술이 발전해 점차 민간 영역에서도 저렴하게 사용할 수 있게 된 것입니다. 이 무인전투기가 의미하는 바는 극단적인 비대칭성입니다. 앞에서 양차 세계대전 때에 폭격기가 등장하면서 비대칭성이 커졌다고 얘기했습니다. 과거의 폭격기에는 그래도 사람이 타고 있었습

니다. 제2차 세계대전 때 일본의 가미가제 특공대가 돌아올 연료를 싣지 않고 적의 함대를 향해 날아가 자폭을 했습니다. 그러나 이제는 그럴 필요조차 없게 되었습니다. 무인전투기에는 아예 사람이 타고 있지 않기 때문입니다. 이제는 사람이 죽을 위험 자체가 없는 방식으로 전쟁이 수행되고 있습니다. 드론은 서구의 탈근대적 사회들이 가진 탈영웅적 속성을 가장 극단적으로 보여주는 무기입니다. 만약 전투로봇이 등장하게 되면, 이제 지상에서조차 죽음의 비대칭성은 극단적으로 표출될 것입니다. 두 번째 사진은 미국의 케이블 방송 CNN을 통해 생중계되고 있는 전쟁의 모습입니다. 전쟁은 이제 우리에게 이런 이미지로 다가오고 있습니다. 마치 전자오락의 한 장면처럼 보이기도 합니다.

무인전투기와 텔레비전으로 대표되는 이런 전쟁의 모습을 두고 독일의 사회학자 울리히 벡Ulrich Beck은 '리스크 전가 전쟁'이라고 불렀습니다. 공격하는 쪽이 전쟁의 리스크를 일방적으로 상대방에게 전가한다는 것입니다. 싸움의 리스크를 참가자가 동등하게 나누어 가지는 과거의 결투나 대결과 다르게, 마치 수술대 위에 놓인 환자를 의사가 일방적으로 '수술operation'하듯이, 한쪽이 다른 한쪽에 대해 일방적으로 '작전operation'을 벌이는 방식으로 전쟁이 수행된다는 것입니다. 전쟁의 모든 리스크를 공격 받는 쪽이 모두 떠안는 형태로 전쟁이 치러질 때 그에 맞서는 사람이 선택할 수 있는 방법에는 무엇이 있을까요? 대칭적인 방식은 결코 아닐 것입니다. 그래서 9.11 테러와 같은 비대칭적 방식의 공격이 벌어지게 되는 것입니다. 상대방이 가진 민간 기반시설을 이용해, 민간인 신분으로, 피해자의 국적도 가리지 않고 공격하는 것입니다. 이것이 오늘날 지구에서 벌어지는 군사적 대결의 모습입니다. 비대칭화 전략이 다른 비대칭화 전략과 맞부딪혀 묘하게 대칭을 이루는 모습입니다.

동아시아의 대칭적 국제질서와 상대적 평화 상태

이런 상황과 비교해 봤을 때 오늘날 우리들이 살고 있는 동아시아 지역은 비교적 국가를 중심으로 한 질서가 잘 자리 잡고 있음을 알 수 있습니다. 저는 그것이 참 다행이라고 생각합니다. 그리고 이것이 유럽처럼 아예 국가간의 장벽도 없고 화폐의 차이도 없는 형태로 발전할 가능성이 단기에 보이지 않는다면, 차라리 이 국가중심의 질서라도 잘 유지하고 관리하는 것이 필요하다고 생각합니다. 국가의 폭력 독점이 유지되는 편이 동아시아에서 평화를 유지하는 최선의 방법이라고 생각합니다. 그런데 모두가 알고 있다시피 최근에 이 지역의 안정을 해치는 불안 요소가 두 가지 등장했습니다. 하나는 미국과 중국이라는 두 강대국이 패권 경쟁을 하필이면 이 지역에서 벌이고 있는 것입니다. 다른 하나는 북한의 체제 안정성이 여전히 그리 높지 않다는 것입니다. 행여라도 북한이 붕괴하게 되면, 그래서 급격하게 체제 변동이 일어나게 되면, 비교적 안정적인 이 동아시아의 국가중심 질서가 흐트러질 위험이 있고, 그러면 미국과 중국의 패권 경쟁이 패권 전쟁으로 바뀔 가능성도 있습니다.

어느 한 국가가 자국 내에서 폭력을 독점하지 못하는 상황은 그런 의미에서 주변 국가들에도 매우 위험한 일입니다. 그래서 저는 동아시아의 대칭적인 국제질서를 잘 관리하고 유지하면서 폭력을 서로 규제하는 규범을 발전시켜나가는 것이 무엇보다도 중요하다고 생각합니다. 이런 관점에서 저는 우리가 폭력을 도덕적으로 무조건 부정해서는 안 된다고 생각합니다. 오히려 폭력을 어떻게 해야 더 잘 통제하고 관리할 수 있을지를 고민해야 한다고 생각합니다. 평화로운 삶을 위해 폭력을 어떻게 활용해야 하는지를 더 정교하게 연구해야 한다고 생각합니다. 더 나아가서, 우리는 비교적 평화로운 상태에서 살고 있지만, 그렇지 않은 상태에서 살고 있는 사람들에게 평화의 전망을 제공하기 위해 우리가 무엇을 해야 할지, 그들과 우리가 평화롭게 공존하기 위해 어떤 지혜를 발휘해야 할지, 또 이 모든 일에 우리가 어떻게 관여할 수 있을지를 고민해야 한다고 생각합니다.

디아스포라의 세계사

: 망명지에서 혁명을 일으킨 사람들의 스토리와 히스토리

심아정

Profile

일본에서 15년을 살았다. 박사논문을 쓰면서 조약이나 회담으로 담아낼 수 없는 목소리, 대문자 역사로는 표상될 수 없는 삶과 조우했고, 수유너머104에서의 공부는 그러한 목소리와 삶들 한가운데로 나를 던지는 경험이었다. 국민국가체제에 얼룩과도 같은 존재들, 비천한 자들의 연대가 갖는 가능성에 관심이 있다. 최근에 쓴 글로는 「냉전의 인질로 붙들린 사람들의 이야기: 시베리아 조선인 일본군 포로와 유족에 관한 들:음 아카이빙」(『문학』 3, 창비사, 2017년)이 있다.

디아스포라의 세계사

: 망명지에서 혁명을 일으킨 사람들의 스토리와 히스토리

프롤로그

얼룩이나 앙금은 모든 것을 균질적이게 만들려는 끈질긴 동일화의 시도에도 불구하고 늘 어정쩡하게 남겨져 있기를 자처합니다. 깨끗이 지워버리려는 사람들에게 있어서 얼룩이 그러하듯, 싹 다 녹여버리고 싶은 사람들에게 앙금 또한 눈에 거슬리고 불편한 혹은 불순한 존재로 여겨질 겁니다. 오늘 이 강연에서는 국가 간의 조약이나 회담으로는 담아낼 수 없는 혹은 녹여낼 수 없는 사람들의 목소리, '대문자 역사History'로는 표상될 수 없는 삶들, 얼룩이나 앙금이 되어 버려진 그 자리에서 살아 남아야 했던 사람들, 그런 이유로 뒤늦게나마 그들의 삶에 가닿은 우리에게조차 흔적으로만 보이게 되는 사람들의 '이야

기들stories'를 해보려고 합니다. 한 사람의 삶을 온전히 이해한다는 것은 나를 넘어서는 새로운 세계를 만나는 일이라고 생각합니다. 오늘 우리가 조우하게 될 세계는 '디아스포라'라고 명명되는 사람들의 세계입니다.

대문자 디아스포라Diaspora라는 말은 고대 그리스어에서 '~너머'를 뜻하는 '디아dia'와 '씨를 뿌리다'를 뜻하는 '스페로spero'가 합성된 단어로, 본래 이산離散 또는 파종播種을 의미하며, 팔레스타인 땅을 떠나 세계 각지에 흩어져 거주하는 유대인과 그 공동체를 가리키는 말이었습니다. 그러나 오늘날에는 이러한 사전적인 의미를 넘어서, 유대인뿐 아니라 근대라는 시대가 가져온 다양한 연유로 흩어져 살게 된 사람들, 즉 노예무역, 식민지배, 지역 분쟁 및 세계 전쟁, 시장 경제 하의 노동력 이동, 정치적 탄압으로 인한 망명 등으로 인하여 자기가 속해 있던 공동체로부터 다른 곳으로의 이산을 경험한 사람들, 그리고 그들의 후손을 가리키는 용어로 쓰이게 되면서, 소문자 보통명사 '디아스포라diaspora'를 사용하는 경우가 많아졌습니다.

콜럼버스의 신대륙 '발견' 이후 2000만 명에 이르는 아프리카인들이 자신들이 발 딛고 살던 땅에서 뿌리 뽑혀 낯선 신대륙으로 끌려갔습니다. 그래서 그들과 그 자손을 '블랙 디아스포라'라고 부르기도 합니다. 근대 제국주의 국가들에 의한 세계 분할과 식민지 쟁탈 이후, 전 세계에서 대체 얼마나 많은 사람들이, 자신이 태어나 자란 삶의 보금자리를 강제로 떠나게 되었을까요? 일본에 의한 식민지배와 제2차 세계대전, 한국전쟁, 베트남전쟁, 박정희와 전두환으로 이어지는 군사독재정권에 의한 정치적 탄압 등을 경험하면서 생겨난 코리안 디아스포라의 수는 약 600만 명으로 추산됩니다. 2017년 현재 남한의 인구가 5천만 정도이니, 우리 인구의 1/10 이상이 세계에 흩어져 코리안 디아스포라로 살아가고 있는 셈이죠.

이처럼 디아스포라가 근대 특유의 역사적 소산이라고 말할 수 있다면, 그들의 시선으로 '근대'와 '식민주의'를 다시 들여다보는 것, 그리고 '근대 이후'의 인간의 가능성을 탐색하는 것 또한 가능하지 않을까요? 그럼으로써 우리는 '조상대대로 전해 내려온 토지, 언어, 문화 등을 공유하는 공동체'라는 견고한 다수자의 관념에 안주하기를 멈추고, 다수자의 세계에 균열을 내는 소수자의 목소리를 들을 수 있게 될 뿐 아니라, 우리가 살아내고 있는 지금−여기의 세계를 이제까지의 사유와는 다른 각도로 상상해 볼 수 있게 될 것입니다.

탈식민주의 시대의 '민족'이란 무엇일까?

국가國歌 제창을 거부하는 프랑스의 국가대표 축구선수들

국제축구연맹FIFA이 주관하는 경기에서 가장 쉽게 찾아볼 수 있는 문구는 인종차별 반대 캠페인 구호인 "Say 'No' to racism"입니다. 그러나 역설적인 것은 월드컵 경기가 민족주의 혹은 국가주의의 요소로 가득 차 있다는 사실이죠. 뿐만 아니라, 민족국가의 '순혈성'을 중요하게 여기는 사람들이나 국가주의에 경도

되어 있는 사람들이 경기장 안에서 선수들에게 차별적인 발언을 서슴지 않는 장면 또한 어렵사리 볼 수 있습니다.

피식민지 출신의 이민자들을 적극적으로 받아들였던 프랑스에서 이민 2세들이 국가대표 축구팀에 진출한 것은 여느 나라들보다 빨랐습니다. 이웃 독일이 2002년에 처음으로 흑인선수를 국가대표로 발탁한 것에 반해, 프랑스는 이미 1998년에 다양한 출신의 선수들로 이뤄진 국가대표팀을 구성하여 월드컵에서의 첫 우승이라는 쾌거를 달성한 바 있습니다. 흑인 및 혼혈 선수가 주전으로 상당수 포함되어 있던 1998년과 2002년의 월드컵에서 크리스티앙 카랑뵈Christian Karembeu와 지네딘 지단Zinedine Zidane은 프랑스의 국가 '라 마르세예즈La Marseillaise'를 열창하지 않았다는 이유로, 극우정당인 '국민전선Front National'의 공격 대상이 되었죠. 그들은 왜 국가를 부르지 않았을까요?

카랑뵈는 프랑스령 뉴칼레도니아 출신인 그의 증조부가 1931년 프랑스 파리에서 열린 세계 식민지 박람회에서 '식인종들'이라는 이름으로 '전시'되었던 것을 국가 제창 거부의 이유로 들었습니다. 마을에서 존경받던 증조부가 동물원의 우리 같은 곳에 갇혀서 백인들의 구경거리가 되었던 일들을 상기하고 조상들의 공동체를 침략해오던 때에 프랑스군이 불렀던 노래였다는 걸 감안한다면 카랑뵈의 심정을 이해 못할 일은 없을 것 같습니다.

그렇다면, 프랑스의 마르세이유에서 태어난 지단은 어떤 이유로 국가를 부르지 않았던 것일까요? 그의 부모는 오랜 기간 프랑스의 식민지였던 알제리 출신입니다. 그런 그를 가리켜 사람들은 '알제리 이민 2세'라고 부릅니다. 그의 고향 마르세이유는 갖가지 이유로 근대와 식민주의가 뱉어낸 디아스포라들이 몰려드는 프랑스의 항구도시인데, 1960년대에 이후에는 알제리를 비롯한 북아프리카 사람들이 이곳으로 스며들었고, 지단의 부모도 그들 중 한 무리를 이루었다고 하네요.

알제리를 식민통치했던 프랑스는 특히 1954년부터 1962년까지 이어졌던 알제리 독립투쟁에서 140만 명의 알제리 사람들을 죽였다고 합니다. 1961년 파리의 거리에서는 알제리 이민자들이 그들에게만 차별적으로 부여된 통행금지 명령을 해제해 달라는 평화시위를 벌이다가, 파리 경찰에 의해 수백 명이 잔인하게 학살당한 후 센느 강에 던져지기도 했고요. 이러한 역사에 대해 우리가 숙지하고 있다면, 알제리를 식민화했던 프랑스 군가로 쓰였던 '라 마르세예즈'를 지단이 부르지 않았던 이유 또한 어렵지 않게 짐작할 수 있을 겁니다.

그렇다고 해서 지단을 비롯한 이민 2세의 축구 선수들이 현재 자신들의 거처인 공화국 프랑스가 지닌 최고의 가치, 똘레랑스tolérance마저 거부하는 것이 아님에 주의해야 합니다. 우리말 '관용'으로 번역되는 똘레랑스는 나와 생각이 다를 수 있음을 인정하는 태도입니다. 중요한 것은 똘레랑스가 약자에 대한 자비를 호소하는 개념이 아니고, 차이에 대한 용인에서 그치는 것 또한 아니며, 차이의 존중을 위해서라면 적극적으로 싸워야 할 의무까지도 포괄하는 개념이라는 것이죠. 그래서 볼테르는 "나는 당신이 말한 것에 동의하지 않는다. 하지만 나는 당신이 당신의 의견을 말할 권리를 위해서는 죽도록 싸울 것"이라는 경구를 남겼나 봅니다.

극우 인종주의자들이 극성을 부렸던 2002년의 프랑스는 월드컵과 대통령 선거로 떠들썩했는데, 지단은 라디오에서의 인터뷰를 통해 "나는 내가 프랑스인이라는 것을 자랑스럽게 여긴다. 그러나 누군가를 배제함으로써만 자신의 정체성을 확립하려고 하는, 지금 우리의 눈앞에서 벌어지고 있는 일들은 전혀 만족스럽지 않다. 프랑스의 가치, 똘레랑스를 오염시키는 인물과 극우 정당에 투표하는 일은 심각한 결과를 초래할 것"이라고 자신의 정치적 의사를 표명한 바 있습니다.

한편, 국가 제창을 거부하는 선수들과는 확연히 대조적인 장면 또한 종종 월드컵 경기에서 볼 수 있습니다. 국제축구연맹은 국가 연주 시간을 90초로 제한하고 있는데, 2014년 브라질 월드컵에서는 자국 관중들로 가득 찬 경기장에서 여러 남미 팀들이 정해진 90초 동안의 공식연주가 끝나고도 반주 없이 관중들과 함께 국가를 2절까지 열창하는 인상적인 광경을 연출했죠. 선수들 중에는 경기 시작 전에 이미 감격에 벅차 뜨거운 눈물을 흘리는 이도 있었습니다. 남미의 여러 나라들은 오랜 기간 유럽의 식민지를 경험했죠. 그들이 부르는 국가란 자신들을 지배했던 압도적인 권력에 맞서는 저항의 감각 혹은 정서를 불러일으키는 일종의 주술 같은 기능을 하는 것 같습니다. 그래서 국가 제창은 사실, 누가 어떤 맥락에서 부르는가에 따라 그 의미를 달리 부여할 수 있다고 말할 수 있습니다.

한편, 이러한 장면을 목격하는 우리들은 함께 부르는 국가 제창의 짜릿한 전율이 주는 소속감이, 한편으로는 누군가에게 배제와 폭력으로 작동할 수도 있고, 다른 한편으로는 국민이라는 하나 됨이 그 내부에 품고 있는 여러 갈등과 모순을 은폐 혹은 봉합해 버리는 효과로 작동할 수도 있다는 점 또한 간과해서는 안 되겠죠? 그렇다면 사람들은 왜 국가를 부르며 이토록 가슴 벅차 하는 것일까요? 그들에게 '조국'이란 어떤 의미를 갖는 걸까요?

세 개의 조국을 가진 축구선수, 정대세의 눈물

"저보고 어느 나라 사람이냐고 물으면 저는 '재일(在日, 자이니치)'이라고 대답합니다. 재일은 일본사람도, 한국 사람도 아니고 북한 사람도 아닙니다. 그럼 도대체 어디 사람이냐고 물으면 대답이 궁해집니다. 재일 사람이라는 것은 없기 때문입니다. 그래서 더더욱 세계의 정대세가 되어 '재일'의 존재를 알려야 하는 것이 저의 존재 이유가 됩니다."(정대세)

북한 국가대표팀의 일원으로 2010년 남아공 월드컵에 출전하여 북한의 국가를 부르던 중 뜨거운 눈물을 흘렸던 정대세의 이야기는 여러 매체에서 클로즈업 화면과 함께 보도된 바 있습니다. 그러한 정대세의 눈물이 우리에게 혹은 일본인들에게 각별하게 다가왔다면, 그 이유는 무엇일까요? 그가 일본에 살면서 일본학교가 아닌 조선학교에 다녔고, 한국 국적을 가졌지만 월드컵에서는 북한 팀의 일원으로 활약하는 등 우리로서는 이해하기 어려운 복잡한 '정체성'을 가졌기 때문일까요? 그는 자신이 속한 재일조선인 사회가 처해 있는 역사적인 현실과 특수한 상황을 세계축구연맹에 호소하여 자신의 정체성을 이루는 특수한 입장을 인정받아 북한 팀 선수로 뛸 수 있게 되었다고 합니다. 그렇다면 그의 특수한 입장이란 어떤 걸까요?

재일조선인은 한국 국적 소지자, 조선적 소지자, 일본 국적 소지자의 세 부류로 나뉩니다. 정대세의 아버지는 한국국적, 어머니는 조선적 소지자이며, 그 자신은 아버지를 따라 한국국적을 택했다고 합니다. 일본이 조선을 강제로 병합한 1910년 이후, 조선 사람은 신민臣民으로서 일본인이 되었죠. 그때 일본으로 이주해 온 조선 사람들은 일본 국적 소지자로서 일본국의 영토 안에서 이동한 것이 됩니다. 1939년 이후 총력전의 시기에 내지內地라고 불리는 일본 땅에 강제로 동원된 조선인 노동자들 중 1945년 패전 당시 거의 250만에 달하는 이들이 일본에 남아 있었다고 합니다.

패전 후 일본은 연합국과의 강화조약이 맺어질 때까지는 구식민지 출신자도 일본국민과 마찬가지로 일본의 법에 복종할 의무가 있음을 강조하는 한편, 일본 국민이 받는 각종 혜택에서는 배제되는 '포섭하면서 동시에 배제하는' 모순적인 통치를 감행합니다. 전후 재일조선인들이 세웠던 민족학교를 폐쇄하도록 한 것도 이러한 조치에 따른 것이었다고 하네요. 그러던 중 1947년, 갑자기 재일조선인을 "외국인으로 간주한다"는 외국인 등록령이 천황의 칙령으로 선포되었고, 재일조선인들은 자기의 '국적'을 신고하고 등록해야 했는데, 이 시점에서는 한반도에 아직 독립국가가 성립되지 않은 상태였기 때문에, 많은 사람들이 국적란에 '조선'이라고 기입하게 되었습니다. '조선'이라는 국가는 이미 사라지고 없었지만, 당시의 사람들에게 '조선'은 여전히 국가적 귀속이 아닌 민족적 귀속을 나타내는 의미를 가졌다고 합니다.

이듬해 1948년, 대한민국과 조선민주주의인민공화국이 각각 남과 북에 국가 수립을 선언했습니다. 한국전쟁이 한창이던 1952년에 일본과 연합국이 맺은 강화조약이 발효되자, 재일조선인들은 일본정부로부터 일본 국적을 상실하게 되었다는 일방적인 통보를 받게 됩니다. 이로써 식민지 때 일본으로 건너온 사람, 제국 일본의 필요에 의해 강제로 연행된 사람, 그 자손으로 일본에서 태어난 사람 등 모든 재일조선인이 한순간에 '난민' 상태가 되고 말았죠.

한편, 난민에 관한 국제 규약은 식민지의 역사를 충분히 반영하고 있지 않습니다. 난민법은 전쟁과 내전을 배경으로 만들어졌고, 따라서 '난민'이라는 말의 형성과정이나 전제 속에는 '국가'가 버티고 있는 것이죠. 따라서 '고향을 떠났지만 국경을 넘지 않은 사람'은 국제법상의 난민이 아니게 됩니다. 그렇지만, 제3세계나 동아시아에서 난민의 경험은 '국경'을 넘지 않았다고 할지라도, 자신의 고향으로부터는 떠나야만 했던 상황 속에서 발생한 것이었습니다. 재일조선인에게도 난민이 되는 경험은 바로 이러한 식민지적 상황에서 시작되고 비롯된 것이라고 말할 수 있습니다.

난민이 된 상태, 즉 '국가 없음'은 어떠한 상태일까요? 주디스 버틀러와 가야트리 스피박은 대담을 통해 국민국가nation-state가 하이픈으로 연결되어 있는 것을 주목하면서, 시민권을 부여하는

'국가nation'와 '우리가 처한 '상태state'를 구별해야 한다고 말합니다. 한나 아렌트는 난민, 즉 '국가 없음'의 상태를 국가로부터의 떠남과 다른 국가로의 도착이라는 망명서사로 파악했지만 그것은 난민에 대한 불충분한 정의가 아닐까요? 난민은 자율적인 국가 사이에서 이동하는 인구집단이 아니며, '국가 없음'의 상태는 국가의 외부뿐 아니라 내부에서도 나타나기 때문입니다.

오늘날까지도 '조선적'을 지니고 있는 사람들이 존재합니다. 그러나 이들은 사실상 무국적 상태에 놓여져 있는 것이죠. 이들 중 예외적으로 북한의 여권을 취득한 사람들도 간혹 있지만, 일반적으로 해외에 나갈 때는 여권 없이 일본이 발행하는 '재입국 허가증'을 가지고 출국하게 됩니다. 만약 해외에서 불의의 사고나 사건을 당해도 외교보호권을 행사해 줄 조국은 그들에겐 존재하지 않습니다.

현재 일본 사회에서는 '재일한국인'이라는 호칭과 '재일조선인'이라는 호칭이 애매하게 뒤섞여 존재하는데, 후자를 일본에 거주하는 북한 국민으로 오해하는 사람들이 적지 않습니다. 이들 용어에 대한 혼란은 재일조선인이 형성된 역사에 대한 무지에서 비롯된다고 할 수 있죠. '조선'은 '민족'을, '한국'은 '국가'의 층위를 나타내는 용어라고 말할 수 있는데, 이러한 개념들을 혼동하는 배경에는 민족과 국민을 동일시하는 것을 당연하게 여기는 단일민족국가에 대한 환상이 뿌리 깊게 자리 잡고 있습니다. 하나의 민족은 하나의 국가를 가질 것이라는 매우 빈곤한 상상력에 근거한 환상인 것이죠. '한국'은 국가의 호칭이므로 '한국인'은 국민적 귀속을 나타내는 한정적 의미에 불과합니다.

정대세의 눈물은 한국과 북한과 일본이라는 세 개의 조국을 가지고 있으면서도 그 어디에도 속하지 않는 '재일'의 삶을 살았던 그가, 그 자신의 표현처럼 세계의 정대세가 되어 '재일'을 알렸다는 가슴 벅찬 기쁨의 눈물임과 동시에, 이제껏 고단하게 버텨왔던 수많은 '재일'의 삶들을 떠올렸기 때문에 터져 나온 눈물이 아니었을까요? 그의 눈물을 통해서, 혹은 국가 제창을 거부했던 지네르 지단의 꼭 다문 입술을 통해서, 그것을 목격하는 다수자이며 지배자였던 일본인들과 프랑스인들 또한 자신들의 과거 식민지배가 낳은 디아스포라의 삶에 대한 이해와 공감의 가능성을 만들어내고, 자신들의 내부에서만 생각하고 느끼는 습성에 갇혀 있던 주술의 속박으로부터 벗어날 기회를 얻음으로써, 그들 또한 해방되는 경험을 겪어 내기 시작하고 있다고 말할 수 있지 않을까요? 프란츠 파농이 간절히 바랐던 '지배자와 피지배자의 동시적인 해방'이란 이러한 계기로부터 첫걸음을 내디딜 수 있는 것 아닐까요?

'기민棄民'들의 연대: 버려진 곳에서의 봉기

'기민棄民'이라는 표현은 한국에서는 잘 쓰이지 않는 단어인데요, 국가에 의해서 버려진 민民이라는 뜻입니다. 기민은 국민이나 시민, 인민 혹은 난민이 담아내지 못하는 의미, 즉 국가로부터 버림받은 개인이라는, 국가와 개인의 관계성을 적나라하게 드러내는 표현인 것이죠. 하지만 오늘 강의에서는 그들이 '버려졌다'는 사실에만 주목하려 하는 것이 아님에 주의해야 합니다. 그들을 향한 동정과 연민은 정치적 정서가 아니라고 생각합니다. 그러한 정서는 우리뿐 아니라 그들에게도 무엇 하나 도움이 되지 않을뿐더러, 새로운 무언가를 만들어내는 생성의 에너지로도 기능하지 못합니다.

기민들이 '힘 없는 타자'라는 고정관념을 깰 때, 그들이야말로 우리들의 존재와 인식을 통째로 흔들어 놓는 '힘 센 타자'라는 전복적인 발상을 시작할 때, 비로소 우리가 지녀왔던 기존의 문제의식의 무게중심은 옮겨질 수 있을 겁니다. 버려진 그 자리에서 종유석처럼 융기하는 사람들. 이향異鄕을 가향家鄕 삼아 발 딛고 선 바로 그곳에서, 인종이나 민족 혹은 국가를 따져 묻지 않고서도 사람들의 고통과 탄식에 연대하고 함께 봉기하는 사람들의 삶을 응시해 보려고 합니다. 그들이 우리에게 제시하는 새로운 조국의 상像은 우리가 이제껏 품어왔던 그것과는 판이하게 다른 것일 될 겁니다. 이제 그들의 이야기에 귀를 기울여보도록 하지요.

양칠성, 야나가와 시치세이, 그리고 코마루딘으로 불린 사나이

전쟁을 위해 조선인을 강제동원하기 시작한 것은 1938년 이후, 징병제는 1942년에 발표됩니다. 이때 '군속'(군무원)은 군인과 구별되었고, 남방의 포로 감시원 모집은 1942년에 시작되는데, 3,000여 명의 조선 청년들이 군속으로서 남방으로 향했죠. '지원' 동기는 다양하지만, 실제로는 면장이 보통학교 나온 사람들 중에서 공출했으며, 지원하지 않으면 안 되게끔 만든 구조적인 강제성을 간과해서는 안 됩니다. 특히 군속에 지원하는 것은 탄광이나 군인으로 가는 것을 피하기 위한 선택이었다고 합니다. '더 좋은'이 아니라 '그나마 나은' 상황을 '선택'하도록 하는 것, 즉 '자발성'의 가면을 뒤집어쓴 '강제성'이 작용한 결과였죠.

일본군은 1942년 3월 인도네시아의 자바 섬에 상륙하고 네덜란드의 항복을 얻어내자 미국, 영국, 네덜란드 포로를 수용하게 됩니다. 포로 감시원이 된 조선인은 '백인 포로를 감시하는 동시에 상관인 일본 군인의 감시대상이 되었습니다. 1945년 조선이 해방되었을 때, 조선인 군속들은 여전히 일본인, 네덜란드인, 인도네시아인, 중국화교, 연합군 등 다양한 인종과 권력이 길항하는 남방의 여러 섬에 머물고 있었죠. 제국 일본이 떠나자 거기에는 난민들 간의 혼돈과 그 혼돈을 포섭하려는 다른 제국들이 등장하고, 그 속에서 조선인 군속들은 스스로를 지켜줄 기호로서의 '조선'이 필요해 집니다. 그때 조선인들은 일본인으로 오해받아 인도네시아인이나 중국인으로부터 보복을 받을 위험과 동시에 네덜란드, 영국, 미국 등 연합군 포로들의 보복에 대한 위험 속에 이중으로 노출되어 있었다고 합니다.

해방 후 조선인들을 지켜주거나 귀국을 교섭할 수 있는 주체는 '조국'이어야 했지만, 조선인 군속들은 법적으로 속할 '조국'을 갖지 못했습니다. 네덜란드가 인도네시아를 지배하게 되자, '전쟁 범죄에 관한 한 조선인은 일본인으로 취급한다'는 방침이 1945년 12월 싱가포르에서 열린 양국 회담에서 결정되고, 조선인 포로 감시원들은 전범 재판에 회부되기에 이릅니다. 영국군과 호주군에게 전범으로 지목을 당하면, 현지에서 재판을 받은 후 일본의 스가모 형무소에서 일본인 전범들과 함께 복역하게 되거나 사형을 받거나 했죠. 호주나 영국의 포로들에게 지목되지 않았다 하더라도 그 다음엔 네덜란드 포로에 의한 전범 지명 절차를 거쳐야 했습니다. 여기서 풀려나면 살아 돌아올 수 있었다고 합니다.

일본이 패망하면서 그들은 '조선인'이 되었지만, 네덜란드와 연합군의 영향 하에서는 '일본인'으로 취급되었습니다. 한국에는 아직 정부가 없었고, 일본정부는 그들을 보호하지 않았기 때문이죠. 기소된 111명 중 전범이 된 69명이 포로수용소 관계자이며, 그 중 33명(48%)이 조선인이었다는 상황은, 제국주의 국가들이 벌인 전쟁의 전후처리 과정에서 조선인 군속이라는 불편한 존재들이 소리 없이 지워져가는 상황이었음을 말해 줍니다.

그런데 인도네시아 독립운동에 조선인 군속뿐 아니라 잔류 일본병사들도 다수 참여했다는 것은 어떻게 생각해야 할까요? 뿐만 아니라 인도네시아 독립해방투쟁에 참여한 사람들 중에는 영국군으로서 인도네시아에 갔던 네팔 구루카인들도 있었습니다. 인도네시아에 갔던 일본병사들 중 27%는 사망, 32%가 행방불명, 36%는 생존했으며 5%는 귀국했는데, 남았던 일본병사들 903명이 인도네시아 독립운동에 참여했다고 합니다. 인도네시아의 독립은 하나의 민족의 일이 아니며, 그들 모두의 것이라도 되었던 걸까요?

잔류 일본병사들은 전범이 될지도 모른다는 공포, 여성 문제 등 개인적인 사정, 상관의 결정 등 다양한 이유로 인도네시아 독립운동에 뛰어들게 되었다고 합니다. 이 잔류 일본병사들은 드물게 영웅시되기도 하지만, 대부분은 보상의 혜택을 받지 못하는 등 일본 국가의 외부에 놓여지게 됩니다. 더구나 903명이라는 '잔류 일본병' 속에는 오키나와인을 비롯한 다수의 민족들이 속해 있었죠. '일본'이라는 제국의 이름으로 뭉뚱그려진 사람들이 일본의 패망으로 버려지거나 흩어지면서 전혀 다른 정체성을 갖게 되는 과정을 겪게 됩니다.

여기에서는 그러한 사례로 양칠성, 야나가와 시치세이, 코마루딘이라는 세 개의 이름을 가졌던 사내를 소환해 봅시다. 그가 가진 이름들이 만들어진 상황은 어떤 것이며, '국가 없음'의 상태에서 그는 어떤 일을 겪었던 걸까요? 양칠성梁七星은 1919년에 전라도에서 빈농으로 태어나 야나가와 시치세이梁川七星로 창씨개명을 하고, 1942년에 인도네시아 자바 섬에 있는 포로수용소의 포로 감시원으로 일하게 됩니다. 해방 후에는 조선에 돌아가지 않고 인도네시아를 다시 식민화하려는 네덜란드에 맞서 인도네시아 독립군과 함께 독립운동에 참여하여 '킬리만탄의 왕'이라고 불리게 되죠. 그는 1948년 11월 네덜란드 군에 체포되어 인도네시아의 주민들 앞에서 총살당하고, 1975년에 인도네시아의 독립 영웅으로서 자카르타 칼리비타 국립묘지에 묻혔습니다.

원래는 일본명 야나카와 시치세이로 묻혀 있었지만, 양칠성을 단순히 인도네시아 독립에 공헌한 '옛 일본군 병사'로 은폐해 버리려는 것을 문제 삼았던 일본의 연구자 우쓰미 아이코의 노력으로 그의 이름은 "KOMARUDIN YANG CHIL SUNG, KOREA"로 다시 새겨지게 됩니다. 이 비석에는 피식민자로서 인도네시아 인민과 연대했던 이름 '코마르딘'과, 일본 제국주의에 의해 가려진 이름이자 그가 태어난 곳의 이름인 '양칠성'이 함께 새겨져 있습니다. 죽어서도 그의 신체는 하나의 민족이나 국가로 수렴되지 않는 복잡한 관계성 속에 놓여 있는 것이죠.

우리에게 난민의 경험이란?

여러 개의 제국이 겹쳐질 때, 식민주의와 인종주의는 긴밀히 결합하며 내부의 위계질서를 활용하고 선전도구로 삼게 됩니다. 따라서 여러 개의 제국 사이의 '틈새'가 있었다고, 혹은 그 틈새에서 기민들의 연대가 가능하리라고 쉽사리 이야기할 수는 없을 겁니다. 그러나 그 틈새에서 국가로부터 버려진 사람들이 서로를 만나 서로의 운명에 연루되면서 만들어졌던 어떤 계기들이 있었음을 부정할 수는 없겠죠.

식민지와 한국전쟁을 겪어 내는 과정에서의 '난민'의 경험은 국가를 잃거나 주권을 발휘할 수 없었던 경험이었습니다. 이 강의에서 1942년부터 식민지기에 인도네시아에 포로감시원으로 강제 동원된 조선인 군속들의 경험을 지금—여기의 우리가 만나야 하는 이유는 난민의 경험을 '우리' 내부의 식민지와 내전의 경험을 통해 이해할 때, 타자로 열린 시선이나 새로운 정치체제에 대한 상상 또한 모색될 수 있기 때문입니다.

'난민'이란 외부의 권력으로부터 폭력으로 주어진 '수동적' 위치인 동시에, 스스로에게 다른 이름을 부여할 수 있는 '적극적' 위치이기도 합니다. 난민으로서 망명신청을 하는 순간은 공동체와 인간이라는 존재조건에 대한 근본인 물음을 던지고, 하나의 민족이나 국가 내부에 존재하는 기민들과 마주하는 순간이기도 한 것이죠.

에필로그: '틈새'에서 이끌어내는 타자론

'틈새'는 어정쩡한 존재들이 생겨나는 장소라고 말할 수 있습니다. 국가가 그어놓은 확고한 혹은 견고한 정체성에 생긴 균열이라고도 할 수 있죠. 그렇다면 우리는 왜 이러한 '틈새'에 주목해야 할까요? 그것은 다름 아닌 '틈새'가 지닌 장소성이라는 것이, 전후 미국이 전 세계에 꾸역꾸역 구겨 넣은 냉전이라는 찢김과, 남과 북에 각각 수립된 두 개의 국가와 그리고 전후 일본이 도모했던 국가주의가 그어놓은 구획선으로는 포획되지 않는, 그 어느 쪽으로도 회수불가능한 성질의 것이기 때문이다. 그리고 이러한 틈새야말로 이분법적인 이념의 지대에서 부정되고 배제되어 온 존재들에게 다른 삶의 방식을 제안하고, 남과 북으로 찢겨진 조국과 근대 일본이 만들어 놓은 기존의 경계설정에 이의를 제기할 수 있는 장소라고 생각합니다.

그러나 이와 동시에 '틈새'는 온갖 위험 혹은 위협 위에 자신을 노출시킬 수밖에 없는 폭력과 멸시의 '한가운데'라는 장소로서의 의미를 갖기도 합니다. 그러나 바로 이곳에서야말로 '또 하나의 조선'으로서 '자이니치在日'를 그들 스스로 정의하고 자처할 수 있고 말하는 시인이 있습니다. 재일 시인 김시종에 따르면, "자이니치의 근거는 차별과 편견에도 불구하고 계속 '거기에 있으려고 하는 것'에 있습니다".

자크 랑시에르는 역사를 쓰는 것과 스토리를 쓰는 것이 하나의 동일한 진리체계에 속한다고 말함으로써 미학체제에서 히스토리와 스토리의 구분을 무너뜨립니다. 그는 문학성과 역사성 사이의 뗄 수 없는 관계를 정치적 혹은 문학적으로 진술하는 작업을 통해서 볼 수 없는 것의 지도들, 말로 표현할 수 없었던 것들의 궤도들, 존재 양식들, 행동 양식들 그리고 말함의 양식들 사이의 관계들을 재편하는 작업에 주목하는데, 이것을 가리켜 '감성의 지도를 다시 그리는 것'이라고 말하죠.

위와 같은 랑시에르의 사유에 기대어 조명해 보고자 하는 김시종의 시가 한 편 있습니다. 바로 1978년에 출간된 『이카이노猪飼野 시집』에 수록된 「보이지 않는 동네」인데요, '보이지 않는 동네'는 예전에 이카이노츠猪甘津라고 불렸다고 합니다. 식민지와 전후라는 시간대를 거치면서 '보이지 않는 동네'가 될 때까지 '일본국 이카이노'라고 주소를 적으면, 바다 건너 우편물까지도 배달되었다고 할 정도로, 잘 알려진 동네였죠.

그런데 1920년대 중반부터 이카이노를 남북으로 가로지르며 흐르는 백제강百濟川을 넓히는 대공사를 해서 운하가 만들어졌고, 공사를 위해 모집된 조선인들이 그 주변에 그대로 눌러 살게 되었습니다. 이카이노는 1973년에 말소되어 행정적으로는 사라지게 되었지만, 그 후에도 조선인들은 이 동네를 떠나지 않았고, 결국 이곳은 재일조선인 밀집지역의 대명사가 되었습니다.

김시종은 이러한 역사를 지닌 '이카이노'라는 지명이 말소될 운명에 놓이자, 여기에서 살아온 조선인들의 고유한 기억을 자신의 시집 속에 생생하게 새겨 넣습니다. 일본 정부의 입장에서는 깨끗하게 지워버리고 싶었을 동네, 그래서 행정적으로는 존재하지 않는 곳이 되어버린 이카이노에 사는 조선인들은 숨죽여 살지 않습니다. 오히려 왁자지껄 큰 소리로 떠들어대며 살죠. 다음은 시집에 첫 번째로 수록된 시 「보이지 않는 동네」의 일부분입니다.

없어도 되는 동네 그냥 그대로 사라져버린 동네
(…중략…)
화장터만은 잽싸게 눌러앉은 동네
누구나 다 알지만 지도엔 없고 지도엔 없으니까 일본이 아니고
일본이 아니니까 사라져도 상관없고
(…중략…)
어때, 와 보지 않을 텐가?
물론 표지판 같은 건 있을 리가 없고 더듬어 찾아오는 게 조건
이름 따위 언제였던가
와르르 달려들어 지워 버렸지
그래서 '이카이노'는 마음속 쫓겨나 자리 잡은 원망도 아니고 지워
져 고집하는 호칭도 아니라네
바꿔 부르건 덧칠하건 이카이노(猪飼野)는 이카이노(イカイノ)
예민한 코랴야 찾아오기 수월해
(…중략…)
바로 그것 이카이노가 이카이노가 아닌 것의 이카이노의 시작

(…중략…)

어디에 뒤섞여 외면할 지라도

행방을 감춘 자신일지라도

시큼하게 고인 채 새어 나오는 아픈 통증은 감추지 못한다

(…중략…)

이카이노는 한숨을 토하는 메탄가스 뒤엉켜 휘감는 뿌리 으스대는

재일(在日)의 얼굴에 길들여지지 않는 야인(野人)의 들녘

거기엔 늘 무언가 넘쳐 나 넘치지 않으면 시들고 마는

일 벌이기 좋아하는 조선 동네 사흘 낮밤 징소리 북소리 요란한 동네

지금도 무당이 날뛰는 원색의 동네

활짝 열려 있고 대범한 만큼 슬픔 따윈 언제나 날려 버리는 동네

밤눈에도 또렷이 드러나 만나지 못한 이에겐 보일 리 없는 머나먼

일본의 조선동네

'보이지 않는 동네'는 '더듬어 찾아오는 것'을 조건으로 하는 동네입니다. 일본어 동사 'たぐる^{타구루}'는 '(양손으로) 더듬어 찾다'라는 의미죠. 그러나 이카이노는 '징소리 북소리 요란한 원색의 동네'입니다. 시끌벅적한 형형색색의 장소라면 보이지 않고 들리지 않을 리 없는 동네인데도 왜 시인은 더듬어 찾아와야 한다는 조건을 붙인 것일까요? 시인은 오사카에 거주하고 있는 어떤 이들에게 이카이노라는 동네는 비단 비유에 그치지 않고 말 그대로 '보이지 않는 동네'라고 말합니다. 있지만 없다고 여겨지는 동네이기 때문에 시인은 독자들에게 '어때, 와 보지 않을 텐가?'라고 손짓하는 것이죠. 보이지 않게 된 동네에 사는 보이

지 않게 된 사람들로부터 터져 나오는 왁자지껄하고 요란한 시 끌 에도 불구하고, 그들은 보이지 않게 되었기 때문에, 이곳에 찾아오는 이들은 징소리, 북소리, 김치 냄새를 더듬어 찾아와야 만 하고, 그렇게 만남으로서만 그들은 서로에게 각각 보이는 존 재, 볼 수 있는 존재가 될 수 있다는 메시지를 담고 있는 것 이 아닐까요?

그렇다면 이카이노는 언제부터, 무슨 연유로 보이지 않게 되 었을까요? 1973년 2월 1일을 기점으로 이카이노는 행정적으로 말소되어 '보이지 않는 동네'가 되었습니다. 이카이노를 '보이지 않는 동네'로 만드는 일련의 과정, 다시 말해 '행정적 살인'은 보이는 것을 보이지 않게끔, 절차적으로 그리고 점차적으로 희 석稀釋하면서 서서히, 그러나 결국엔 보이지 않게 만듭니다. 게다 가 시간의 경과라는 집행과정은 '보이지 않는 동네'를 위협하면 서 조금씩 천천히 그것이 가진 원색을 흐릿해질 때까지 탈색해 나가죠. 결국 식민지 지배의 역사에 있어서 이물異物 또는 위물遺 物로 취급되어왔던 재일조선인들을 행정적으로 추방하여 보이 지 않게 만듦으로써 귀화歸化라는 이름으로 추진된 동일성의 역 사야말로 다름 아닌 일본 전후의 민낯이라는 사실이 '이카이노 가 이카이노가 아니게 된' 과정에서 극명하게 드러납니다.

'만나지 못한 이에겐 보일 리 없는' 동네라는 표현처럼, 일본 에 있는 조선인 동네는 '없는 것으로 되어 있다'고 하는 상태로 줄곧 존재해 온 것이죠. '재일在日'은 '자이니치'라고 발음하고 일 본에 '있다'는 의미를 갖습니다. 그러나 더듬어 찾아오는 자가 직면해야만 하는 조건은 재일'한다'고 하는 사상입니다. 재일'한다'는 사상은 재일조선인에만 요청되는 표현이 아니라, 그들과 관계하는 사람들. 즉 단순히 '있음'의 상태가 아니라 '관계로서의 있음'을 실현하는 사람들에게도 요청되는 표현인 것이죠. 보이지 않는 동네의 경계에서 서성이다가 만나지 못한 이들에게는 보일 리 없고, 알아차리지 못한 채 지나친다 해도 그만인, 표식과도 같은 존재들. 그러나 보이지 않는 동네 사람들과, 더듬어 그들을 찾아온 이들과의 만남은 서로가 비로소 '관계로서의 있음'의 실현을 통해 재일在日할 수 있게 되는 하나의 계기가 됩니다.

오늘 강의실을 나선 여러분이 이제껏 있어도 없는 것으로 간주되어온 존재들, 보이지 않던 것들과 들리지 않던 소리들을 보고 듣고 더듬어 찾다가 만날 수 있는 일들이 일어나기를 바래봅니다. 만나 보면 그들은 무력한 타자로 우리에게 도움을 요청하는 사람들이 아니라는 것을 알게 될 겁니다. 오히려 그들을 만나기 이전의 시간으로는 절대로 되돌아갈 수 없을 만큼 강력한 힘으로 우리를 그들의 삶으로 휘말려 들게 만드는 힘을 가지고 있을 테니까요. 우리를 불편하게 만드는 문제들과 사람들, 얼룩이나 앙금과도 같은 존재들을 통해서 우리는 이 세계를 바꾸는 것이 아니라, 세계에 대한 우리의 태도를 바꿀 수 있게 될 겁니다. 마지막으로 김시종 시인의 「얼룩」이라는 시를 낭독하면서 이 강의를 마치도록 하겠습니다. 감사합니다, 여러분!

얼룩

김시종

얼룩은
조짐의 징표이다
어디에 있더라도
일단 스며들면
명확한 한 점의 의지가 되어 자리를 차지한다

얼룩은
겉으로 꾸며지기를 좋아하지 않는다
그 자신의 오점(汚點)과 같은 처우에는
얼룩 자신의 내력이 동조하지 않는 것이다

얼룩은 흔적이 압축된 신념이다
배어들어간 표상에만 집착하고
비렁뱅이의 개선을 조롱하며 산다
강조는 이렇게 말없는 것이기도 하다

바로 그렇기에 얼룩은
한 패가 되는 것의 시작이 되기도 한다
뜻밖에 아주 지척에서 점잔을 빼며
동공의 한 점을 거뜬히 빼앗고 있다

다투어 치솟는 즐비한 집들 사이에서라면
결국 종유(鍾乳)의 물방울이라도 되어 있으려고
어쩌다 가끔 거꾸로 용기하고
도시의 괴사에는 통각조차 가닿게 할 수 없다

얼룩은
규범에 들러붙은
이단이다
선악의 구분에도 자신을 말하지 않고
도려낼 수 없는 후회를
언어의 깊은 바닥에 가라앉히고 있다

참고문헌

서경식, 『디아스포라 기행: 추방당한 자의 시선』, 돌베개, 2014.

서경식, 『소년의 눈물』, 돌베개, 2012.

프란츠 파농 지음, 남경태 옮김, 『대지의 저주받은 사람들』, 그린비, 2010.

자크 랑시에르 지음, 진태원 옮김, 『불화』, 길, 2015.

호소미 가즈유키 지음, 동선희 옮김, 『디아스포라를 사는 시인 김시종』, 어문학사, 2013.

김시종 지음, 유숙자 옮김, 『경계의 시』, 소화, 2008.

정대세 지음, 한영 옮김, 『정대세의 눈물: 세 개의 조국을 가진 이 남자가 사는 법』, 르네상스, 2012.

이진경, 「소수자와 반역사적 돌발」, 『부커진R(No2소수성의 정치학)』, 그린비, 2007.

신지영, 「'난민'과 '인민' 사이」, 『상허학보』 제48집, 2016.

*2*부
평화를 위한 감성과 상상

역사와 문학적 상상력

오창은

Profile

역사를 다룬 이야기에 관심이 많은 문학평론가다. 이야기에 매료되어 문학을 하기로 결심했고, 2002년 〈경향신문〉 신춘문예에 당선되어 문학비평을 업으로 삼는 직업 문학평론가가 되었다. 한국의 도시공간 연구, 북한 문학 연구, 세월호와 같은 사회적 사건에 대한 작가들의 대응에 관심을 쏟고 있다. 읽기 중독증을 앓고 있으며, 쓰기 기피증 극복을 위해 몸부림치고 있다. 문학비평집으로 『비평의 모험』(2005)과 『모욕당한 자들을 위한 사유』(2011), 『나눔의 그늘에 스며들다』(2017)를 간행했고, 인문비평서로 『절망의 인문학』(2013)을 출간했다. 현재 중앙대학교 다빈치교양대학의 국어영역 교수로 재직하고 있다.

역사와 문학적 상상력※

여행의 서사

이문구의 「매화 옛 등걸」(1970)이라는 단편소설이 있습니다. 발표 당시에는 그다지 큰 주목 받지 못한 작품입니다. 이 소설은 낯선 곳으로의 여행이라는 형식을 취하고 있는데요. 독특한 분위기를 자아낸 문제작인데 독자들의 관심을 많이 끌지는 못했습니다.

소설 속 이야기는 근대와 전통이 팽팽하게 긴장하고 있습니다. 주요인물인 신우는 아내 희연의 부탁으로 구리 근교의 처갓

※ 이 원고는 「역사소설의 확장, 철학의 빈곤」이라는 제목으로 『실천문학』 2008년 가을호(제91호)에 발표한 평론을 강연 형식으로 수정한 것임을 밝혀둡니다.

집 윤씨가문을 처음 방문하게 됩니다. 처갓집에는 망백^{望百}(91세)의 할머니와 과부가 된 세 명의 손주며느리가 윤씨 집안은 지키고 있습니다. 1960~70년대 근대화가 속도를 내던 사회에서도 남편이 먼저 세상을 떠난 후에도 재혼을 하지 않고 지내는 것이지요. 이것은 인습에 가까운 고집이었을 것입니다. 어떻게 네 명의 과부가 가문을 지키는 일이 가능했을까요? 전통이라는 이름 아래 강요된 선택 때문이었습니다.

현청과 마을 향교에서 동학전쟁 시절에 정절을 지키기 위해 자살을 기도했던 할머니의 열녀문을 세워주었습니다. 그 전통이 아직까지 이어져 마을의 이름 또한 '열녀뜸'이 되었지요. 이런 가문의 내력 속에서 세 명의 손주며느리들도 과거에 포박돼 재혼도 못하고 살고 있는 것입니다. 이 소설이 여기서 끝났다면 한국전쟁 등으로 미망인이 된 젊은 과부들의 슬픈 삶을 포착한 소품에 머물렀을 것입니다. 작가 이문구는 여기서 더 나아가지요. 손주며느리들의 실제적 삶을 억압하는 인습적 전통에 물음표를 찍습니다. 열녀문으로 상징되는 권위와 규범에 대해 소설을 통해 정면으로 몸을 부딪쳐 나가는 것이지요.

신우가 속 내막을 헤집자 처갓집은 누추한 알몸을 서슴없이 드러냅니다. 할머니 봉사부인은 시동생과 불륜관계였습니다. 뿐만 아니라, 시동생과의 사이에서 낳은 아들이 장자의 법통을 이어오고 있었습니다. 권위적인 사회체제는 상징을 만들어 자신의 권위를 지속시키려 합니다. 봉사부인을 위해 세워진 열녀문도 마찬가지입니다. 열녀문은 신분적 질서가 해체되어 가던 농촌 공동체에서 양반적 질서를 상징적으로 유지하기 위해 만들어진 표식이었습니다. 그 상징적 질서에 갇혀 봉사부인은 다음과 같이 말합니다. "나더러 열녀니 봉사부인이니 허는 소리, 듣기만 해두 이가 갈려, 스럽구 스러워 울기두 숱허게 울구…… 후회두 골백번, 후회허면 죽구싶구." 이 말은 75년간 눌러왔던 응어리를 풀어낸 것이겠지요. 사회체제가 요구하는 정체성에 맞춰 자신을 가뒀던 과거에 대한 처절한 회한이 담긴 말이기도 합니다.

봉사부인의 절규는 전근대가 만들어낸 허위의식에 대한 뒤늦은 후회의 목소리를 담고 있습니다. 이 억압된 자의 목소리는 그간 의심받지 않았던 정사正史가 한갓 추문으로 전락하는 순간을 증언하기도 하지요. 망백의 나이에 스스로 열녀문에 불을 지른 후, 그 불 길 속에 몸을 던짐으로써 파국의 길을 걸은 열녀부인의 선택은 무엇을 의미하는 것일까요? 노마님의 자살은 소문을 잠재우기 위한 것이라기보다는, 소문이 사실이었음을 확인하는 것이기에 문제적입니다. 이는 공식적인 기록의 억압에서 벗어나 사적 기억으로 회귀한 것으로도 읽을 수 있습니다.

모두의 기억은 '나의 기억'과 어떤 관계를 형성하는 것일까요? 정사正史와 개인의 역사는 과연 한 몸인 것일까요?

「매화 옛 등걸」은 현재의 시점에서 과거의 사건을 재구성하고 있습니다. 그래서 역사소설의 장르에 포함시키는 것은 무리스럽습니다. 하지만, 이 단편은 현재와 과거를 겹쳐냄으로써 소설적 흥미를 유발하고 있습니다. 현대 역사소설이 '현재를 과거에 투영한 이데올로기적 서사양식'으로 규정되는 것과 흡사한 설정입니다. 게다가 이 소설은 결론에서 충격적인 전복으로 치닫고 있습니다. 기존에 정상적인 것으로 간주되었던 것을 뒤집고 있는 것이지요. 실상은 비정상적인 것을 유지하기 위한 허위와 기만의 산물이 '정상적인 것'의 옷을 입고 있음을 폭로하고 있는 것이지요. 이러한 현실과 과거 겹쳐 읽기는 역사소설의 '허구적 성격' 때문에 가능합니다. 역사소설의 허구성은 '가공의 진실'을 추구한다는 측면에서 일반적인 소설의 원리를 구현합니다. 하지만, 사실에서 출발해야 하는 '불구적 허구성'이라는 측면에서 '역사와 문학'의 경계에 서 있습니다. 소설은 발생하지 않은 사건이나 존재하지 않는 인물까지를 포괄하여 허구성을 구성합니다. 반면, 역사소설은 큰 틀에서 발생했던 사건에 대한 가공이나 존재했던 인물의 성격화를 지향합니다. 이러한 차이 때문에 역사소설은 작가의 상상력이 역사적 시간과 만나 펼쳐지는 '경계적 서사양식'이라고 할 수 있습니다. 역사소설을 "작가가 역사적 시간을 재구성해 창조해낸 허구적 세계로서, 현재의 세계에 영향을 미치고자 하는 이데올로기적 서사양식"으로 규정하는 것도 이러한 서사적 특징 때문입니다.

왜, 이문구의 「매화 옛 등걸」이라는 고풍스런 소설에서 이야기를 시작했을까요? 그 이유는 역사소설이 현대문학에서 어떤 서사적 풍경을 만들어내고 있는가를 살피기 위한 것입니다. '역사와 문학적 상상력'에 대해 깊이 생각해 보자는 것이지요. 서사적으로 출중한 작가라면 모름지기 한 편 이상의 역사소설은 창작해야 한다는 것이 요즘 문학계의 유행인 듯합니다. 한 편에서는 장편소설이 한국문학의 활로로 주창되고 있고, 기초예술로서 문학이 다양한 문화 콘텐츠의 원형이 되기 위해서는 역사적 서사가 풍부해져야 한다는 실용주의적 주장까지 펼쳐지고 있습니다. 문제는 역사소설이 어떤 이데올로기적 지형도를 그리고 있느냐입니다. 역사소설의 이데올로기적 풍경은 동시대 문학담론의 현장을 예리하게 보여주는 단면이면서, 동시에 작가의 욕망과 독자의 욕망이 겹쳐지는 '시대의 풍경'입니다.

내면화로 향하는 역사소설

김훈을 빼놓고 2000년대 역사소설을 이야기할 수 있을까요? 역사소설 영역에서 김훈이 드리운 그림자는 짙으면서도 넓습니다. 커다란 발걸음으로 드넓은 기폭을 흔들며 역사소설의 부흥을 선도한 그의 서사는 불온하면서도 매혹적입니다.

〈김훈, 『칼의 노래』〉

『칼의 노래』(2001)는 『난중일기』를 사적으로 전유해, 내면성을 극대화한 역사소설입니다. 대단한 베스트셀러로 지금까지도 읽히고 있는 소설이기도 하지요. 『칼의 노래』에 담긴 이순신의 내면세계는 '일기형식의 사적 기록'이 있었기에 서사화가 가능했습니다. 더불어 근대인으로서 이순신을 부활시키는 근거가 바로 『난중일기』에 기반한 서사 때문이기도 하지요. 내면성은 외부적 현실과 내적 의지 사이의 갈등에서 더 큰 울림으로 전달됩니다. 게다가 내면성은 주관성을 근거로 하기에 거대서사를 배반합니다.『칼의 노래』는 역사를 사유화함으로써 오히려 역사적 실감을 획득한 소설입니다. 인간의 미묘한 심리적 갈등이 영웅서사와 버무려져 있지요. 독자들은 '인간화된 영웅' '근대인의 목소리로 발화하는 전근대인의 형상'에 쉽게 동화하고 공감하며, 응원하게 됩니다.『칼의 노래』에서 이순신으로 위장한 작가의 목소리는 '세계에 대한 냉소적, 허무주의적 태도를 지속적으로 토로'합니다. 일종의 피로와 권태로도 읽히는 이러한 목소리는 이순신의 것이라기보다는 김훈의 것이라는 사실을 냉정히 인식할 필요가 있습니다.

그렇다면, 예藝의 화신 우륵과 철鐵의 신봉자 야로를 전면에 내세웠던 『현의 노래』(2004)는 어떠할까요? 이 소설은 역사적 사료 없이 작가적 상상력에 기대고 있기에 구체적 실감이 결여되어 있습니다. 또한 낯선 고대사의 영역에 근대 기술주의 이데올로기를 겹쳐내고 있어 기묘한 형상으로 일그러져 있습니다. 게다가 『현의 노래』는『칼의 노래』의 성공

〈김훈, 『현의 노래』〉

비결이었던 '내면성'이 절절한 울림으로 독자에게 전달되지 않고 있습니다. 이 작품은 김훈 역사소설의 서사적 성공비결이 '역사를 사유화하는 내면성의 구현'에 있었음을 반증한 태작이라고 할 수 있습니다.

〈김훈 『남한산성』〉

그에 비해 『남한산성』(2007)은 의도하지 않은 알레고리 효과를 발산하면서 대중독자들의 환호를 이끌어냈습니다. 남한산성에 갇힌 47일간의 비극적 상황은 일상의 견고한 틀에 갇힌 현대인의 불안의식을 환기시킵니다. 신자유주의 물결 속에서 한미 FTA를 바라보는 특정 이데올로기를 대변하는 듯한 양상도 보이지요. 게다가 조정의 무능력에 대한 야유는 현실 정치의 현장과 연결되어 묘한 분위기를 발산하기도 합니다. 『남한산성』은 '극한 상황'을 곳곳에 배치한 후, 그 상황에 갇힌 주체의 행동을 관찰하는 시뮬레이션 소설입니다. 생과 사의 기로에 선 비영웅적 존재들의 웅성거림이 이 소설에는 넘쳐납니다. 그렇다 보니, 소설 속 인물들은 벌거벗겨진 알몸으로 인간의 원초성을 노출하지요. 왕의 권력은 끼니를 걱정해야 하는 일상 앞에 무력해지고, '말'로 세상을 다스리던 문신들은 생명을 훼손하지 않으면서도 명분에 합당한 말 만들기에 골몰합니다. 이러한 적나라함이 발산하는 이데올로기적 힘은 시간을 무화시킴으로써 과거와 현재를 동일화시킵니다.

　김훈 역사소설에서 시간은 현장 취재에 문헌 조사 등을 더해 공들여 재현된 것임에도 불구하고, 그 시간의 철학은 자연사自然史에 경도되어 있습니다. 인간이 신의 시간 혹은 자연의 시간과 구분되는 '역사적 시간' 개념을 확립한 것은 '현재의 전사前史로서 과거의 의미'를 높이 평가했기 때문입니다. 과거가 현재에 어떻게 영향을 미쳤는가를 숙고하고, 더불어 현재적 관점에서 과거를 재구성하되, 과거의 시간성을 재현하려는 노력이 역사소설의 핵심 테제입니다. 그런데 김훈의 역사소설은 세부적 사실에 대해서는 공들여 재현하고 있음에도 시간의 철학은 부재합니다. 오히려 과거와 현재를 균등한 것으로 처리함으로써 역사적 시간을 자연사적 시간으로 환원시키고 있습니다. 인간이 '생명에 대한 원초적 욕구'를 인정하더라도, 그 욕구는 인간의 숙명이지 삶의 본질로서 간주될 수는 없습니다. 그래서 역사소설은 개별적 사건에 의미를 부여하고, 그 개별성들이 공통의 형상에 가닿도록 문학적으로 탐구합니다. 힘겹게 역사적 인물의 내면세계를 추적하면서도, 그 속에서 발견할 수 있는 것이 '현재＝과거'라면 허무할 따름입니다. 김훈 소설이 흥미롭게 읽히면서도 독자를 본질적으로 위무하지 못하는 이유가 여기에 있습니다. 그의 허무주의는 '휘발적인 매혹'으로서 독자들을 사로잡습니다. 하지만, 그의 문학이념은 오히려 현실의 긍정적 변화를 가로막는 퇴행성을 지니고 있습니다.

낯선 화자와 풍속의 발견

최인훈의 장편소설 『태풍』(1978)은 한국 대체역사소설의 시작을 알리는 작품이었습니다. 이 작품에서 최인훈은 제국주의의 이념에 온몸이 감염된 식민지 지식인의 자기 분열상을 낯설게 하기 방식으로 형상화했습니다. 애로크(AEROK → KOREA)의 오토메나크라는 청년은 나파유(NAPAJ → JAPAN)의 지배체제하에서 장교로 입대해 입신출세를 꿈꾸다 자신의 정체성identity을 발견해나간다는 것이 소설의 주 내용입니다. 일본 식민지배에 대한 은유적 형식을 차용한 이 소설의 참신성은 10여 년이 지난 후 복거일에 의해 재가공되었습니다. 한국의 대표적인 '대체역사소설'로 일컬어지는 『비명碑銘을 찾아서: 경성京城, 쇼우와 62년』(1987)은 최인훈의 『태풍』이 있었기에 가능했습니다. 우리는 복거일의 새로움을 중요하게 취급하면서도, 최인훈의 개척자적 위치는 간과해 왔습니다.

〈조두진, 『도모유키』〉

조두진의 『도모유키』(2005)는 그 발상의 파격이, 최인훈의 『태풍』이나 복거일의 『비명의 찾아서』를 연상시킵니다. 적과 아가 분명한 전쟁 서사에서 과감하게 적의 시선을 택한 조두진의 파격이 분명한 의외성으로 다가옵니다. 신진 작가가 장편 역사소설로 등단한 것도 드문 일이지만, 낯선 화자를 소설 속 화자로 선택해 서사를 끌어나간 것도 주목할 만한 일이지요. 『도모유키』는 『비명을 찾아서』를 읽으면서 '이렇게도 소설을 쓸 수 있구나'라고 내질렀던 그 감탄의 경험을 반복하게 합니다.

성주 고니시 유키나가 부대에 소속되어 있는 제7군막장 도모유키는 전쟁영웅은 아닙니다. 그는 산전수전 다 겪은 현장 전투 지휘관이지만, 사사키 부장의 채찍과 형벌을 감내해야 하는 하급군관이기도 합니다. 군대의 신분질서는 일본 사회의 신분질서를 그대로 옮겨 놓은 것이기에 좀처럼 계급이동을 허용하지 않습니다. 『도모유키』는 전쟁의 폭력성과 더불어 신분적 질서로 인한 억압적 상황을 동시에 드러냅니다.

조두진이 이 소설을 통해 그리고 싶었던 것은 하급장교 도모유키라는 낯선 화자의 입장에서 정유재란을 재구성하는 것이 아니라, 전쟁이라는 거대한 폭력으로 인해 동원되고 희생당하는 민초들의 애잔한 삶이었을 것입니다. 조두진은 병사로서 부적격자인 대장장이 아들 도네의 험한 군대생활을 소설언어로 포착하고, 결국 귀향의 꿈이 좌절되고 마는 가난한 농부 히로시의 이야기를 지속적으로 서사화합니다. 그 궁극에는 피억압자들의 연대가 도사리고 있습니다. 낭만적 사랑의 형식을 띤 도모유키와 조선 여인 명외의 사랑은 그래서 문제적입니다. 군인과 포로 사이의 사랑은 불가능한 것처럼 보이지만, 하층민의 교감속에서 그 희망의 싹을 피워올립니다.

전쟁의 피해를 고스란히 감내하는 피억압자들의 연대는 이 소설에서 절절한 설득력을 얻고 있을까요? 『도모유키』에서 아쉬운 부분은 도모유키가 자신의 상황을 논리적으로 해명하는 자의식이 결여되어 있다는 점입니다. 그는 하급 군관의 신분에 있기에 전쟁을 전체적으로 조망하기에는 한계가 있습니다. 그럼에도, 일본과 조선의 상황에 대한 그 자신만의 이해 방식을 보여주지 못하고 있는 부분이 아쉽습니다. 그는 전쟁 상황에 내

던져진 객체일 뿐이고, 그 상황을 설명할 수 있는 주체적 힘을 발산하지 못합니다. 오직 명외와의 관계에서만 전쟁이 강요한 체계에서 일탈하고 있을 뿐입니다.

도모유키는 정유재란이 일본과 조선에 어떤 역사적 의미가 있는 지, 그 당시의 피억압자들에게는 어떤 상처를 남겼는지로까지 관심의 영역을 넓히지 못했습니다. 이는 역사소설이 감당해야 할 역사적 사유의 결여로 볼 수 있습니다. 일본 하급군관이라는 낯선 화자 설정이 이 소설의 빛나는 부분이라면, 제시된 상황을 해명할 수 있는 역사적 사유의 결여가 이 소설의 빛바랜 부분이라고 할 수 있습니다.

『도모유키』를 평가하면서, 간과해서 안 되는 부분이 김훈 역사소설과의 영향관계입니다. 『도모유키』 속 이야기 곳곳에는 『칼의 노래』에 대한 오마주가 등장합니다. 이는 도모유키라는 이방인 화자를 통해 재현되는 정유재란의 불완전성을 극복하기 위한 작가의 의식적 노력의 산물이며, '일본 군관이라는 타자되기의 어려움'이 무의식적으로 발현되면서 나타난 텍스트의 균열이기도 합니다. 특히, 후반부에서 도모유키와 군막장 곤도의 대화는 김훈이 재현해 놓은 이순신의 형상을 그대로 답습하고 있습니다. 곤도가 "우리 군대가 떠나고 난 뒤에 조선 임금에게 가장 두려운 적이 누구라고 생각하나? 조선의 수군 대장일 것이다"라고 말하는 것이나, "그는 바다에서 죽어 육지에서 영원히 살 것이다"라고 주장하는 것은 김훈의 복화술을 반복하는 것으로 읽힙니다.

조두진처럼 색다른 방식으로 역사를 소설화해 등단한 작가가 또 있습니다. 김진규의 『달을 먹다』
(2007)는 역사소설의 범주에 들 수 있
는 지부터 논란이 될 수 있는 작품입
니다. 이 작품은 조선후기 영정조 시
대를 배경으로 하기에 독특한 시대
적 정취를 형성하고 있습니다. 이 시
대적 상황이 소설의 내러티브를 견
디는 근간이 된다는 점에서 『달을 먹
다』는 역사소설의 범주에 포함됩니
다. 하지만, 이 소설은 '기록된 역사'

〈김진규, 『달을 먹다』〉

에서 소설의 모티프를 따오고 있지 않습니다. 등장인물도 모두
작가가 창조해낸 가공의 인물들입니다. 그런데도, 작가가 공들
여 재현해낸 조선후기의 시대상황은 절절한 실감으로 다가옵니
다. 중요한 정치적 사건이나, 기록할 만한 인물을 다루고 있지
않음에도 이 소설은 조선후기 풍속과 일상을 재현해냈다는 측
면에서 기념비적입니다.

　『달을 먹다』가 구현해낸 역사는 일상사이고, 생활사이며, 풍
속사입니다. 서사의 큰 줄기도 남성적 시선 보다는 여성적 시선
에 의존해 하위계층적입니다. 마치 내간이나 내방가사를 쓰듯,
내면 깊숙이 담아둔 이야기들이 각각의 인물들에 의해 토해지면
서 서사의 조각들이 맞춰지고 전체서사의 가닥을 잡아갑니다.

　『달을 먹다』는 사랑의 서사입니다. 인류학자 말리노프스키가
모든 인간의 이야기는 "그들은 나서, 사랑하다 죽는다"라면, 이
소설은 "사랑하다"에 중점을 강하게 찍었습니다. 그 사랑의 씨

앗은 예문관 대제학을 지냈던 류진원의 장자 류호부터 뿌려집니다. 류호는 매력적인 호색한이고, 중인 출신의 미망인 강씨와 잠자리를 하다 복상사를 당한 인물이기도 합니다. 총 4부로 구성되어 있는 이 소설은 3대에 걸친 인연과 악연, 그리고 사랑이야기입니다. 1부는 류호의 딸 묘연을 통해 양반가의 내방 풍습과 아버지 류호의 화려한 여성편력이 기술되어 있습니다. 2부는 미스터리 기법이 활용되어 중인계층인 여문과 향이의 엇갈리는 사랑이야기가 펼쳐집니다. 3부는 묘연의 아들 희우와 류호의 배다른 외손녀 난이의 근친상간적이면서 비극적인 운명이 담겨져 있습니다. 4부는 묘연의 오빠인 현각 스님의 시선을 통해 모든 인연들이 마무리됩니다. 사실, 이 소설의 내러티브는 상당히 복잡해 난해한 측면까지 안고 있습니다. 그런데도 미묘하게 이지러진 채 이어지는 사랑과 인연이 운명론적 호기심을 자극합니다.

『달을 먹다』는 향장嘷匞 진대의 내력과 최약국의 내부 풍경이 인상적으로 그려져 있습니다. 작가는 사건에 대한 사료보다는 시대의 풍경을 아날학파적 정교함으로 추적합니다. 이러한 세밀한 풍속사의 재현 때문에 『달을 먹다』은 '역사풍속소설'의 범주에 든다고 할 수 있습니다. 이 소설은 다음 세 가지가 인상적입니다. 첫째, 내방의 이야기가 역사풍속소설의 범주에서 재현되고 있어 역사소설의 새로운 시선을 획득했다는 점입니다. 둘째, 사랑의 서사를 내면화한 화자들이 마치 편지 쓰듯 이야기를 전달하면서 실감이 살아있습니다. 셋째, 조선 후기의 미시사와 풍속사를 재현했다는 점에서 작가의 감각이 돋보입니다. 역사소설에서 누구의 시선을 선택해 역사적 사실을 재현하는가는 작가가 탐구해야 할 중요한 테제입니다. 소설 속에서 누구의 시선을 택하느냐에 따라 소설의 주제의식이 직접적인 영향을 받습니다. 조두진이 도모유키를 화자로 선택함으로써 이제까지 존재하지 않았던 낯선 화자를 발견했지만, 무의식적 영역에서 주제의식이 축소되고 평면화되는 상황에 처하고 말았습니다. 김진규의 경우도 사랑의 서사에 어울리는 내방의 목소리를 소설 속에 과감히 껴안음으로써 실감을 획득할 수 있었습니다. 하지만, 토막토막 연결되면서 얼기설기 엮인 화자들의 단편적인 진술이 독자를 혼란에 빠뜨리는 경우도 종종 발생합니다. 무엇보다 운명론적 사랑이야기가 애잔한 슬픔의 정조를 자아내지만, 그 적절한 극복의 사례가 제시되고 있지 않아 비관적입니다. 형식적인 측면에서는 역사 풍속 소설이라는 새로운 시선을 발견해 역사소설의 영역을 확장했다는 긍정적 요소가 있음은 인정됩니다.

주변부적 존재의 부상

통상적으로 역사소설은 사회체제와 갈등하는 영웅들을 형상화하거나, 민족사의 수난 속에서 고투하는 개인, 가족, 혹은 공동체를 극화합니다. 이들은 역사적 사건의 소용돌이 속에서 고투하는 영웅이거나 민중, 때로는 문제적 개인입니다. 전통적으로 역사소설에는 역사의 흐름을 바꾸려고 힘쓰거나 그 흐름에 몸을 내맡긴 주체들의 운명은 등장하지만, 역사의 통치자는 등장하지 않았습니다. 역사의 통치자는 신화에서만 서사화될 수 있을 뿐입니다. 인간의 역사는 주어진 과거이지 되돌릴 수 있는 무엇이 아니기에 소설 속 인간은 왜소합니다.

공식적 기록은 국가의 역사이고 민족의 역사입니다. 공적 기억은 국가나 민족의 역사로 간주되는 것일 수도 있고, 특정 집단이 보편으로 추상화해낸 거대서사일 수도 있습니다. 이 공식적 기록이 2000년대 역사소설의 영역에서는 회의의 대상이 되고 있습니다. 대신 그간 배제되었던 하위주체들의 목소리가 재현되고 있습니다. 공적 기억에서 일탈한 이러한 소설적 경향은 서사의 새로움을 추구하려는 작가들의 노력 때문이기도 하고, 역사를 다양하게 읽어내려는 작가적 상상력의 성과 때문이기도 합니다.

민족 공동체 바깥에서 역사이야기의 발화자로 등장한 『도모유키』와 더불어 주목할 만한 소설이 김경욱의 『천년의 왕국』(2007)입니다. 이 소설은 1627년에 조선의 바깥에서 표착漂着해 들어와 조선인으로 살아야 했던 얀 얀스 벨테브레를 주인공으로 하고 있습니다. 하멜보다 26년 먼저 조선에 들어와 이미 조선인이 되어버린 벨테브레의 운명은 기구합니

〈김경욱, 『천년의 왕국』〉

다. 이 특이한 존재는 민족사가 공식적으로 기록하지 않는 것, 『하멜 표류기』와 같은 외부의 기록이 조선의 역사에 끼어든 형상을 하고 있습니다. 더 나아가 1600년대 조선이 이방인 시선

속에서 재현되는 낯선 서사적 시도가 『천년의 왕국』에서 이뤄지고 있습니다.

이 소설은 독자들이 '역사속의 나그네'가 되어 서방인의 시선에 비친 조선의 모습을 상상할 수 있다는데 독특한 묘미가 있습니다. 벨테브레는 바깥에서 조선에 들이닥친 표류자이고, 문명이라는 현대에서 야만이라는 과거로 떠난 시간 여행자이기도 합니다. 그의 눈에 비친 조선의 오두막집은 "하나 같이 더럽고 누추"했으며, 길가에 세워진 장승은 "악마적 형상의 이정표"로 보여 위협적입니다. 어떤 의미에서 『천년의 왕국』은 이사벨라 버드 비숍의 『한국과 그 이웃나라』이기도 하고, 헨드릭 하멜의 『하멜 표류기』이기도 하며, 대니얼 디포의 『로빈슨 크루소』이기도 합니다. 이 소설 속 에피소드들은 외부자의 시선으로 재현된 조선 중기의 모습이 서로 몸을 섞으면서 다양한 형태로 제시되어 있습니다.

『천년의 왕국』의 기본적 문제의식은 현대의 디아스포라 diaspora담론에 닿아 있습니다. 전지구적 이동이 보편화되고 있는 상황에서 조선은 어떤 방식으로 최초의 이주민을 경험했고, 그 이주민은 어떻게 조선에 동화되었을까요? 김경욱은 인간이 낯선 세계와 대결하는 방식을 벨테브레, 에보켄, 데니슨의 각각 다른 행로를 통해 제시합니다. 완고한 신념으로 자기 정체성을 유지하려고 했던 데니슨은 비극적 죽음을 맞이합니다. 세계와 주체의 관계를 능수능란하게 조작할 줄 알던 에보켄은 새로운 정체성으로 자신을 변화시킵니다. 반면, 벨테브레는 저항하면서 동화하는 고뇌하는 인간상입니다. 조선은 벨테브레에게 보다 더 나은 대포 만들기를 요구했고, 그는 그 요구에 전념함으로써 서양과 동양의 경계를 유지하려 합니다. 이주 이후 겪게 되는 이러한 정체성의 변화는 결국 '타자성'의 문제로 연결될 수밖에 없습니다. 『천년의 왕국』은 벨테브레에게 이교도, 야만인의 왕국이었던 조선이, 결국 벨테브레의 제2의 고향이 되기까지의 여정을 그립니다. 성 빅토르 위고가 "자신의 고향에서만 편안함을 느끼는 사람은 여전히 유약한 초심자이다. 모든 대지를 자신의 고향으로 느끼는 자는 이미 강하다. 그러나 전세계를 타향으로 여기는 사람이야말로 완벽한 사람이다"라고 했습니다. 『천년의 왕국』은 우리가 어떻게 타향을 고향으로 느끼는가의 문제를 탐구합니다. 이러한 이방인의 시선에 익숙해질 때, 벨테브레의 귀향은 완성됩니다.

『천년의 왕국』의 결론은 벨테브레의 낯선 시선을 정화하는 방식으로 수습됩니다. 이는 순하기에 아쉬운 결말일 수밖에 없습니다. 조선을 야만으로 간주하고 네덜란드를 문명으로 생각했던 벨테브레에게 에보켄이 '트리어의 늑대'였다는 사실은 충격적입니다. 화형된 마녀의 자식으로 태어나 수도원에서 마녀 사냥꾼으로 길러진 에보켄의 운명은 기구합니다. 나중에 자신의 쌍둥이 누이를 마녀로 단죄해야 하는 상황에 몰렸을 때, 에보켄이 느낀 것은 세상에 대한 환멸이었을 것입니다. 그 야만적 상황이 에보켄을 은둔자로 내몰았으며, 결국 이곳 조선까지 휩쓸려 오게 한 것이겠지요. 에보켄의 상황은 조선이 야만 상태에 있는 것이 아니라, 유럽 사회도 실상은 야만적 마녀 사냥으로 점철되어 있음을 은유적으로 보여줍니다. 자신이 속한 사회가 우월하다고 생각하는 것은 상대적이며 주관적인 감성일 뿐입니다. 그래서 "영혼을 건 나의 전투는 이제 시작이다"라고 결말에서 벨테브레가 이야기했을 때, 그 전투의 적은 바로 벨테브레 자신이라는 사실을 유추해낼 수 있습니다. 어떤 의미에서 역사소설은 현재적 문제의식에서 출발해 과거를 전유하는 자의적 문학일 수도 있습니다. 김경욱이 디아스포라적 상상력을 통해 벨테브레라는 민족사 바깥의 주체를 포용했듯, 공적 기억에서 배제된 자의 목소리를 복원하는 것은 역사를 전복하는 행위일 수 있습니다.

분명, 소설과 역사는 본질적 차이를 안고 있습니다. 역사소설은 소설과 역사 사이에 개입함으로써 점이지대를 형성하고 있기에 끊임없는 논란의 대상이 됩니다. 역사가 개별성을 통합해 보편성을 추구한다면, 소설은 보편성에 숨결을 불어 넣어 개별성을 복원하려고 시도합니다. 여기다 대중성을 가미해 역사의 영역이 획득하지 못한 대중적 환호까지 획득하고 있기도 하지요. 부인할 수 없는 사실은 역사소설이 역사학의 성과에 기댄 채 창작되고 있다는 사실입니다. 『칼의 노래』는 『난중일기』에 기대고 있으며, 『도모유키』는 『임진왜란 종군기』와 『우에스기 요잔』, 『역사스페셜』 등 일본과 조선이 기록한 정유재란을 동시에 참고합니다. 『달을 먹다』도 『조선의 뒷골목 풍경』 같은 풍속사의 영향을 받고 있습니다. 『천년의 왕국』도 『하멜 표류기』의 벨테브레적 변환이라고 볼 수 있습니다. 이러한 역사소설과 역사학의 영향관계를 부인하면 역사소재 소설로서 자신의 역할을 한정하고 맙니다. 그럼에도 소설은 역사를 그대로 되뇌이지는 않습니다. 작가의 세계관이 투영됨으로써 역사소설은 이데올로기적 성격을 지니게 되고, 더불어 역사의식과 작가의식의 경계에서 새롭게 창조된 텍스트가 됩니다.

작가들이 역사소설을 선호하는 이유는 '과거'가 이미 결정된 것으로 제시되는 듯하지만, 실제로는 점과 점만이 기록되어 있기에 낱낱의 사실 사이에 간극이 많기 때문입니다. 이 간극을 자유로운 상상력으로 채워내는 것이 작가의 역량입니다. 오히려 작가들은 역사소설을 창작하면서 훨씬 더 자유로운 상상의 날개를 펼치기도 합니다. 역사소설은 점을 선으로 연결하는 것이기에, 역사소설을 창작하는 작가의 상상력은 사건의 창조보다는 관계망의 재구성에 집중합니다. 이 관계망을 형성하는 과정에서 작가의 세계관이 투영되기 마련이고, 이 관계망이 결국 작가가 설정하는 역사의 전체성을 직조해냅니다. 역사소설은 이데올로기 장르적 특성을 인정해야 합니다. 이것이 역사소설의 중요한 테제 중 하나입니다. 개별적으로 존재하는 사건을 연결하는 이야기의 구성을 통해 작가가 자신의 세계관(자신이 포함되어 있는 이데올로기 집단의 세계관)을 드러내게 됩니다. 혹은 갈등하는 집단 사이의 이데올로기가 아닐 지라도, 그 시대의 이데올로기를 드러냅니다. 그 예를 김훈의 역사소설에서 확인할 수 있고, 조두진과 김진규의 역사소설에 대한 태도에서 감지할 수 있으며, 디아스포라적 상상력을 벨테브레에게 투영한 김경욱의 문제설정에서도 포착할 수 있습니다.

망각의 대해*大海*에서 기억을 건져 올리다

호르헤 루이스 보르헤스의 「기억의 천재 푸네스」(1942)는 망각과 기억에 대한 흥미로운 지적 자극을 줍니다. 이야기의 주인공인 이레네오 푸네스는 '어느 상황에서나 시계처럼 정확히 시간을 알고 있다'는 점을 제외하고는 그저 평범한 농촌 소년이었습니다. 그런 그가 야생마로부터 떨어져 절망적인 전신마비 상태에 빠지면서 천재적 능력을 갖게 됩니다. 그의 기억력이 무한해진 것이지요. 푸네스는 "나 혼자서 가지고 있는 기억이 세계가 생긴 이래 모든 사람들이 가졌을 법한 기억보다 많을 거예요"라고 말합니다. 그는 모든 사물뿐만 아니라, 그 사물을 지각했거나 그것들을 다시 생각했던 순간까지도 기억합니다. 이 천재적인 능력으로 인해 그는 전혀 힘들지 않고 영어, 프랑스어, 포르투갈어, 라틴어를 습득할 수 있었지만, 세상으로부터 마음을 거두는 일이 버거워 불면증의 고통에 시달립니다. 이 독특한 소설에서 나오는 푸네스의 기억은 현대인에게 '정보의 바다' 인터넷을 환기시킵니다. 모든 기억과 데이터의 저장고이지만, 특정한 목적 아래 질서를 갖지 않는 한 '기억의 쓰레기 하치장'일 뿐입니다.

역사 혹은 과거도 마찬가지가 아닐까요? 망각의 신비로운 힘이 푸네스와 같은 끔찍한 상태로부터 사람들을 구원하지만, 역사와 과거는 무한대로 펼쳐져 있는 심연일 수 있습니다. 푸네스에게 구원은 신화 속에 나오는 레테의 강을 건너는 순간 이뤄질 것입니다. 역사 소설을 쓰는 작가도 특정 테마를 구현하기 위해 과거의 정보를 수집하다보면, '기억의 천재 푸네스'가 직면한 딜레마적 상황에 처할 수 있습니다. 과거에 대한 모든 정보를 수집하려고 하는 순간 현재를 상실하고 맙니다. 푸네스가 그의 뛰어난 재주 때문에 일반적 개념을 형성하는데 엄청난 어려움을 겪는 것과 마찬가지 상황을 역사소설가도 경험할 수 있다는 것입니다. 푸네스는 상이한 형상을 가진 하나하나의 개는 기억하지만, 그 개들의 다양성을 포괄하는 '개'라는 개념 자체를 이해하기 힘들어 합니다. 플라톤적인 추상화의 능력을 상실할 수밖에 없는 푸네스의 상황이 납득이 됩니다.

어쩌면, 지금의 한국 역사소설 작가들은 푸네스가 경험한 '개념적 혼돈'에 빠져 있는 지도 모릅니다. 수많은 역사적 사료들 속에서 보편성을 추출해 내지 않으면, 역사적 이야기는 무의미한 개별성에 멈출 뿐입니다. 이러한 개별성만을 이야기하는 작업은 끝이 없을 뿐만 아니라, 궁극적으로 보았을 때 쓸모도 없는 허무한 일이기도 합니다. 한 번 발생한 사건은 정확하게 반복적으로 발생하지는 않습니다. 그럼에도 그 사건을 역사, 인문학, 역사소설 등이 성찰하는 이유는 무수히 발생하는 사건들에서 '차이를 내장한 보편성'을 추출할 수 있으리라는 믿음 때문입니다.

앞에서도 살펴보았듯이 한국 역사소설은 예전에 볼 수 없는 이야기의 무한증식을 왕성하게 해내고 있습니다. 역사 속에서 내면성을 발견해 네러티브의 혁신이 이뤄졌고(『칼의 노래』), 공적 기억이 배제했던 이들의 이야기가 복원되고 있고(『도모유키』·『천년의 왕국』), 풍부한 미시사·풍속사로까지 이야기가 확대되고 있습니다(『달을 먹다』). 그런데도 이들 소설에서 현실에 묵직한 충격을 주는 역사의식과 저항적 이데올로기를 찾아보기는 힘듭니다.

지금 우리에게 필요한 것은 자본주의 바깥을 상상하게 하는 '역사이론'입니다. 역사는 그 쓰임에 따라 현재를 합리화하는 도구적 이성이 될 수도 있고, 현재를 충격적으로 공격하는 혁명의 철학이 될 수도 있습니다.

한국 시가 미래의 이미지에만 골몰하고 있는 상황에서 소설은 예전에도 그렇고 지금도 과거를 고민합니다. 소설의 서사는 항상 과거에 머문다는 측면에서 모든 소설은 역사소설일 것입니다. 그럼에도 대과거로 달음질치는 역사소설은 성찰적 힘을 배가시켜야 합니다. 역사적 시간 속에서 역사적 유물론을 뛰어넘는 새로운 구원의 이미지를 발견하기 위해서는 현재를 지배하는 철학과 권력질서에 의문을 던질 수 있어야 합니다. 그 낯선 구원의 이미지는 현재와 단절된 과거의 시간 속에서 캐낼 수 있고, 배제된 자의 시선 속에서 원형질을 구현해 낼 수 있으리라고 봅니다. 역사소설이 보편사의 이데올로기를 극복하고, 해방의 철학으로 구현될 때 역사는 정지합니다. 지금 이 순간에도 우리는 미래를 향해 떠밀리고 있지만, 그 미래가 현재의 암울함을 연장시키는 미래가 되지 않기 위해 '역사철학과 역사소설테제'는 재구성되어야만 합니다.

두 개의 청춘, 두 개의 하늘

: 윤동주와 나카하라 츄야

한수영

Profile

이화여자대학교에서 한국현대문학을 전공했다. 경계를 넘어서려는 자들을 존경하고 사랑한다. 책읽기와 글쓰기가 경계를 건너 '처음처럼' 세상을 만나게 하는 용기를 준다고 믿고 있다. 지은 책으로 『운율의 탄생』, 『글쓰기의 지도』, 『고전멘토』(공저), 『명작의 풍경』(공저), 『공감』(공저) 등이 있다.

두 개의 청춘, 두 개의 하늘※

: 윤동주와 나카하라 츄야

'육첩방'의 청년, 윤동주

1942년 6월 3일, 동경의 릿교 대학에 유학 중이던 윤동주는 도쿄의 하숙방에서 「쉽게 씌어진 시」를 씁니다.

> 창밖에 밤비가 속살거려
> 육첩방은 남의 나라,
> 시인이란 슬픈 天命인 줄 알면서도
> 한 줄 詩를 적어볼까
>
> ─윤동주, 「쉽게 씌어진 시」 중에서

※ 「한일근대시의 청춘과 하늘」(『한국시학연구』, 2010.8)을 바탕으로 수정한 원고입니다.

육첩방에 고립된 청년이 시인으로서의 천명을 받아들이는 각성의 순간입니다. 근대, 식민지, 청년, 일본유학, 시인, 등으로 그려지는 한국근대시의 정신적 지형도를 '육첩방'만큼 인상적으로 보여주는 말도 없을 것입니다.

안식을 주어야 할 '방'은 '여섯 첩'의 '다다미'로 낯설게 규격화됩니다. 윤동주가 그토록 사랑하던 하늘은 폐색되어 버리고, 내밀한 일상의 공간까지도 철저하게 타자화된 상황입니다. 하지만 이 육첩방에서 청년은 과거와 미래를 이어주는 실존의 시간을 회복합니다. 어두운 방이 내면을 비추는 거울의 역할을 하면서, 청년은 시인으로서의 천명을 받아들이고 미래의 시간을 열어가게 됩니다. 육첩방은 이처럼 자아와 세계, 일상과 역사, 내면과 외면, 현재와 미래를 연결하는 갈등과 성찰의 장소입니다. 도쿄의 한 외진 하숙방에 불이 밝혀지면서 20세기 한국문학사의 특별한 지정학적 거점이 마련되는 순간입니다.

윤동주가 일본 유학을 했던 때는 20세기 아시아 역사의 가장 암울한 시기였습니다. 육첩방 바깥은 만주사변에서 시작된 길고긴 전쟁의 소용돌이 안에 놓여 있었습니다. 사상은 통제되고 불안과 공포가 심화되어 가며 일본 사회는 초국가주의로 돌진하고 있는 중이었습니다. 제국의 시대는 외지인이던 윤동주와는 또 다른 맥락에서 내지인이던 일본인에게도 어김없이 위협적인 것이 아닐 수 없었습니다. 이러한 시대에 개인들이 감당해야 할 삶의 무게는 가해자나 피해자, 지배자와 피지배자의 논리로만 이분할 수 없는 보다 복합적인 면을 갖게 됩니다.

육첩방에서 윤동주가 청춘과 역사의 무게를 힘겹게 감당해갔

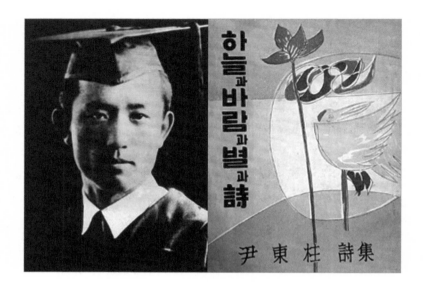

을 때 그 바깥의 '남의 나라'에서는 어떤 청춘이 어떤 시를 쓰고 있었을까? 이 글은 이러한 문제의식에서, 일본의 근대시인 중에서 특히 나카하라 츄야中原中也에게 주목해보기로 합니다. 윤동주1)와 나카하라2)는 외지인과 내지인으로서 매우 다른 정치적

---

1) 윤동주(1917~1945)는 북간도 명동에서 태어나 연희전문을 졸업하고(1938~ 1941), 1942년 도일하여 4월에 도쿄의 릿교(立敎)대학에 입학, 그해 10월에는 교토로 옮겨 도시샤(同志社)대학 영문과에서 공부했다. 1943년 7월 체포구금되어 1945년 2월 16일 후쿠오카 형무소에서 옥사했다. 연희전문시절 만든 자필 시집은 1948년 유고시집 『하늘과 바람과 별과 시』로 간행되었다.

2) 中原中也(1907~1937)는 1907년(明治41年) 야마구치켄(山口縣)에서 태어났다. 야마구치 중학교 시절인 1921년경에는 본격적으로 지방신문에 투고하면서 80여 편이 게재되었다. 1923년에 교오토(京都)의 리츠메이칸(立命館)중학교로 전학하여, 다다이즘 및 프랑스 문학에 접하며 시에 투신하게 된다. 이 시기에 시인 토미나가타로(富永太郎), 비평가 고바야시 히데오(小林秀雄)와 교류했다. 1925년 동경으로 올라와 일본대학, 중앙대학을 거치며 시쓰기와 번역

입장에서 살아갔고, 서로 다른 개성의 소유자였습니다.

그러나 두 사람 다 고독하게 시를 쓰다 요절한 청년 시인으로서 청춘 특유의 염결성과 비타협성을 고수했으며 부끄러움에 기반한 자기 성찰에 집중했었다는 점에 주목해볼 필요가 있습니다. 특히 그들의 성찰적 내면은 객관적 세계와 갈등하고 충돌하면서 자기 진정성을 유지하려는 각투의 공간이었는데, 이때 '하늘'로 표상되는 높고 거대한 세계를 대결의 대상으로 삼았다는 점도 비교의 대상이 됩니다.

두 시인은 육첩방과 그 바깥에서 각각 폐색되어 가는 시대의 하늘을 바라보며 시를 썼던 고독한 청춘이었습니다. 한일 청년 시인들의 시적 성취를 함께 살펴볼 때, 고립무원의 고지에 봉인된 윤동주의 육첩방이 다양한 거울로써 조명될 수 있을 것이며, 20세기의 혹독한 역사적 시간을 통과했던 아시아 청년들 삶과 사유를 폭넓은 시각에서 조망해볼 수 있을 것입니다.

작업을 했다. 1929년 동인지 『白痴郡』을 창간한 뒤, 『四季』·『紀元』·『歷程』 등에도 참여한다. 1931년 동경외국어학교 불어부에 입학하여 33년 졸업했다. 말라르메와 랭보의 영향을 많이 받았으며 랭보의 번역에 몰두했다. 1934년 첫 시집인 『염소의 노래(山羊の歌)』를 간행했다. 우울증에 심신쇠약이 깊어진 데다가 결핵성 뇌막염이 겹쳐 30세(1937)에 카마쿠라(鎌倉)에서 병사했다. 몰후 1년 뒤인 1938년 두 번째 시집인 『지나간 날의 노래(在りし日の歌)』가 간행되었다. 이상의 연보는 요시다(吉田凞生), 「中原中也の人と作品」, 『中原中也』(鑑賞日本現代文學 20), 角川書店, 5~40쪽을 참고해서 작성함.

육첩방 바깥 '남의 나라'의 청년, 나카하라 츄야

시간을 조금 거슬러 올라가보면, 육첩방 바깥의 먼 공터에 서 커스 천막이 하나 있습니다. 1929년 나카하라 츄야는 「서커스」라는 작품을 발표했습니다.

몇몇의 시대인가가 있었고
　갈색의 전쟁이 있었습니다.
幾時代かがありまして
　茶色い戦争ありました

몇몇의 시대인가가 있었고
　겨울은 거센 바람으로 불어왔습니다.
幾時代かがありまして
　冬は疾風吹きました

몇몇의 시대인가가 있었고
　이 밤 여기에서의 한창때
　이 밤 여기에서의 한창때
幾時代かがありまして
　今夜此處での一と殷盛り
　今夜此處での一と殷盛り

써커스 천막은 높은 대들보

여기에 그네 한 개
보였다 안 보였다 그네 한 개
サーカス小屋は高い梁
　　そこに一つのブランコだ
見えるともないブランコだ

거꾸로 매달려 팔을 내려뜨린 채
　　더럽혀진 목면의 지붕 아래
유아ー앙 유요-옹 유야유요옹
頭倒さに手を垂れて
　　汚れ木綿の屋蓋のもと
ゆあーんゆよーんゆやゆよん

그 근처에 흰 등이
　　싸구려 리본처럼 숨을 내쉬고
それの近くの白い灯が
　　安値いリボンと息を吐き

관객들은 모두 정어리
　　소리를 내는 굴껍질처럼
유아ー앙 유요-옹 유야유요옹
観客様はみな鰯
　　咽喉が鳴ります牡蠣殻と
ゆあーんゆよーんゆやゆよん

천막바깥은 칠흑, 어둡고 어두워

밤은 영겁으로 깊어진다

낙하산 녀석들의 노스탈지어처럼

유아-앙 유요-옹 유야유요옹

屋外は眞ッ闇

夜は劫々と更けまする

落下傘奴のノスタルヂアと

ゆあーんゆよーんゆやゆよん

—中原中也,「서커스(サーカス)」3)

컴컴한 밤에 서커스 천막만이 환하게 불을 밝히고 있습니다. 화자의 시선은 마치 초월자처럼 먼 시공간에서 천막을 조감하다가, 서커스 안의 그네에 초점을 맞추고, 다시 바깥의 어두운 하늘로 점점 멀어져갑니다. 천막의 바깥은 '몇몇의 시대' '갈색의 전쟁' '거친 바람'에 의해 표상되는 곳으로 무언가 화해롭지 못한 막연한 불안과 긴장을 품고 있습니다. 또한 "~ 시대가 있었습니다"의 과거형이 중첩되며, 천막은 시간적으로도 공간적으로도 모호한 곳에 놓여 있습니다.

모호한 시공의 배경에 비하면, 천막 안은 매우 감각적으로 재현됩니다. 천막의 중앙에는 그네가 매달려 있습니다. 타고 있는 사람의 실체는 보이지 않고 거꾸로 늘어뜨린 팔과 그네의 움직임만이 부각되어, 영원히 흔들릴 수밖에 없는 그네의 운명 자체

---

3) 이하 나카하라 시의 한국어역은 뜻을 중심으로 필자가 옮김.

에 시선이 가 있음을 말해줍니다. "보였다 안보였다" 하면서 왕복운동을 하는 그네의 흔들림은 "유아-앙 유요-옹 유야유요옹" 하는 느슨하면서도 긴장감을 주는 섬세한 의성어로 포착함으로써, 그네의 흔들림이 마치 영원히 지속될 것 같습니다. 더럽혀진 목면의 천장, 싸구려 리본, 정어리 같은 관객들, 그 위에서 흔들리는 공중 그네는 서민적인 애환의 정서를 환기하면서도, 그런 궁색하고 피로한 일상을 바라보는 조소적인 시선을 함께 엿보게 합니다.

천막 안은 어둡고 불안정한 세계의 내부 공간으로 불안과 피로가 깊게 배어 있는 곳입니다. 이곳은 지속되는 과거의 시간과 밝아올 아침이라는 미래의 시간 사이에 놓여 있습니다. 하지만 어두운 밤은 더욱 어둠으로 깊어가고 그네의 움직임은 영원할 듯하여 아침이 쉽게 열릴 것 같지 않습니다.

청년 나카하라는 더럽혀진 목면 천장 아래에서 흔들리는 공중 그네에서 자아의 자리를 발견하고 있습니다. 위태롭게 흔들리고 나른하면서도 불안하고, 초라하며 애상적이기도 한 천막의 분위기는 곧 나카하라 자신의 내면 풍경입니다. 천막 바깥의 시간과 공간이 막연하게 설정되어 있기에 그의 불안의식이 어디에서 오는지는 모호하기는 하지만, 평화스러운 일상을 위협하는 시대의 분위기 속에서 개인이 느끼는 불화와 불안의 심리를 확인할 수 있습니다. 이처럼 나카하라는 "정치와 자연과 역사와 놀이 사이에서 분열된 인간으로서 깊어가는 어둠의 세계를 응시하고 있었습니다.

청춘의 감수성과 하늘

육첩방의 바깥에는 '시대'와 '전쟁'과 '바람' 그리고 낡은 서커스 천막이 있었고, 내면의 불화를 안고 과거와 미래 사이에서 갈등하는 청년 시인이 있었습니다. 외지인으로서 윤동주가 감내해야 하는 슬픔과 고뇌와는 또 다른 삶의 무게가 그네에 걸려 있습니다. 나카하라 츄야와 윤동주는 직접적인 교류나 영향 관계는 전혀 없습니다. 다다이스트로 출발하여 문단활동을 했고 불우한 개인사에 때문에 심각한 우울증을 겪으며 두 권의 시집과 평문, 많은 미발표시를 남긴 다작의 시인이었던 츄야에 비하면, 윤동주는 만년학생으로 간결한 삶의 행적을 남기고 있으며 많지 않은 작품들 역시 간명한 시세계를 보여줍니다.

하지만 그들은 둘 다 현실 사회나 주류문단에서 비켜서서 20대를 바쳐서 시를 쓴 '고독한 개인'이자 '청춘의 시인'이었다는 근원적으로 닮아 있습니다.4) 특히 "한 점 부끄럼 없기를"(「서시」) 회구하는 윤동주의 모습이나 "더럽혀져 버림"(「汚れつちまつた悲

---

4) 두 사람 모두 집안의 촉망받는 장자로 태어나 나카하라는 야마구치-쿄토-동경-가마쿠라에 이르는 길을, 윤동주는 북간도-평양-서울-동경-쿄토-후쿠오카에 이르는 길을 걸었다. 나카하라의 경우 동경에서 문단 활동을 하기는 했지만 미약한 것이어서, 평생 소외된 시인으로 살아갔다고 해도 과언이 아니며 윤동주는 생전에 시를 발표하지 않고 고독하게 시를 썼다. 나카하라는 형제의 죽음, 유명한 연애사건과 실연, 자식의 죽음, 우울증 등으로 복잡한 개인사의 질곡을 겪었고, 주변과 불화하는 문제아적 기질이 있는 사람이었다면, 윤동주는 가정이나 성격적으로 평온했다는 점에서 매우 다르지만, 둘 다 사회에 아직 나가지 않고 전업 삼아 시를 쓰는 외로운 청춘이었다는 점에서 닮아 있다.

みに」)에 민감하고 '정결貞潔'함에 위안을 받던(「生ひ立ちの歌」) 나카하라의 모습은 청춘 특유의 각별한 윤리적 결벽성을 보여준다는 면에서 매우 닮아 있습니다. 또한 이 결벽증의 배후에 기독교적 세계관이 작용하고 있다는 점도 유사합니다. 윤동주의 시쓰기가 종교적 실존을 정립하는 과정인 측면이 있으며, 나카하라의 시에 반복적으로 나타나는 「魂」·「心」·「슬픔」·「희망」·「순종」·「고요함」·「청초」·「하늘」·「빛」 등의 시어에서는 종교적 감수성을 느낄 수 있습니다.

그런데 여기에서 주목해보고 싶은 것은 이러한 유사성의 바탕에 자연의 모든 사물들에 민감하게 반응하는 예민한 감수성이 자리 잡고 있다는 점입니다. 이 예민한 감응능력이야말로 두 시인의 시세계를 구축하는 근본적인 에너지가 됩니다. 나카하라의 다음과 같은 목소리는 고향에 돌아와 바람소리에 뒤척이고(윤동주, 「또 다른 고향」), 부모가 보내주신 학비봉투를 받아들고 상심하는(윤동주, 「쉽게 쓰여진 시」) 윤동주와 쉽게 겹쳐집니다.

中原中也18歳肖像

기둥도 정원도 말라있다.
　오늘은 좋은 날씨다
　　서까래 밑에는 거미집이
　　불안하게 흔들리고 있다
柱も庭もかはいてゐる
　今日は好い天氣だ
　　椽の下では蜘蛛の巣が
　　心細さうに揺れてゐる

산에서는 고목(枯木)도 숨을 토하고
아아, 오늘은 좋은 날씨다
　길가의 풀그림자는
　천진한 우수에 젖어 있다.
山では枯木も息を吐く
あゝ今日は好い天氣だ
　路傍の草影が
　あどけない愁みをする

이것이 나의 고향이다.
상쾌하게 바람도 불고 있다.
　마음 놓고 울려므나
　아주머니의 낮은 목소리도 들린다
これが私の故里だ
さやかに風も吹いてゐる

心置なく泣かれよと

年増婦の低い聲もする

아아, 너는 무엇을 하며 살아왔던 것인가……

불어오는 바람이 나에게 말한다

あゝ おまへはなにをして來たのだと……

吹き來る風が私に云ふ

—中原中也, 「귀향(歸鄕)」

　　고향의 대자연은 화자의 모든 감각을 활짝 열어줍니다. '풀'과 '바람'의 움직임은 물론이고, 작은 거미집의 흔들림과 메마른 고목의 숨결까지도 섬세하게 감지합니다. "오늘은 좋은 날씨다"는 이런 공감과 일체감에 대한 표현일 것입니다. 자연 생명들과의 교감하는 과정은 자신을 들여다보고 자신의 마음을 열어가는 과정이기도 합니다.

　　불어오는 상쾌한 바람은 마음의 벽을 허물어 울고 싶다는 방심의 상태를 만들어주고, 결국 나의 내면으로 들어와 아픈 반성적 질문을 던집니다. 마치 "하늘에서 소리처럼 바람이 불어와"(윤동주, 「또 다른 고향」)에서처럼 바람은 자기 성찰의 계기를 마련해줍니다. 자연에 대한 예민한 감수성은 화자를 느끼게 하고 생각하게 하고 성찰하게 합니다.

　　특히 이 청춘들이 사랑하며 이상적 지표로 삼은 것은 '하늘'입니다.

죽는 날까지 하늘을 우러러
한 점 부끄럼 없기를
잎새에 이는 바람에도
나는 괴로워했다.
별을 노래하는 마음으로
모든 죽어가는 것을 사랑해야지
그리고 나한테 주어진 길을
걸어가야겠다.

오늘밤에도 별이 바람에 스치운다.

—윤동주, 「서시」

하늘을 향해 추호의 여지도 없이 단호한 맹세를 하고 있지만, 이 화자는 실상 잎새 같은 작은 생명에도 섬세하게 반응하는 여린 사람이며, 모든 죽어가는 작은 사물에까지 공감할 수 있는 예민한 감성의 소유자입니다. 하늘을 우러르겠다는 것은 별의 고도와 밝음을 지향하겠다는 높은 도덕적 이상을 고백하는 것입니다. 그리고 이 이상은 작은 잎새나 죽어가는 것들 같은 대상들을 느끼고 사랑하는 과정에서 실현된다고 생각합니다. 결국 예민한 감수성이야말로 윤동주의 염결한 자의식의 바탕이 되며, 하늘은 이러한 감성과 사유의 메커니즘을 작동시키는 원천이 되고 있습니다.

"읽으면 읽을수록 나카하라의 시의 공간 배경은 하늘이라는 확신이 강하게 든다"라는 어느 평론가의 지적(高橋英夫, 「幻視的

空間」)처럼 나카하라의 시에도 하늘(空, 때때로 天)이라는 단어가
자주 등장합니다. 첫 시집 『염소의 노래』에서의 하늘은 시적 감
수성을 불러일으키는 자연배경이면서도 자아에게 자성과 참회,
기원을 하게 하는 절대적 대상이 됩니다.

> 죽을 때에는 내가 우러르기를
> 이 작은 턱이 지금보다 더 작아지기를
> 그래, 나는 내가 느낄 수 없었던 것 때문에
> 벌을 받아 죽음은 오는 것이라고 생각하는 까닭에
> 死の時には私が仰向かんことを!
> この小さな顎が、小さい上にも小さ くならんことを!
> それよ、私は私が感じ得なかつたこ とのために、
> 罰されて、死は来たるものと思ふゆゑ。
>
> 아아, 그때 나는 우러르기를
> 적어도 그때, 나도 모든 것을 느끼는 자이기를
> あゝ、その時私の仰向かんことを!
> せめてその時、私も、すべてを感ずる者であらん ことを!
> ―中原中也, 「양의 노래(羊の歌)」, I. 기도(祈り)

　윤동주의 「서시」가 '잎새', '바람', '별', '길' 등의 구체적이고
도 선명한 이미지로 구성된 것에 비하여, 이 시는 '벌을 받다'
'작아지다' '느끼다' 등의 추상적인 진술이 중심이 되어 전체적
인 분위기는 다릅니다. 하지만 생의 마지막 도착지인 죽음 앞에

서 인간이 떠올릴 수 있는 대상이 '하늘'이라는 점에서 위의 작품은 「서시」와 정서적으로 매우 흡사합니다. 또한 하늘을 우러러 보는 경외는 곧 모든 사물들을 '느끼는' 것을 통해 이루어질 수 있다고 하여, 사유의 면에서도 비슷한 지향을 확인할 수 있습니다. "모든 것을 느끼는 자"가 되는 것은, "잎새의 고통에 공감하고, 죽어가는 모든 것을 사랑하는" 길과 통합니다. 이 길을 걸을 때, 하늘에 부끄럽지 않게 되며, 작게 움츠려들지 않을 수 있습니다.

이처럼 하늘은 두 청춘이 꿈꾸는 삶의 고도였고, 도덕적인 지표였습니다. 하늘은 별이나, 달과 같은 천체의 이미지로 변주되어 나타나기도 합니다.

> 비틀거리면서도 고요함을 유지하고
> 조금은 예의바른 마음을 지녀
> 나는 나의 나태를 타이른다
> 겨울밤 달 밑을 지나면서
> 蹌踉めくままに靜もりを保ち、
> 聊かは儀文めいた心地をもつて
> われはわが怠惰を諌める
> 寒月の下を往きながら。

> 활기차고, 순탄하게, 더구나 나를 팔지 않을 것을
> 내 영혼은 기원하는 것이었다
> 陽気で、坦々として、而も己を売らな いことをと、

わが魂の願ふことであつた!

―中原中也,「추운 밤의 자아상(寒い夜の自我像)」 中에서

캄캄한 어둠 속에서 하늘의 고도를 밝혀주는 것이 달과 별입니다. 윤동주가 천체 중에서 유독 별을 사랑했던 것처럼 나카하라의 작품에는 달이 자주 등장합니다. '별'이나 '달'은 어둠 속에서 비로소 빛을 내며 아침이 되면 사라지는 한시적인 존재라는 점에서 청춘의 감성과도 잘 어울립니다. 별이 고독한 고결함을 연상시킨다면 차오르고 기우는 달은 좀 더 정서적이고 애상적인 천체입니다. 나카하라는 겨울밤의 달 아래에서 어떻게 살아갈 것인가에 대해 직접적으로 맞서 자신을 성찰합니다. 윤동주가 「참회록」에서 "隕石 밑으로 홀로 걸어가는" 자신의 모습을 "구리거울"에서 발견하고 「자화상」에서 "우물"이라는 거울에서 자기를 발견하는 것처럼, "달"은 나카하라를 비추는 성찰의 거울이 됩니다.

그런데 활기차고 순탄하기를 기원하지만, 그 길은 결코 순탄하지 않습니다. '비틀거림'과 '고요함'은 현실과 이상 사이를 주저하고 방황하며 길을 걷는 청춘의 발걸음을 연상하게 합니다. 윤동주가 「십자가」에서 선택의 순간에 직면하여 휘파람을 불며 '서성'거리는 모습이나, 「자화상」에서 우물 안의 자기를 들여다보며 '돌아갔다' 다시 '돌아오는' 반복의 움직임과 크게 다르지 않습니다. 하늘이라는 이상이 높기에, 절망하고 주저하는 과정 역시 필연적으로 수반됩니다. 하지만 두 청춘은 그 절망의 낙차를 견디며 다시 일어서려고 합니다.

청춘의 자성自性과 분열: 나, 백골, 영혼

하늘을 우러러보는 일은 자기 주변에 민감하게 반응하며 자기 내면을 들여다보는 행위로 이어지기에 이 과정은 두 사람에게 모두 부끄러움과 자성적自省的 참회라는 독특한 시 세계를 보여줍니다. 나카하라의 시는 불안과는 별종의 부끄러움恥이라는 핵을 지닌 '부끄러움의 존재론'이라고 할 수 있으며, 고백을 떠난 일종의 참회로, 영혼의 참회라는 의미를 지닌다고 평가됩니다. 이것은 윤동주의 부끄러움의 시학, 자기 성찰의 시학과 이어질 수 있습니다. 이때 자기 성찰은 극심한 자기 분열이나 자기 부정의 과정을 수반합니다.

고향에 돌아온 날 밤에
내 백골이 따라와 한 방에 누웠다

어둔 방은 우주로 통하고
하늘에선가 소리처럼 바람이 불어온다

어둠 속에 곱게 풍화작용하는
백골을 들여다보며
눈물 짓는 것은 내가 우는 것이냐
백골이 우는 것이냐
아름다운 혼이 우는 것이냐

지조 높은 개는
밤을 새워 어둠을 짖는다
어둠을 짖는 개는
나를 쫓는 것일 게다

가자가자
쫓기우는 사람처럼 가자
백골 몰래
아름다운 또 다른 고향에 가자

—윤동주, 「또 다른 고향」

이보게, 이게 나의 뼈다
살아있을 때 고생으로 가득찬
그 더러운 살을 뚫고
희멀겋게 빗물에 씻겨
툭 튀어나온 뾰족한 뼈
이것은 윤기도 없다
단지 부질없이 허옇게
빗물에 젖는다
바람에 스친다
하늘을 약간 비춘다
ホラホラ、これが僕の骨だ、
生きてゐた時の苦労にみちた
あのけがらはしい肉を破つて、

しらじらと雨に洗はれ、
ヌックと出た、骨の尖。
それは光澤もない、
ただいたづらにしらじらと、
雨を吸収する、
風に吹かれる、
幾分空を反映する。

살아있을 때
이것이 붐비는 식당에서
앉아 있던 때도 있다
참나물 무침을 먹은 적도 있다
라고 생각하면 어떻게도 우습다
生きてゐた時に、
これが食堂の雑踏の中に、
坐つてゐたこともある、
みつばのおしたしを食つたこともある、
と思へばなんとも可笑しい。

이보게, 이것이 나의 뼈―
보고 있는 것은 나? 우스운 일이다
영혼은 뒤에 남아
다시 뼈가 있는 곳을 찾아와서
보고 있는 것일까?

ホラホラ、これが僕の骨ー

見てゐるのは僕? 可笑しなことだ。

霊魂はあとに残つて、

また骨の処にやつて来て、

見てゐるのかしら?

고향 시냇물가의

반은 말라버린 풀섶에 서서

보고 있는 것은 ―나?

꼭 나무패만큼의 높이로

뼈는 허여니 뾰족해 있다.

故郷の小川のへりに、

半ばは枯れた草に立つて、

見てゐるのは、―僕?

恰度立札ほどの高さに、

骨はしらじらととんがつてゐる。

—中原中也,「뼈(骨)」

   두 시는 고향을 배경으로, 자아가 '나'와 '백골(뼈)'과 '아름다운 혼(영혼)'으로 분열되는 것을 목도하고 있다는 점에서 시적 발상이 매우 유사합니다. '고향'은 현실에서의 퍼스나를 벗고 자아를 내면으로 침투해 들어가게 합니다. 그런데 「또 다른 고향」에서는 자아의 분열상태를 넘어서, 이상적 세계로 탈주해가려는 의지에 초점이 있다면, 「뼈」에서는 삶에 대한 조소와, 죽음의 상황 자체에 좀 더 비중이 가 있어 시적 지향은 매우 다르게 나타납니다. 그럼에도 독특한 것은 새로운 삶을 도모하는 전자에 비해 죽음을 직시하는 후자가 훨씬 더 구체적이라는 것입니다. '백골'이 추상적이고 비실체적이라면, '뼈'는 매우 감각적이고 현실적으로 표현됩니다.

고요히 풍화되고 있는 백골과 달리, 뼈는 허여멀건하게 빗물에 씻기고 바람에 스치면서도 자신의 존재성을 위협적으로 과시합니다. 뼈는 땅에 묻혀 썩지 못하고, 살을 뚫고 나오는 엽기적인 모습으로 나타나는데, 툭 삐져나온 강렬하고도 충격적인 감각에는 생에 대한 분노와 조소가 내포되어 있습니다. 허연 표면에 "하늘을 비추고" 있다는 말은 높은 하늘을 우러러보면서 살기를 기원했지만, 결코 이룰 수 없었고, 결국에는 뼈로 남을 수밖에 없었던 생에 대한 허무감의 고백이며, 동시에 하늘을 향한 간절한 기원이기도 합니다.

주목해볼 것은 죽음 후의 뼈가 이토록 감각적이고 사실적으로 부각되는 반면에 이것을 바라보는 '나'는 반대로 비실체적이라는 점입니다. 죽은 후의 자신을 들여다보는 또 다른 자신이란 현실에서도 상상하기 어렵습니다. 하지만 시속에서는 "나?" 하면서 의문 부호를 달아, 살아있는 자신을 조소하듯이 드러냅니다. 그래서 '나'는 살아있는 '나'이면서 동시에 죽은 뒤에 남은 '영혼'이기도 합니다. 살아있는 나의 존재는 그만큼 초라하고 미약합니다.

'백골'이 분열된 자아의 초췌한 내면이라면, '뼈'는 분열이 심화되어 자아가 죽음으로 치달아가는 암울한 흔적이라고 할 수 있습니다. 두 청춘은 이렇게 처절한 자기분열을 경험하며 자기를 성찰하고 있습니다.

내 머릿속에는 언제부터인가
박명(薄命)해 보이는 피에로가 혼자 살고 있어
그것은 비단 옷 같은 것을 입고
그리고 달빛을 받고 있었습니다.
私の頭の中には、いつの頃からか、
薄命さうなピエロがひとり棲んでゐて、
それは、紗の服なんかを着込んで、
そして、月光を浴びてゐるのでした。

걸핏하면 가냘픈 손놀림으로
자꾸 손짓을 하는 것입니다만,
그 의미가 한 번도 통한 예는 없고
애처러운 생각을 하게 할 뿐이었습니다.
손짓과 함께 입술도 움직이고 있습니다만
ともすると、弱々しげな手付をして、
しきりと 手真似をするのでしたが、
その意味が、つひぞ通じたためしはなく、
あわれげな 思ひをさせるばつかりでした。
手真似につれては、唇も動かしてゐるのでしたが、

오래된 그림자놀이를 보고 있는 것처럼—

소리는 조금도 나지 않고
무엇을 말하고 있는지 알 수 없었습니다.
古い影絵でも見てゐるやう―
音はちつともしないのですし、
何を云つてるのかは 分りませんでした。

하얗게 몸에 월광을 받으며
신비스럽고도 밝은 안개 속에서
어른어른 모습을 부드럽게 움직이면서
눈빛만은 어디까지나 상냥했습니다.
しろじろと身に月光を浴び、
あやしくもあかるい霧の中で、
かすかな姿態をゆるやかに動かしながら、
眼付ばかりはどこまでも、やさしさうなのでした。

　　　　　　　　　　　　　　　　　　—中原中也, 「환영(幻影)」

　머릿속에 살고 있는 피에로는 입술을 움직이고 손짓을 하며 말을 걸어오지만 나는 도무지 알아들을 수가 없습니다. 마치 그림자놀이의 그림자처럼 실루엣만이 보일 뿐입니다. 더구나 화장한 얼굴 아래 숨겨진 피에로의 마음을 읽는 것은 더더욱 어렵습니다.

　나는 피에로와 전혀 소통을 할 수 없지만 그렇다고 불화 상태는 아닌 듯 합니다. 달빛의 보호를 받으며 상냥한 눈빛으로 유연하게 움직이는 피에로는 자족적이고 행복해보이기까지 합니다. 피에로가 있는 내면의 깊은 곳은, '아름다운 혼'이 살 수 있는 '또 다른 고향'인지도 모릅니다. 하지만 그것은 어디까지나 '환영'입니다. 언제든 사그라질 수 있는 박명薄命한 환영이어서 더욱 잡히지 않고 애상적입니다.

윤동주의 하늘은 바람이라는 매개를 통해 자아를 분열하게 하고 또 다른 아름다운 고향을 찾게 하는 행동을 촉구합니다. 반면, 나카하라의 하늘은 분열된 자아를 달빛으로 보호해주며 내면의 세계에 은거하게 합니다. 나카하라의 시에서 하늘은 후기에 갈수록 점점 탈사회적이고 환상적인 이미지로 변모하는데, 「환영」은 그 변화를 잘 보여줍니다. 아름다운 고향으로 가자고 선언할 수 없는 피에로는 환영으로서 위태로운 시한부의 생명을 살고 있습니다. 청춘들은 하늘을 거울삼아 자아를 탐구하고, 분열된 현실을 넘어서는 길을 간절히 찾고 있었습니다.

시인의 길: 천명天命과 개구리 소리蛙聲

윤동주의 하늘이 아름다운 고향이라는 미지의 장소로 전이되는 것에 비하여, 나카하라의 하늘은 피에로에서 보는 것처럼 비실체적인 환상의 공간으로 전이되어 갑니다. 두 시인의 마지막 시기의 작품은 차후에 나갈 방향을 제시해주고 있습니다.

창밖에 밤비가 속살거려
육첩방은 남의 나라,

시인이란 슬픈 천명인줄 알면서도
한줄 시를 적어볼까

땀내와 사랑내 포근히 품긴
보내주신 학비봉투를 받아

대학 노-트를 끼고
늙은 교수의 강의 들으러 간다

생각해보면 어린 때 동무들
하나, 둘, 죄다 잃어버리고

나는 무얼 바라
나는 다만, 홀로 침전하는 것일까?

인생은 살기 어렵다는데
시가 이렇게 쉽게 씌어지는 것은
부끄러운 일이다

육첩방은 남의 나라
창밖에 밤비가 속살거리는데,

등불을 밝혀 어둠을 조금 내몰고
시대처럼 올 아침을 기다리는 최후의 나

나는 나에게 작은 손을 내밀어
눈물과 위안으로 잡는 최초의 악수

—윤동주, 「쉽게 씌어진 시」

하늘은 땅을 뒤덮고
그리고 땅에는 우연히 연못이 있다.
그 연못에 한밤 개구리는 울어……
— 그것은 무엇을 울고 있는 것일까?
天は地を蓋ひ、
そして、地には偶々池がある。
その池で今夜一と夜さ蛙は鳴く。
—あれは、何を鳴いてるのであらう?

그 소리는 공중에서 와서
공중으로 사라지는 것일까
その聲は、空より來り、
空へと去るのであらう?

하늘은 땅을 뒤덮고
그리고 개구리 소리는 수면을 달린다
天は地を蓋ひ、
そして蛙聲は水面にはしる。

자, 이 지방이 너무 습습하다고 해도

지쳐버린 우리들의 마음에는

기둥은 오히려 너무 말라 있는 것으로 느껴져

よし此の地方が濕潤に過ぎるとしても、

疲れたる我等が心のためには、

柱は猶、余りに乾いた感はれ、

머리는 무겁고, 어깨는 굳었다

자, 그런데도 밤이 오면, 개구리는 울고

그 소리는 수면을 달려 먹구름에 육박한다

頭は重く、肩は凝るのだ。

さて、それなのに夜か來れば蛙は鳴き、

その聲は水面に走つて暗雲に迫まる。

—中原中也,「개구리 소리(蛙聲)」

　　교토와 후쿠오카 시절의 작품이 전해지지 않기에 「쉽게 씌어진 시」는 윤동주의 최후의 작품으로 남아 있습니다. 이 시에서 하늘은 보이지 않습니다. 별도 없으며, 하늘과 자아를 매개하는 바람조차 불어오지 않습니다. 오로지 육첩방 안의 자신에게 초점이 맞추어져 있습니다. 하늘이 자신을 들여다보는 거대한 거울이 되었듯이, 이제는 육첩방 자체가 거울이 되어, 자신을 들여다보게 합니다. 자연의 하늘은 폐색되었지만, 자아는 스스로 하늘을 불러내고 하늘의 소리를 듣습니다. '천명'을 듣는다는 것은 우러러보던 하늘을 내면화하는 의지적이고 능동적인 정신 작용입니다.

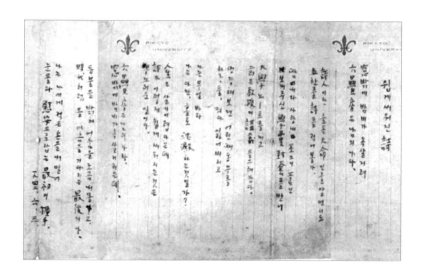

분열된 자아의 한편에게 손을 내미는 '악수'의 행위는 작은 잎새에 대한 공감이 자기 자신에게로 확산된 것이며, 잃어버린 고향을 찾는 행위가 구체적으로 실현되는 과정을 의미합니다. 지난한 자기 성찰에서 여정이 있기에, 악수를 하고 육첩방에 불을 켜고 아침을 기다리는 행위는 손쉬운 자기합리화와는 다른 진정성을 확보합니다. 시인으로서의 정체성을 획득 하게 되는 것입니다.

「개구리 소리」는 두 번째 시집 『지나간 날의 노래』의 맨 뒤에 실린 작품으로 나카하라의 마지막 작품군에 속합니다.[5] 여기에

---

5) 개구리는 일본 전통시가에서 봄을 나타내는 대표적인 季語(계절어)로서, 개구리 울음소리는 단카(短歌)와 하이쿠(俳句)의 전통을 환기시킨다. 나카하라의 사후에 정리된 미발표시의 원고에서도 개구리울음을 소재로 한 작품들이 4편 있다. 「蛙聲」, 「蛙等は月を見ない」, 「蛙等かどんなに鳴かうと」, 「Qu'est-ce

서 하늘은 지상의 세계를 일방적으로 압박해옵니다. 뒤덮어오는 하늘이란 검은 먹구름暗雲이 낮게 밀려오는 상태를 이미지화한 것인데, 화자는 이런 하늘에 대해 강박을 느낍니다. 기둥은 땅과 하늘 사이에 서서 하늘을 지탱하는 것이지만 너무 메말라 있습니다. 자신 역시 메말라 있어서 자유롭게 어깨를 펴고 하늘을 우러르기 어렵습니다. 세상은 습습한 데도 자아는 극심한 갈증과 피로를 느끼고 있어 하늘과 자아, 사회와 자아는 극도의 대립상태에 놓입니다.

이러한 대립을 해소해주는 것이 개구리 소리입니다. 연못에서 울려 퍼지기 시작하여 먹구름에까지 육박해 가는 개구리 울음소리를 단순한 자연의 소리라고 보기는 어렵습니다. 이것은 탈진해버린 영혼의 합창입니다. 또한 하늘을 향한 자아의 의지이기도 하며, 세계를 향해 노래하고 싶은 시인 의식의 표출이기도 합니다.

주목해보아야 할 점은 '개구리 소리'가 무시간적인 회귀의 정서와 닿아 있다는 것입니다. 수면 위를 달려 공중으로 사라지는 개구리 소리는 인간과 역사를 거대한 자연으로 수렴해 버립니다. 현실에서 타개되지 않는 갈등은 모든 것을 개구리 소리로 자연화하는 과정에서 해소됩니다. 더구나 개구리 소리는 일본 시가의 뿌리 깊은 전통에 이어져 있는 이미지라는 것을 고려하면, 이 소리는 나카하라의 하늘을 무시간의 아득한 전통의 세계로 이끌고 갑니다. 이 과정에서 하늘과 대응하며 견지해온 불화

---

que c'est?」(『中原中也全詩歌集』下, 講談社, 2007, 176~183쪽).

와 성찰의 여정이 한 번에 소거되어버리는 느낌을 지울 수 없습니다. 낡고 익숙한 세계를 현실의 탈출구로 삼았다는 점에서 나카하라가 다다른 전통의 세계는 불안정하며 위태롭습니다. 개구리 소리는 그런 의미에서 하늘과의 대결에 종지부를 찍는 청춘의 종언을 의미하며, 나카하라의 시가 새로운 전환의 지점에 다다랐음을 시사해줍니다.

두 개의 하늘, 두 개의 청춘

20세기 아시아의 가장 어두운 시대에 두 청춘은 각자의 삶의 자리에서 하늘을 우러르며 시를 썼습니다. 무명의 청춘들이, 세상의 외진 곳에서 오로지 개인 전체의 삶을 투신하여 고독과 자기 분열과 절망의 대가로 얻어낸 성취였습니다.

나카하라는 두 번째 시집 『지나간 날의 노래』의 원고를 탈고한 후, 고향에 내려가 시를 쓰는 생활에 침잠하겠다면서 "안녕, 도쿄! 오오 나의 청춘!"(1937.9)이라고 후기를 적고 있습니다. 윤동주는 도쿄의 하숙방에서 시인이라는 슬픈 천명을 받아들이겠다는 자기 선언을 합니다. 그로부터 나카하라는 약 한 달 후에, 윤동주는 2년 반 후에 젊은 생을 마감하게 된다. 두 사람 모두 시적으로는 중요한 전환기를 막 돌아 새로운 국면으로 접어들려는 찰나였습니다.

병사病死와 옥사獄死로 요절의 원인은 전혀 다르지만, 두 시인은 요절로서 청춘의 신화를 완성했습니다. 그만큼 그들의 시는 마지막까지 청춘 특유의 순수하고 높은 이상과, 그 높이에 필연적으로 수반되는 우울과 절망의 낙차를 내포하고 있습니다. 서커스 천막이나 육첩방은 청춘을 유폐하려 했지만, 그들은 높은 하늘을 우러르며 시인의 길을 갔습니다. 식민지의 청년이 하늘을 자기 내면으로 끌어들임으로써 암울한 시대의 하늘 아래서 실존적 자기 확인을 했다면, 내지인으로 살던 일본의 청년은 무시간적이고 환상적 하늘로 자신을 수렴시켰습니다. 두 청춘은 광폭한 시대의 하늘을 공유하고 있으면서도 다른 지점에 서있었기에, 다른 방식으로 느끼고 갈등하면서, 서로 다른 시적 탈출구를 찾아 나갔습니다.

윤동주와 나카하라가 보여주는 두 개의 하늘, 두 개의 청춘은 폭력적인 시대를 건너온 한일 근대시문학사에 존재했던 예민한 감수성의 지점을 오롯이 드러냅니다. 유폐된 방에서 홀로 불을 밝혀드는 식민지의 청년과, 현실에서 비껴나서 거대한 전통의 세계로 소멸되어 가는 일본의 청년은 개인과 역사, 청춘과 현실 간의 대결과 선택의 순간을 보여줍니다. 두 청춘이 대면했던 어두운 심연과 그들이 우러러보았던 하늘, 그들이 그랬듯이 역사가 던져준 미답과 미지의 길로 청춘의 모험은 계속되고 있습니다.

우리 시대의 감성교육과
공감의 공동체

최진석

Profile

수유너머104 연구원, 문학평론가. 러시아인문학대학교 문화학 박사. 잡다한 세상사에 관심을 가지며, 문학과 문화, 사회의 역설적 이면을 통찰하기 위해 오늘도 게으른 독서를 실천한다. 지은 책으로 『민중과 그로테스크의 문화정치학』, 『국가를 생각하다』(공저), 『불온한 인문학』(공저), 『문화정치학의 영토들』(공저), 『코뮨주의 선언』(공저) 등이 있고, 옮긴 책으로 『누가 들뢰즈와 가타리를 두려워하는가?』, 『해체와 파괴』, 『레닌과 미래의 혁명』(공역), 『러시아 문화사 강의』(공역) 등이 있다.

우리 시대의 감성교육과 공감의 공동체※

: 가장 작은 것과 연대하는 삶

극단화된 감성과 사회의 불가능성

얼굴을 가린 교복차림의 남성이 한 손으로는 어묵을 베어 문채, 다른 손으로는 손가락 기호를 만들어 정면을 가리키는 사진한 장을 기억하실 겁니다. 그 사진 한 장이 2015년을 새해 벽두부터 발칵 뒤집어 놓았죠. 그것은 극우적 성향을 거침없이 드러내던 일간베스트저장소('일베') 사이트에 게재된 사진이었고, 이남성이 만든 기호는 그들 사이에서 통용되던 일베사이트의 상

※ 이 글은 맑스코뮤날레 조직위원회 엮음, 『다른 삶은 가능한가』(한울, 2015), 207~247쪽에 실린 논문을 수정한 것임을 알려 둡니다.

징적 표식('ㅇ'과 'ㅂ'의 모양)이었습니다. 단원고 학생을 가장한 20대 남성이 단지 "주목받고 싶어서"라고 진술했지만 주목받고 싶어서 저지른 일치고는 사회적 파장이 너무 컸습니다. 범인이 구속되고 선처를 비는 그의 어머니의 사연이 회자된 직후 '특대어묵 배달'을 내세운 또 다른 사진이 게시되었고, 그런 식으로 세월호 희생자와 유가족을 모욕하는 행위는 지금까지도 공공연히 이어지곤 했습니다. 양식 있는 세간의 공분이 확산될수록 그것을 비웃는 반작용도 커진 바 있죠. 유사한 사건이 반복될 때마다 타자에 대한 증오발언 및 행위의 수위나 정도도 점점 강화되어 왔습니다. 도대체 이 사회에 무슨 일이 일어나고 있는 것일까요?

한국사회의 이상증후가 증오라는 부정적 양태로만 표출되는 것은 아닙니다. 3월 5일 아침 세종문화회관에서 주한 미국대사 마크 리퍼트Mark Lippert가 피습당한 사건을 상기해 봅시다. 공격 당사자의 의도가 어떤 것이었든 물리적 공격이라는 행위의 '비극성'에 이어진 역사의 '희극성'은 우리의 실소를 유도하기에 충분합니다. 미국과의 우의관계에 아무 문제가 없음을 증명하기 위해 벌어진 '난리굿판'이 그것입니다. 리퍼트가 입원한 병원 앞에 보수적인 시민단체와 종교단체들이 모여서 쾌유를 비는 기도회를 열고 부채춤과 발레공연을 벌이는가 하면, 어떤 이는 (리퍼트가 애견가라는 사실을 아는지 모르는지) 개고기를 선물로 전달하기도 했습니다. 해외순방을 마치자마자 병문안에 나선 박근혜 전 대통령은 예전에 자신이 공격당했던 경우와 리퍼트의 사례가 비슷한 점을 은근히 강조했고, 조선일보는 그에 관해 '5

가지 기연'이라며 두 사건 사이의 유사성을 요란스레 보도했습니다. 이어서 각계각층의 고위인사들은 물론이요 일반인들 역시 병문안을 와서 거듭 '죄송스러움'과 '완쾌'를 기원했으니 환대도 이만한 환대가 없을 듯하네요. 이것은 앞서의 증오감정과는 전혀 다르거나 무관한 감정적 양태일까요?

감정의 과잉과 유동, 혹은 극단화의 우파적 사례들로 글의 문을 여는 것이 조금 편파적으로 보일 수 있으니 반대편의 경우도 이야기해 보겠습니다. 진보나 좌파의 증오감정을 확인해 보는 일은 어렵지 않습니다. 당장 인터넷 포털사이트의 정치기사에 붙은 댓글들을 읽어보면 간단하니까요. 보수우익적인 댓글들 못지않은 과격한 증오감정들이 범람하는 양상을 목격할 수 있을 것입니다. 한두 줄로 마감하는 댓글이라 해도 그 표현수위나 감정적 농도는 우파의 '부도덕'에 못지않습니다. 그것을 진보정치가 현실적으로 후퇴해 있는 상황에서 새나오는 단말마적 감정의 해소라 경시하기에는 그 징후가 예사롭지 않단 말이죠.

이런 사례들이 통념적이고 단편적인 것이라 생각된다면 보다 정치적이고 일반적인 것들을 떠올려 볼 수도 있겠습니다. 청년세대에 대한 기성세대, 특히 진보·좌파적 입장의 기성세대가 청년세대에게 던지는 비난은 어떨까요? 기성세대에 따르면 현재의 '이십대'는 고도자본주의 사회가 제시하는 소비주의에 물들어 물질적 욕망에 사로잡혀 있으며, 사회적 존재로서의 책임감에는 둔감한 세대입니다. 과거 1980년대 운동의 경험이 남겨준 연대의식과 사회변혁에 대한 숭고한 열망은 생계형 이기주의에 질식해 사라졌으며, 그 결과 민주주의와 정치적 주체의식도 함께 붕괴해 버렸습니다. '비겁해진' 청년세대에게 쏟아지는 냉소적인 시선은 그 비판이 '애정어린 충고'의 형태를 취한다 해도 단절과 거리의 격벽을 쌓는다는 점에서 이미 부정적 감정에 다름 아닙니다. 제아무리 좋은 말을 갖다 붙여도 이러한 비판은 이질성에 대한 배척감정이고, 증오의 이면인 것이겠죠. 이런 식의 감정의 범람과 역설적 동일화야말로 현재 한국사회의 지배적 정조라 해도 과장은 아닐 성싶습니다.

조금 극단적이다 싶은 사례들로 이 글을 시작하는 이유는 지금 한국사회에서 일어난 격심한 감정의 동요를 실감으로 공유하기 위해서입니다. 감정변이야 어느 시대든, 어느 장소에서든 일어나게 마련이지만, 현재 우리가 목도하는 감정의 격변은 민주주의와 정치의 저변을 심각하게 훼손하는 방식으로 진행되고 있기에 문제적입니다. 이는 정치체제나 제도적 차원만이 아니라 그 근저에 있는 일상생활을 침식하고 파괴하는 양상을 띠기에 더욱 심각해 보입니다. 일베의 사례에서 극적으로 드러나듯, 타자와 함께 할 수 있는 감수성, 즉 공감능력의 상실은 사회의 가능성 자체에 커다란 의문을 제기하고 있습니다. 어떤 마음의 구조를 통해 타자에게 다가갈 수 있는지 알 수 없을 때, 의무감이나 시혜의식에서가 아니라 연대의 심성을 통해 타자와 마주할 수 있는 능력이 결여되었을 때는 이성과 합리의 기제가 아니라 차라리 감성의 능력으로서 공감empathy이 결여된 것이라고 보지 않을 수 없습니다.[1] 이 능력이 확보되지 않고는 일상생활은

---

1) '감정'과 '감성', '감수성' 등에 대한 어원학적 구별은 일단 피하도록 하자. 개

물론이요 민주주의와 정치, 보다 근본적으로는 사회의 가능성조차 온전히 떠올릴 수 없는 듯합니다.

지난 몇 년간 '재난'이 한국사회의 화두로 올려져 논의의 대상이 된 것도 이러한 맥락에서 사회의 재구성에 관한 논의를 재개하기 위함이었습니다. 자연생태를 포함해 사회적 생태의 전지구적 파괴와 붕괴에 직면한 요즈음 공동체를 다시 만들기 위해서는 대중들의 물리적 연대뿐만 아니라 정서적 연대가 절실하기 때문입니다. 공감과 동정, 연민 등이 다시금 지식사회에서 의제화된 이유가 여기에 있습니다. 그러나 역사적으로 볼 때 정서를 통해 대중을 하나로 묶어내고 공동체를 건설하려는 시도는 사실 근대성의 전형적인 프로젝트이기도 합니다. 계몽주의적 교육학을 반복함으로써 공감의 능력, 연대의 실마리를 회복하려는 시도가 벌써부터 무망해 보이는 것은 그래서입니다. 공감능력, 연대의 감정은 강제로 주입되거나 훈육될 수 없습니다. 일상생활과 정치, 민주주의의 여러 차원에 걸쳐 위기에 봉착한 그것을 (재)구성하기 위해서는 근대적 프로젝트와는 다른 방식, 다른 의미를 경유한 실천이 필요합니다. 공감의 감성교육이란 새로운 실천적 감성을 말하되 종래의 역사적·사회적 형식과는 다른 방식으로 수행되는 감성적 실천이 되어야 할 것입니다. 일단 이러한 문제의식을 마음에 새기며 이 글을 시작해볼까 합니다.

략적으로 말해 이 글에서는 분노나 사랑, 혐오 등과 같이 구체적으로 명명 가능한 정서 상태를 감정(feeling, 또는 emotion)이라 칭하고, 이보다 심층에서 현상의 개별적 감정 상태를 가능하게 만드는 근거로서 제시되는 지각과 감각 능력, 감수성(sensibility)을 감성이라 부르도록 하겠다.

근대국가의 감성정치학: 동원된 감정 또는 국가와의 동일시

감정이 관건일 때 우리는 흔히 그것을 대수롭지 않게 무시하거나 불가피한 잉여로 기각해 버리곤 합니다. 사적이거나 개인적인 것으로 치부하여 공적 사안으로 다룰 필요가 없다고 보는 탓입니다. 하지만 사회적 과정은 감정을 포괄할 뿐만 아니라 그것으로부터 발원합니다. 감정은 사회적 관계 속에서 배태되며, 사회의 구조와 주체를 변형시키는 방식으로 작동하는 것입니다. 그러므로 감정을 사적 개인이나 본능의 차원으로 축소시켜 이해하는 것은 그것이 연원하는 사회적 감수성의 토대를 배제함으로써 현실의 동학動學을 이해할 수 없게 합니다. 이성과 감성을 말끔하게 분리시켜 합리와 비합리로 나누어 사고하는 것이야말로 지극히 근대적인 편견에 다름 아닙니다.

근대성의 특징을 철저하게 이성적인 계산가능성에서 찾는 상식과 달리, 근대사회의 성립은 대중의 감성에 대한 적극적인 개입과 함께 이루어졌습니다. 예컨대 1648년 조인된 베스트팔렌 조약은 통상 근대적 국제관계 및 영토적 주권국가를 태동시킨 사건으로 기록되어 있지만, 동시에 이 조약은 '안전사회'에 대한 대중의 정치적 개념화가 시작된 기점이었습니다. '안전'이라는 사회적 감정이 정치적으로 확보됨으로써 근대성이 역사 속에 유의미한 구조를 획득하게 된 것입니다. 예컨대 국제법을 통해 국경선으로 구획된 영토 내부의 안전지대를 보장하게 되었으며, 안전지대 안쪽에 있는 사람들은 국가를 매개로 정신적·신체적 안전감을 획득하여 국민으로서의 자기 정체성을 갖게 됩니

〈1648년 베스트팔렌조약〉

다. 애국심과 내셔널리즘은 소속된 공동체에 대한 애착감의 기술어記述語로 고안되었고, '국가적 안전'이라는 관념은 "공동체적 공감과 관용을 가능하게 하는 사회적 연민"과 불가분의 관계를 형성했습니다. 이와 같이 근대사회는 감정적 유대감 없이는 성립할 수 없었습니다.

국가라는 동일한 울타리에 소속된다는 것은 이웃과 맺는 결속감정을 다져준다. 즉 타자를 '동포'라는 이름의 동일자로 환원시켜 줍니다. (반면 울타리 '바깥'의 타자들은 '비동일자'로 배제됩니다.) 이는 인식보다 감성에 기반한 동일화입니다. 같은 언어, 전통, 역사, 문학 등으로 표지된 근대의 문화적 낭만주의는 내셔널리즘과 결합되어 동일성의 감성을 대중에게 배양해 놓았습니다. 근대의 대중사회popular society가 곧 국민국가nation-state와 포개질 수 있는 이유가 여기 있다. 이렇게 근대적 국가사회는 일종의 감정적 공동체로서 "감정에너지를 표출하는 특정 시기 동안 개인들을 경계 지어진 공적 공간 속에 결합"시켜 왔습니다. '상상의 공동체'를 통해 앤더슨이 입증했듯, 신문과 잡지, 교통 및 통신 등으로 연결된 국가 내부의 단일성과 일체성은 동질적인 국민감정을 만드는데 불가결한 요소였습니다. 이런 식으로 국가를 표상하게 해주는 다양한 사회적 제도들과 장치들은 국민의 의식과 더불어 (무)의식적인 공통 감성을 길러냈습니다. 이와 같은 감성의 두터운 토대가 배양되지 않았다면 '동원의 시대'는 불가능했을 것이다. 근대국가는 처음부터 감성의 정치적 사용에 입각한 권력장치였던 셈입니다.

근대사회에서 대중의 감성은 국가적 통합을 목표로 견인되고 조형되었습니다. '국민감정'이라는 표현이 시사하듯, 하나의 국민은 하나의 공통된 감정분모를 공유한다고 인식하는 것입니다. 그것은 배워서 아는 인식적 앎 이전의 감성, 즉 무의식적 앎이라 할 만합니다. 이에 따르면 한국인은 적어도 국가적 사안에 있어서는 통일된 관점과 감각을 갖는 게 당연한 것이고, 그렇지 않으면 국민으로서의 자격에 문제가 있다고 비난받습니다. 예컨대 한·일간의 영토분쟁에서 독도는 이론적 인식의 대상이기에 앞서 감정적 동일화의 대상입니다. 제 아무리 합리적인 논증을 펼쳐도 거기에 감정적 동일시가 누락되어 있다면 냉소와 비판의 위협을 감수해야 할 것입니다.

〈2014 소치올림픽 시상식〉

　같은 맥락에서 금메달을 '빼앗긴' 김연아의 패배는 국가의 패배이자 그 국민인 나의 좌절로 전환되어 이 사실에 분노하지 않는 자는 의심의 대상이 되지 않을 수 없습니다. 이때에는 한국인이라는 소속감, 공통적 감성, 집단적 감정이 물론 동일시의 효과이자 전제로 작동합니다. 전체로서의 국가와 그 부분인 나를 불가분의 관계 속에 결합시키고, 동질적 일체로 표상하는 것. 상상적 동일시로서 이데올로기가 작동하는 지점이 여기입니다. 다양한 이데올로기적 심급들, 곧 일상생활에서 마주치는 여러 가지 (준)제도적 형식들, 관례들에 의해 조형된 감성이 여기서 등장하며, 이 감성은 전체적으로 국가라는 이름의 사회체제를 재생산하기 위한 (비)물질적인 메커니즘으로 기능합니다.

　국가체제와 같은 몰적 기구와 자신을 동일시하는 것은 사실

자연스러운 현상이다. 자기보다 '큰 것'에 스스로를 일치시킴으로써 자아의 안전과 지속을 보장받고, 선택과 행위의 스트레스를 감소시키는 것은 생물학적 본능이기 때문입니다. 근대 국민국가의 합리성과 짝을 이루는 파시즘 체제는 국가와 개인의 동일시가 부정적으로 급진화된 결과였습니다. 그러나 이러한 부정적 급진화는 강제에 의해서라기보다 사회적 조건에 따라 자발적으로 추구되었음을 기억해야 합니다. 가령 독일대중의 나치즘에 대한 경도는 나치의 속임수나 음모에 기인한 게 아니라 당대 독일의 사회적 조건에서 대중의 욕망이 파시즘을 향해 나아갔기 때문에 벌어진 사태였습니다. 그래서 히틀러에게 열광했던 독일대중은 기꺼이 이렇게 외쳤던 것입니다. "나는 국가이며, 당국이며, 회사이며, 민족이다." 권위와의 동일시, 또는 '큰 것'에 대한 욕망은 그것이 자기 자신이라고, 자신과 동일한 것이라고 자발적으로 선언하게 만드는 물질화된 이데올로기에 다름 아닙니다.

〈히틀러에 열광하는 독일인들〉

프로이트가 개인의 심리가 근본적으로 사회의 심리에 연결되어 있음을 주장했던 것도 유사한 맥락에서였습니다. 개인은 '큰 것'인 집단에 귀속되려는 경향을 갖습니다. '작은 자아'는 더 큰 덩어리의 집단적 자아(민족, 국가 등)에 합체됨으로써 정신적·신체적 '안전'을 누리려 합니다. 그러나 이렇게 합일된 집단은 비합리적이고 예측 불가능한 행동양태에 곧잘 빠져듭니다. 문명이 개별화의 산물인 반면, 야만은 기원적으로 집단의 것이기 때문입니다. 지금도 꾸준히 회자되는 귀스타브 르 봉Gustave Le Bon의 이론을 세련된 방식으로 보완하면서 프로이트는 이렇게 말하고 있습니다.

집단은 충동적이고 변덕스럽고 성급하다. 집단은 거의 전적으로 무의식의 지배를 받는다. (…중략…) 집단은 이미지로 사고한다. 이미지는 연상작용으로 또 다른 이미지를 불러일으키고, 이미지와 현실이 일치하는가를 이성의 작용으로 검증하는 경우는 결코 없다. 집단의 감정은 단순하기 이를 데 없고, 지극히 과잉에 넘쳐 있다. 따라서 집단은 의심할 줄도 망설일 줄도 모른다. 집단은 곧장 극단으로 치닫는다. 의심이 표현된다 해도 그것은 당장 명백한 확신으로 바뀌고, 약간의 반감도 격렬한 증오로 바뀐다. (…중략…) 집단은 너그럽지 못하고 편협하며 권위에 순종적이다. 집단은 힘을 존경하며 (…중략…) 심지어는 폭력을 요구하기까지 한다. 집단은 지배당하고 억압당하기를 원하며, 집단의 우두머리들을 두려워하고 싶어한다. 집단은 기본적으로 철저히 보수적이다. (…중략…) 집단의 지적 능력은 개인의 지적 능력보다 항상 낮지만, 집단의 윤리적 행동은 개인의 윤리보다 훨씬 낮게 떨어질 수도 있는 반면 개인의 윤리보다 더 높이 올라갈 수도 있다. (…중략…) 집단은 환상을 요구하고, 환상 없이는 견디지 못한다.[2]

프로이트의 진술을 대중에 대한 불신과 비난으로 점철된 부르주아 이데올로기나 엘리트주의로 매도하기는 어렵지 않습니다. 하지만 우리의 착안점은 다른 데 있습니다. 비록 집단에 대해 비합리주의와 반지성주의, 나아가 (거의 동물적 수준에 비유함으로써) 비인간주의적 혐의를 덧씌웠음에도 불구하고 프로이트는 근대사회의 원-구조를 꿰뚫어보고 있기 때문입니다.

집단, 곧 대중적 행동의 주축은 논리가 아니라 감정이며, 그것은 '무의식'과 '충동'에 의해 야기되고 서로 간에 '전염'됩니다. 이는 언어의 형식보다 '이미지'에 의지하는 '힘'이고, '과잉'으로 흘러 '극단화'되곤 합니다. 대중의 회집이 곧잘 '폭력사태'로 비화되는 것도 그래서입니다. 또한 대중을 사로잡는 것은 합리적 설득이 아니라 모종의 비합리적 '환상'입니다. 빌헬름 라이히 Willhelm Reich와 질 들뢰즈Gilles Deleuze, 펠릭스 가타리Félix Guattari를 선취하는 프로이트의 통찰은 대중의 동학이 이성보다는 감성에, 의식보다는 무의식에, 논증보다는 욕망에 있음을 발견했다는 점에 있습니다. 이는 다시 '리비도적 관계'라 명명되는데, 사회가 자기와 타자의 동일시를 가능하게 만드는 '감성적 유대'에 의해 세워진다는 뜻입니다. 동일시는 타자를 동일자로 '오인'하

---

2) 지그문트 프로이트, 김석희 옮김, 「집단심리학과 자아분석」, 『문명 속의 불만』, 열린책들, 83~86쪽. 번역은 문맥에 맞춰 수정했습니다.

게 만드는 사회발생의 무의식적 장치입니다.

　문제는 이러한 동일시가 동정이든 공감이든 국가라는 '큰 것'의 매개를 통해 간접적인 방식으로 이루어졌고, 근대사회에서 이 경향은 '안전'에 대한 보수적인 태도로 구조화되었다는 사실입니다. 국가의 감성정치학은 이를 명확히 인식하고 있었고, 그에 따라 대중에 대한 통제와 동원의 전략을 구사해 왔습니다. 하지만 프로이트는 여기서 수수께끼 같은 역설을 하나 던집니다. 집단의 윤리감각은 개인의 수준보다 낮지만 가끔 그것을 초월하는 수준으로 고양된다는 것입니다. 어떻게 이런 일이 가능할까요? 비주체적이고 감정에 휘둘리기 쉬운 대중에게 윤리('정의')는 불가능한 대상입니다. 대중은 '큰 것'을 따라가려는 경향을 갖기 때문입니다. 하지만 이러한 경향은 비인식적이며 따라서 충동이라 이름붙일 만한 힘으로서, 역으로 '큰 것'의 인도를 벗어날 수 있는 잠재성을 갖습니다. 프로이트의 단언대로 비합리적이고 무의식적 충동이기에 역설적으로 '큰 것'이라는 '이성적' 선택을 비껴갈 잠재력을 보유하는 것입니다. 마치 혁명이 그런 것처럼 말입니다.

공감의 공동체: 감정의 구조들, 혹은 일탈하는 감성의 분기선들

　윤리가 이성이 아닌 감성에 의해 세워질 수 있다는 주장을 칸트가 듣는다면 사색이 되어 손사래를 칠지도 모를 일이다. 하지만 헤겔의 관점에서 보자면, 칸트의 윤리는 정확히 말해 도덕

Moralität에 가까우며, 이성과 감성의 결합에 기초한 윤리는 인륜 Sittlichkeit이라 할 수 있습니다. 그러나 헤겔에게 인륜은 이성과 감성의 직조를 통해 만들어진 민족 및 국가로 수렴되는 것이기에 우리는 그로부터 한 걸음 더 나아가야 합니다. '큰 것'을 매개로 삼지 않고 윤리를 모색하는 것, 그것은 이성이냐 감성이냐의 양자택일로 풀 수 없는 문제이자 조화로운 절충으로도 해결할 수 없는 문제입니다. 감성이나 이성은 어쩌면 양자택일 이외에는 어떤 판단도 불구로 만들어 버리는 근대적 사유의 고질적 표상일지 모릅니다.

사회의 집합적 차원에서 작동하는 감성의 유동은 분석적·계량적 조작의 대상이 아닙니다. 집단적 감정의 흐름에 대해 '전염'이나 '감염'과 같은 병리학적 비유를 동원하는 것은 집단적 감정의 흐름이 명확히 분절가능한 논리적 프로세스에 따르지 않으며 의식의 차원으로 환원시킬 수 없음을 반증합니다. 개인에게나 집단에게나 감성은 (무)의식적 과정에 따라 작동하고, 욕망의 문제와 긴밀히 결부되어 있습니다. 일상의 습관과 관습, 준규범화된 습속과 의례가 감성의 본원적 장으로 부각되는 이유는 앞서 살펴보았듯 이러한 관습이 근대사회에서 대중정치학의 지배소로 조명되는 이유와 다르지 않습니다. 명철한 공적 행위가 요구되는 경우에도 이러한 관습은 일상의 미분화된 영역들을 관류하며 가동됩니다. 지극히 개인적이고 사적인 감정조차 사회적 관계 속에서 배태되므로 일상의 감성이 배제된 채 공적인 정치사회가 성립할 수 없습니다.

레이먼드 윌리엄스에 따르면, 이성과 명확히 구분할 수 없는 감성의 이러한 특징은 우리의 체험이 결코 완료되지 않기에 생겨나는 것입니다.[3] 우리는 자신의 사고와 행위를 반추할 때 늘 과거시제를 통해 체험을 완결된 것으로 표상하며 언어적으로 분절시키지만, 실제로 살아있는 체험은 결코 종료되지 않으며, 따라서 과거시제 속에 봉인되지 않습니다. 모든 의식은 사회적인 것이라 언명할 때, 이 말의 진의는 경험은 완결되지 않으며 따라서 고정될 수 없고 명확하게 인식될 수 없다는 말입니다. 이는 감성의 문제에 있어서 더욱 진실된 것인데, 개념이 사후적이고 공식적으로 성립하는 반면 감성은 현재 진행적이고 비공식적인 차원에서 지속되는 체험인 까닭입니다. 삶이 계속된다면 감성 역시 그 토양 위에서 지속될 수밖에 없으며, 합리성의 규제를 넘어서 그 운동을 유지해 갑니다. 이것이 감성의 실천, 또는 실천하는 감성입니다.

물론, 감성의 중요성을 강조한다고 해서 이성은 필요 없다는 극단적 이분법에 빠질 필요는 없을 듯합니다. 이성과 감성을 아우르되, 이성이라고도 감성이라고도 딱히 특정하기 어려운 혼성의 지대, 감각 그 자체가 움직이는 영역을 남겨두고 그것의 중요성을 인지하는 게 필요하다는 뜻입니다. 신체를 가진 존재로서, 합리적으로 사유하는 한편으로 감각적으로 세계와 대면하는 존재로서 우리의 삶 자체가 그러하기 때문입니다. 질 들뢰즈는 이러한 삶의 양상, 혹은 능력을 감응感應, affect 또는 정동情動이라 부릅니다. 이것은 비재현적인 사유의 양식이라 할 만한데,

---

3) 레이먼드 윌리엄스, 이일환 옮김, 『이념과 문학』, 문학과지성사, 1982, 164쪽.

지나가버려서 종결된 게 아니라 지금—여기서 끊임없이 지속되는 변이의 양태를 가리키기에 재현될 수 없다는 말입니다.

감응은 고정된 이성적 범주나 동일성의 재현장치가 아닙니다. '살아있는 추이'로서 그것은 변이의 체제에서 작동하며, 변이가 실존의 본성인 까닭에 하나의 존재능력으로 지칭됩니다(그래서 이성적 혹은 감성적 존재자로의 분별 '이전'의 능력인 것이다). 감응은 변이, 존재능력의 연속적인 변이로서 '체험되고 있는 삶'이라 할 수 있습니다. 따라서 감응은 인식 이전의 신체적 상태에서 최초로 드러나며, 감응이 발생하는 순간에 벌어진 타자와의 만남을 '흔적'으로서 각인하고 있습니다. 다시 말해, 감응은 나와 타자의 만남 및 관계로부터 촉발된 감각이며, 따라서 애초부터 타자와의 공감을 전제로 성립한 감수성입니다. 그러므로 이러한 감응에 기초한 관계란 본래적으로 타자와의 공동적 관계라 할 만합니다. 우리가 타자에 대해 갖는 감정과 사고, (무)의식적인 감각 등은 우리가 이미 타자와 모종의 관계 속에 돌입해 있기 때문에 불거져 나온 감성의 효과라 할 수 있고, 이 점에서 나와 타자는 감응적 관계 또는 공감적 공동체를 항상—이미 형성하고 있는 중이라고도 할 수 있습니다.

흥미로운 사실은 이러한 공감적 공동체는 이성적 판단에 의거해 '큰 것'과의 동일시에 따라 성립하는 게 아니라는 점입니다. 전술했듯, 국가와의 동일시는 안전을 담보로 '큰 것'에 예속되는 것과 다르지 않습니다. 그것은 궁극적으로 자기를 파괴하는 결과를 낳고 말 것입니다. 즉물적인 개체의 보존은 달성할 수 있어도 장기적으로 볼 때 예속과 노예화를 벗어날 수 없는 까닭입니다. 자기보존을 위한 '이성적' 선택을 했다고 생각할지 모르나 실제로는 자기파괴의 치명적 선택을 한 것이나 마찬가지입니다. 신체적 공명에 의거한 이러한 만남은 이성적 인식 너머의 문제이며, 일종의 '느낌[感]'에 의지할 수밖에 없습니다. 그런 느낌은 체계적인 과정에 의해 소유할 수 있는 것은 아니지만, 사태를 주시하고 관찰하는 노력을 통해, 감성능력의 배양을 통해 습득되어야 합니다.

들뢰즈가 감응을 '능력'으로 부르는 이유도 마찬가지입니다. 그것은 사물을 외관, 과거시제에 의해 완결된 형태로서 판단하는 게 아니라 변이의 과정에서 어떻게 작동하는가에 따라 그 잠재성을 타진하는 능력입니다. 우연한 만남과 그로써 벌어지는 혼성작용의 '좋음'과 '나쁨'만이 윤리의 기준이 됩니다. 스피노자-들뢰즈에게 윤리란 좋은 마주침과 나쁜 마주침, 힘의 증대와 감소로써 언명되는 것이지, 어떤 가시적이고 절대적인 척도에 의지하는 명령이 아닙니다. 문제는 '큰 것'인가 '작은 것'인가가 아니라 '좋은 것'인가 '나쁜 것'인가에 있습니다. 이 점에서 진정한 연대는 '불가능한 동일시'에 의해, 즉 '크지 않은 것'이나 '작아지고 있는 것'에 대한 공감을 통해 가능하다고 합니다. '합리적으로' 판단할 때 자신의 실존에 결코 유리하지 않음에도, 좋은 관계를 위해 손을 내밀고 함께 걸어가는 것. 즉 '가장 작은 것'과의 동일시야말로 이성과 합리에 근거한 근대적 인간학에 역행하는, 진정한 연대의 조건이란 뜻입니다.[4]

---

4) 이 글의 마지막까지 계속 논의하겠지만, '가장 작은 것'과 함께-있음, 함께-

도미야마 이치로富山一郞는 '겁쟁이들의 연대'에 관해 이야기한 적이 있습니다. 겁쟁이란 누구인가? 바로 도망치는 자입니다. 왜냐면 폭력이 자기 곁에 당도하여 곧 나를 살해할 위협을 가하기 때문입니다. 폭력의 예감. 이는 오직 감성의 차원에서 내게 먼저 지각됩니다. 내 곁에서 누군가 죽어가고 있을 때, 그의 눈동자에 비친 자기를 목도함으로써 내게 닥칠 죽음을 감각하는 식입니다. 그런데 하나의 윤리적 역설이 여기서 발생합니다. '큰 것'에 의해 살해당한 타자와 곧 살해될지도 모를 나 사이의 유대가 형성되는 것입니다. 다시 말해, 지금 닥치진 않았으나 도래할 위협으로서 나의 죽음이 예고되고 그럼으로써 앞서 죽은 자와 지금 살아있는 나 사이의 공감대가 형성됩니다. 죽어가고 있는 자 또는 죽은 자와의 관계. '가장 작은 것'들과의 동일시, 그것이 '겁쟁이들의 연대'입니다.

　겁쟁이들의 연대는 역사 속의 패자들의 마주침이며, 결코 자신을 '큰 것'과 동일시 할 수 없는 자들만이 맺을 수 있는 감응적 관계를 가리킵니다. 이웃한 망자, 그와 나의 불가능한 동일시만이 역설적으로 내게 현재로부터 도망갈 힘을 주는데, 겉보기와 달리 이는 항구적인 패배로 귀결되지 않습니다. 오히려 살해당한 망자의 다음 차례로서 순차적으로 죽음에 이르는 것이야말

함의 가능성이야말로 자본주의적이고 국가주의적으로 경도된 근대적 공동체를 넘어설 수 있는지에 대한 우리 시대의 물음일 것이다. '가장 작은 것', 즉 역사에서 패배당하고 버려진 존재, 보이지 않게 가려지고 배제된 자들과의 불가능한 동일시가 가능할 때 비로소 윤리도 공동체도 새로운 터전을 찾게 될 것이다. 공감의 감성교육이라는 우리의 주제는 그 탐색의 징검다리가 되어야 한다.

로 패배일 것입니다. 의연하게 죽음을 기다리기보다 망자와의 교감 속에서 그 '역사의 수순'을 빠져나가는 것은 결정된 패배를 빠져나가는 행위가 될 수 있습니다. 정해진 역사의 길로부터 탈주하는 것이야말로 진정 '목숨을 건 도약'이 될 터이기 때문입니다.

> "역사는 결기한 자들에 의해 그려지는 것이 아니라, 도망친 자나 전향한 자로 간주되는 겁쟁이들로부터 탄생하는 것은 아닐까? (…중략…) 목숨을 건 행동을 포함한 겁쟁이의 연대."5)

'겁쟁이―되기'는 주어진 상황으로부터 무조건 회피하라는 요구가 아닙니다. 그런 행위야말로 타자와의 공감적 공동성을 파기하고 단독성의 어둠에 빠지게 만듭니다. 폭력에 노출되고 죽음을 예감하는 자들이 서로 공감하고 연대하는 것, 즉 자신과 타자라는 '가장 작은 것'들 사이의 불가능한 동일시를 이루는 것이야말로 '큰 것'의 척도에 순응하지 않겠다는 의지로 전화될 수 있습니다. 이는 수동적인 동시에 능동적이고, 감성적인 동시에 이성적인 주체화입니다. 타자에게 내가 살해당할지도 모른다는 두려움은 내가 또 다른 타자를 살해하게 될지도 모른다는 두려움과 겹쳐짐으로써 온전히 윤리적 역설에 도달하는 것입니다. 나아가 또 다른 타자를 내가 이미 살해했을지도 모른다는 두려움, 그로부터 기인한 고통의 예감은 '큰 것'과 나를 동일시

---

5) 도미야마 이치로, 손지연 외 옮김, 『폭력의 예감』, 그린비, 2009, 8쪽.

하지 않도록 저지하는 윤리의 문턱이지 않을까요? 집단의 윤리가 개인의 윤리를 초월하는 방식으로 고양되는 프로이트의 역설이란 이것이 아닐까요?

예시적 정치로서의 문학과 윤리적 공통감각共痛感覺

감성이 중요하다는 표명은 더 이상 낯선 것이 아닙니다. 소위 '포스트모던 시대'를 거치며 우리는 논리적 사고보다 감각적 지각이 더 원초적이며, 근대의 합리적 주체란 허구에 불과할 뿐 실상 있는 것은 파편화된 감성적 주관일 뿐이란 사실을 학습해 왔습니다. 이 점에서 앞선 감성론적 논의들은 어쩌면 이미 아는 내용들을 한 차례 정리하고 반복한 것일지도 모르겠습니다. 하지만 이렇게 '아는 것'과 그것을 실제로 지각하고 실천하는 것은 아주 다릅니다. 이 역시 이미 '아는 것'일 수도 있으나, 우리에게 늘 문제적으로 제기되는 것은 그렇게 '아는 것'을 우리는 감히 실천하지 못한다는 점일 것입니다.

윌리엄스의 감정의 구조들은 과거시제로서 이미 해소된 문제가 아니라 지금—여기서 해결되어야 하거나 해결중인 문제들을 지속적으로 제기한다는 점에서 유효합니다. 그로써 감정의 구조들은 현재 실존하지는 않지만 실존하게 될 '부상하는 공동체'를 이미지화합니다. 그것은 미래futur가 아니라 미-래avenir에 속한 공동체, 도래할 사회의 이미지인 것입니다. 문화적 가설로서 감정의 구조들이 예술과 문학을 적극적인 투시적 스크린으로 삼는 이유가 여기에 있습니다. 문학과 예술은 감정의 구조들이 작동하는 양상을 일상생활에서 가장 구체적으로 실감나게 다루는 형식인 동시에, 본성적으로 시간적 순서에 따라 현전하게 될 미래가 아니라 그러한 순차성을 단절하여 지금—여기와는 '다른' '낯선' 사건('미-래')을 표현하는 형식이기 때문입니다. 이는 헛된 공상이나 백일몽이 아니라 그것을 투사하는 작가(표현자)와 독자(수용자) 사이의 감응적 교류에 의해 촉발된 욕망의 정치적 전경화입니다. 문학과 예술이 예시적 정치prefigurative politics로서 우리를 감동시키는 것도 그래서가 아닐까요?

감응의 공동체와 겹쟁이들의 연대. 이 단어들의 조합에서 지난 시대의 거대한 집단적 통일성이나 목적의식으로 충전된 노동자들을 떠올릴 필요는 없습니다. 우리의 일상은 훨씬 소소하고 개별적인 의식과 행위들로 쪼개져 있습니다. 다만 각자로서 각자의 삶을 영위하는 일상이 우리를 꼼짝없이 지배하고 있는 것입니다. 어떤 의식적 깨어남이나 인식적 통찰이 우리를 함께 하도록 촉발하는 게 아니라 알 수 없는 두려움, 불길한 예감, 그리고 타인의 고통이 갑작스럽게 들이닥칠 때 우리는 비로소 저 낱말들의 무게를 실감하게 됩니다. 이런 의미에서 이 주제를 다룬 문학작품 세 편을 함께 읽어보도록 하겠습니다.

첫 번째 작품은 황정은의 단편소설 「웃는 남자」입니다.6) 어떤 일에 관해 오랫동안 생각해 온 한 남자가 있습니다. 그는 자신이 살아가는 방, '암굴'이라 할 만한 공간에 스스로 갇혀 죽지

---

6) 황정은, 「웃는 남자」, 『문학과 사회』 107호, 2014년 가을, 105~126쪽.

도 살지도 않은 일상을 영위하는 중입니다. 될 수 있으면 모든 일이 단순해지도록 가구도 식기도 없이, 벽에 그림 한 장 걸지도 않은 채, 불도 밝히지 않은 방 속에 스스로 유폐된 것처럼 머물러 있습니다. 시간이 흐른다는 것은 저녁 무렵 현관의 불투명한 유리 너머에 있는 가로등이 사람이 지나갈 때마다 잠시 켜졌다가 이내 꺼지는 것으로부터 알 수 있을 따름입니다. "누구도 지나가지 않는 밤이란 없다. 어느 밤이든 어느 순간에 문득 가로등은 켜지고 다시 꺼진다. 나는 세 개의 문 너머에서 밤새 그것을 지켜보며 생각한다. 그 일을 생각한다." '그 일'이란 대체 무슨 일일까요?

'그 일'에 관해 생각할 때마다 "열에 서너 번의 빈도로" 떠오르는 것은 아버지입니다. 혈연적으로만 생부일 뿐 실상 타인과 마찬가지의 존재입니다. 목수로 일했던 아버지는 손님들에게 주문을 받아 탁자나 서랍장, 문짝 등을 만들어 팔았는데 "가족을 위해서는 무엇도 만들어주지 않았다". 어떤 감정적 온기도 나눈 기억이 없는 걸로 봐서 통상 언급하는 '화목한 가족'도 아니었던 듯싶습니다. 아니, 어쩌면 생계에 바쁘고 지친 우리 현대인들의 일상적 모습이 그럴 지도 모릅니다. 아무튼 주인공의 아버지는 "이제 늙었고 당신이 잘못했다는 말을 들으면 화를 내는 사람이 되었다". 왜 그렇게 되었을까요? 굳이 심오한 까닭을 찾을 필요도 없이, "어쩔 수 없"기 때문입니다. 따져보면 자기의 잘못을 찾을 수도 있겠지만, 그래서 어쩌자는 말일까요? 우리 모두가 그렇듯, 지나간 일들을 되돌릴 수도 없는 데 잘잘못을 가려서 뭘 어쩐단 말일까요? "이제 와 모든 걸 다시 생각해보는 것은 그처럼 나이를 먹어버린 사람에겐 너무 가혹한 일이 될 것이다."

아버지에 대한 기억을 제외하고 주인공은 "자고 먹고 싸고 생각한다. 생각하는 것을 하고 있을 뿐이다. 잠이 오면 자고, 잠에서 깨면 내 자리에 앉아 생각한다". 오로지 생각, '그 일'에 관한 생각만이 그의 존재이유라는 듯, 그는 생각합니다. 인간에서 동물로, 동물에서 다시 무생물로 환원된 듯 그가 이제 무엇이 더 될 수 있을지 궁금할 지경입니다.

'그 일'이란 동거하던 여자 친구 디디의 죽음입니다. 생의 별다른 의미도 낙도 없던 그에게 디디는 "처음으로 내가 아닌 다른 사람을 행복하게 만들고 싶다고" 생각하게 해준 존재였습니다. 그런 디디가 죽었고, 혹여 거기에 자신의 잘못이 있지 않았는가를 끊임없이 되새기는 게 바로 주인공의 '생각'입니다. 그가 의심하는 잘못이란 무엇일까요? 어느 날 퇴근하고 돌아오는 그와 디디가 버스를 함께 타고 귀가하던 평온한 일상에 문득 사건이 벌어집니다. 버스와 승합차의 충돌, 그리고 신체에 가해진 타격. "작은 유리 조각들과 빗물, 차가운 빗물이 바늘처럼 얼굴로 튀어 나는 나도 모르게 눈을 감았고…… 다른 차원의 소용돌이에 휘말린 것처럼 버스가 크게 회전했을 때…… 어깨에 메고 있던 가방을 있는 힘껏 붙들었지. 그 짧은 순간…… 나는 디디가 아니고 가방을 붙들었지. 가방을." 여자친구가 아닌, 가방을 붙들었던 것. 그것이 그가 '그 일'에 관해 끝없이 생각하는 이유입니다. 그것은 '이해할 수 없'는 일이며 결코 '단순해지지 않는' 일입니다.

가방 대신 디디를 붙잡았다고 그녀가 살았으리란 보장은 없습니다. 가방을 꼭 붙잡은 것은 그 안에 귀중품이나 큰 돈이 들어서도 아니었습니다. 가방은 이런저런 일상의 잡다한 사물들로 채워져 있을 따름이었습니다. 그런데 왜 그는 디디가 아니라 가방을 붙잡았던 것일까요? 이게 과연 후회의 대상이나 되기는 한 걸까요? 여기서 아버지의 일화가 소개됩니다. 목공소에서 헐값에 일하던 직원이 교통사고를 당했습니다. 구급차에 태워져 병원으로 이송 중에 직원은 자꾸 무언가를 말하려고 애씁니다. 가만히 있으라고 제지해도 직원은 듣지 않습니다. "뭐라고 자꾸, 말하려고 안간힘을 쓰는 거야. 가만히 있으라고 해도. 가만히 있으라고 해도. 그래서 내가 아 닥치라고, 가만히 좀 이렇게 닥치고 있으라고 열불을 냈단 말이지. 그랬더니 나를 한 번 끔벅 보더니 그다음부턴 말을 안 해. 눈을 감아. 그리고 바로 파래졌지." 말을 멈춘 직원은 의식불명인 채로 사망합니다. 그의 부인이 찾아와 아버지에게 마지막 유언 같은 게 있었는지 묻지만, 말하려던 직원을 제지한 아버지가 들은 게 있을 리 없습니다. 물론 그는 직원이 죽을 줄 몰랐을 것입니다. 어떤 이성적 판단, 말하지 않는 게 생존에 도움이 될 거라든지 하는 판단도 없었습니다. 아무 생각도 하지 않았던 것. 그냥 막연하게 제지했던 것이 후일 유족에게 망자의 말을 전하지 못하는 결과를 빚었고, 그것이 그의 유일한 후회의 원인이었습니다.

주인공과 아버지가 맞부딪혔던 사건은 비극이지만, 일상에서 아주 예외적인 일도 아닙니다. 우리가 만일 그런 일을 겪었다면 대개 망각해 버리든지 또는 어떤 식으로든 자신을 위로하며 스스로를 보존할 이유를 발견했을 것입니다. 애도는 그 전형적인 방식입니다. 하지만 주인공은 애도와 타협하지 않고, 자신을 죽을 정도로 몰아가며 '그 일'을 반추합니다. 작품에서 그가 어떤 생각들을 하는지, 그 내용이 무엇인지는 거의 드러나지 않습니다. 그 과정을 재현하는지, 합리화하는지, 자책에 **빠져** 있는지 독자는 알 수 없습니다. 아니 그런 것들이 중요한 게 아닐지도 모릅니다. 오히려 놓치지 말아야 할 점은 그가 끊임없이 그 일을 생각하고 있다는 것, '그 일'을 벗어나지 못하는 것은 현실의 부적응이자 우울증의 심도를 보여주는 것이겠으나, 다른 한편으로는 우울증적 주체로서 주인공이 보여주는 저항의 한 형식처럼 보이기도 합니다. 즉, 망자를 잊지 않고, 놓아 보내지 않고 계속해서 자신의 (무)의식 속으로 호출하는 것. 그에 관해 증언하는 것. 그 목적 없는 행위만이 죽은 자를 태연히 떠나보내지 않고 그를 자기의 삶 속에 남겨두고 그와 함께 살아가는 공동적 행위가 아닐까요? 타자들을 배제하지 않고 불러들이고 함께 — 하는 감응의 공동체는 여기서 비롯되는 게 아닐까요?

두 번째로 함께 읽어볼 작품은 「양의 미래」로, 역시 황정은의 소설입니다.[7] 이 소설의 주인공은 평범하다 못해 아무런 특징도 잘 드러나지 않는 젊은 여성입니다. 오랜 시간 암투병을 한 어머니와 그 뒷감당을 도맡은 아버지, 자기 자신마저 폐결핵으

---

7) 황정은, 「양의 미래」, 『양의 미래』(2014년 제59회 현대문학상 수상소설집), 현대문학, 2013, 11~33쪽. 본문에서 인용시 괄호 속 쪽수만 쓴다.

로 인해 언제 죽을지 모르게 지쳐가 는 신세라는 점에서 사회적 타자라 보아도 틀리지 않겠습니다. 낡은 아 파트 단지의 상가건물 지하층에 입 점한 서점에서 일하며 생계를 이어 가는 그녀는 일상의 규범이나 습속 에 대해 아무런 감각이 없습니다. 십 년째 병치레를 하느라 무력해진 어 머니, 그런 어머니를 병수발 하느라 남성성을 상실한 왜소한 아버지. 주

〈황정은, 『양의 미래』〉

인공은 차라리 부모의 죽음을 바랄 지경이며, 장래에 아이를 낳 을 희망이나 의지도 없습니다. 그 아이가 자기처럼 고생만 하며 무의미하게 삶을 반복할지도 모른다는 두려움 때문일 것입니다. 서점에서 만난 남자친구 호재는 학력 때문에 제대로 취업이 되지 않자 그녀를 떠나고, 함께 일하는 명문대 출신의 알바생 재오는 인간관계를 신뢰할 수 없는 것으로 만들어 버리는 일종 의 무감각 혹은 마비상태를 드러내고 있습니다. 주인공은 삶을 이어갈 만한 그 어떤 감정적인 유대의 끈도 갖고 있지 않은 것 입니다.

그러던 어느 날, 웬 소녀가 서점에서 근무하는 그녀에게 다가 와 담배를 사려고 합니다(그즈음엔 서점에서도 담배를 팔았다). 학 생에게는 담배를 못 판다는 대답에 그녀는 바깥에서 어른들이 심부름을 시킨 거라고 항의하고, 이를 거부하는 주인공에게 바 깥의 남자들이 직접 와서 무례한 태도로 담배를 사갑니다. 주인

공은 밖에서 남자들과 시시덕거리는 소녀를 한동안 바라보는데, 아무리 봐도 그건 자연스런 모습이 아니었습니다.

"그건 정말 이상한 광경이었다. 이상하다고 생각할 게 별로 없어 보였는데도 그랬다. 단지 모여 서서 이야기를 하고 있을 뿐이었는데 말이다. 그 남자들과 소녀는 너무 무관해 보였다. 나는 그들이 잘 아는 사이는 아닐 거라고 생각했고 그 생각 때문에 마음이 불편했다. 손가락 끝으로 계산대를 두드리며 나는 망설였다. 지금이라도 저 문 밖으로 나가서 소녀에게 물어볼까. 그 남자들과는 어떤 관계냐고, 어디서 어떻게 만났느냐고 물어볼까. 그걸 물어볼 권리가 내게 있나. 그냥 경찰에 신고를 할까. 신고를 해서 뭐라고 할까. 어떤 여자아이가 남자들과 이야기를 하고 있어요. 그런데 그게 신고를 할 정도로 죄인가? 죄나 되나. 죄가 되더라도 그걸 신고할 의무가 내게 있나. 나중에 해코지라고 당한다면 어떡할까. 서점은 항상 여기 있다 나는 매일 여기로 출근할 수밖에 없는데 앙갚음의 표적이 된다면?
나는 관두자고 마음먹었다. 성가시고 애매한 것 투성이었다. 그들이 본래부터 알던 사이일 거라고 여기는 것이 편했다. 누가 알겠나. 나는 남의 일에 참견할 정도로 한가롭지 못하다."(25~26쪽)

주인공의 이런 의혹과 그에 대한 반응이야말로 지극히 자연스럽습니다. 우리는 타인의 일에 함부로 간섭하지 않는 것이 일상의 예절이자 지혜라고 배워왔습니다. 게다가 남의 일에 함부로 개입했다가 봉변을 당하는 것은 무엇보다도 수치스럽고 또 두려운 일일 것입니다. 그러나 사건이 벌어집니다. 진주라는 이름으로 밝혀진 소녀가 실종되고, 목격자들의 진술이 이어지면서 주인공이 그녀와 접촉했던 마지막 증인으로 소환되었던 것이다. 하지만 주인공이 무슨 말을 할 수 있겠습니까? 진주가 사라질 줄 미리 알 수도 없었고, 자기의 일상을 간신히 연명하는데 급급했던 그녀에게 남의 아이를 지켜볼 의무 같은 게 있었을 리도 없습니다. 하지만 세상은 이런 사정을 돌봐주지 않습니다. "내가 그녀를 마지막으로 목격한 사람이었다. 비정한 목격자. 보호가 필요한 소녀를 보호해주지 않은 어른. 나는 그게 되었다."

참을 수 없이 괴로운 것은 본인이 성치 않은 모습을 한 진주의 어머니가 매일같이 찾아와 주인공에게 진주에 대해 똑같은 질문을 던지고 묻는 것이었습니다. "그녀는 나에게 그때 무얼 하고 있었느냐고 물었다. 마지막엔 언제나 그렇게 물었다." 자신이 벌이지 않은 일에 대해 죄의식을 갖고 책임감을 느끼는 것처럼 고통스런 일은 없을 것입니다. 그러나 또한 자신이 그 일로부터 전적으로 무죄하다고 주장할 수 없을 때 고통은 배가 倍加됩니다. "아줌마 어쩌라고요. 내가 얼마나 바쁜지 알아요? 내가 여기서 얼마나 많은 일을 하는지 알아? 날씨가 이렇게 좋은데 나는 나와 보지도 못해요. 종일 햇빛도 받지 못하고 지하에서, 네? 그런데 아줌마는 왜 여기서 이래요. 재수 없게 왜 하필 여기에서요. 내게 뭘 했느냐고 묻지 마세요. 아무도 나를 신경 쓰지 않는데 내가 왜 누군가를 신경 써야 해? 진주요, 아줌마 딸, 그 애가 누군데요? 아무도 아니고요, 나한텐 아무도 아니라고요." 이것은 현실이 아니라 환상 속에서 내지른 분노이자 하소연입니다. 실상 그녀 자신이 언제나 '아무도 아니'었고, 지금도 '아무도 아니'라고 할 수 있습니다. 아무도 아닌 내가 왜 아무도 아닌 타인에게 죄의식을 느끼고 타인을 책임져야 하는가? 자기의 짐도 제대로 짊어지지 못하는 자가 왜 타인의 짐까지 짊어져야 하는가? 끝내 주인공은 서점으로 돌아가지 못하고, 또 다른 일들을 찾아 생계를 이어갑니다. 바뀐 것은 없는 듯합니다. 사람들 틈바구니에서 그녀는 여전히 '수치스런 일'을 겪기도 하고, 참아내다가 못 견디겠으면 그곳을 떠나 새로 시작합니다. 하지만 바뀐 게 있다. 여전하지만 변화한 것. 그것은 그녀가 진주에 관한 소식에 계속해서 귀를 열어두고 있다는 사실입니다.

> "나는 여전하다.
> 그리고 가끔, 아주 가끔, 밤이 너무 조용할 때 진주에 관한 기사를 찾아본다. 어딘가에서 진주를 찾았다는 소식을 말이다. 유골이라도 찾아냈다는 소식을 밤새, 당시의 모든 키워드를 동원해서 찾아다닌다.
> 나는 이런 이야기를 어디에서고 해본 적이 없다."(33쪽)

그녀는 왜 이런 부질없는 짓을 하는 것일까요? 영화에 나오는 것처럼 적극적으로 사람들을 만나거나 증거를 수집하는 것도 아니고, 단지 기사를 검색해 보는 것만으로 어떤 극적인 반전이 일어날 수 없다는 것을 우리는 잘 압니다. 스스로를 위안하기 위해서도 아니고 남 보기에 그럴 듯한 의식적 반성행위도 아닙니다. 그냥 편집증적 증상처럼 보일 수도 있습니다. 아니면 충동적이고 강박적인, 자기도 알 수 없는 행위처럼 보일 수도 있습니다. 하지만 어쩌면 그것은 내가 연관된 타인의 죽음, 또는 도미야마 이치로 식으로 말해 나에 앞선 타인의 죽음에 대해, 그의 망막에 비친 내 모습을 목격하고 느낀 감응의 결과는 아닐까요? 이는 다음 차례로 내가 죽을 수도 있다는 것, 혹은 내가 그를 죽였을 지도 모른다는 것에서 연유한 '가장 작은 자'들의 공감이 아닐까요? 다가오는 폭력 앞에 함께－있기에 가능한 공동성 말입니다. 「웃는 남자」의 주인공이 돌이킬 수 없는 '그 일'을 계속해서 반추하고 떠올림으로써 타자를 결코 보내지 않는 것과 마찬가지로, 「양의 미래」의 주인공은 사라진 소녀를 망각 속에 묻어두지 않는 행위를 강박적으로 반복하고 있는 게 아닐까요? 오직 그것이야말로 타자와 함께－하는 삶이자 타자와의 공동성을 이어가고 감응의 공동체를 구성하는 유일한 방법이 아니었을까요?

　세 번째로 읽어볼 작품은 조해진의 단편소설 「빛의 호위」입니다.[8] 이 작품의 주인공은 잡지사 기자입니다. 어느 날 그는 주로 분쟁지역에서 보도사진을 찍는 사진작가 권은과 인터뷰를 하게 됩니다. 이 자리에서 권은은 몇 가지 수수께끼 같은 암시를 던지는데, 어릴 적 친구가 준

〈조해진, 『빛의 호위』〉

8) 조해진, 「빛의 호위」, 『겨울의 눈빛』(제4회 문지문학상 수상작품집), 문학과지성사, 2014, 303~325쪽.

카메라를 통해 사진에 입문했다는 얘기나, "태엽이 멈추면 멜로디도 끝나고 눈도 그치겠죠"라는 알 듯 말 듯한 얘기를 한 것이 그렇습니다. 하지만 바쁜 일상을 살아가는 우리에게 늘 그렇듯 이런 대화는 아무런 족적을 남기지 못한 채 사라집니다. 후일 주인공은 내전이 진행중인 시리아로 떠나는 권은과 다시 자리를 갖는데, 여기서 그녀는 자기가 존경하는 사진작가 헬게 한센 Helge Hansen의 다음과 같은 명언을 그에게 들려줍니다. "전쟁의 비극은 철로 된 무기나 무너진 건물이 아니라, 죽은 연인을 떠올리며 거울 앞에서 화장을 하는 젊은 여성의 젖은 눈동자 같은 데서 발견되어야 한다. 전쟁이 없었다면 당신이나 나만큼만 울었을 평범한 사람들이 전쟁 그 자체니까."

전쟁과 같은 참화에서 죽어간 자들은 물론 비탄의 대상입니다. 그런데 그들을 기억하는 남아 있는 자들이 없었더라면 그들은 더욱 빨리 자취도 없이 사라져버렸을지 모릅니다. 살아남은 자들의 존재의의는, 통속적인 드라마의 대사들에 나오는 것처럼 '계속 살아남는' 게 아니라 망자들을 기억함으로써 삶을 죽음과 교차시키는 것, 삶 속에 깃들인 타자의 죽음을 유지시키는 것일 지도 모릅니다. "나는 생존자고, 생존자는 희생자를 기억해야 한다는 게 내 신념이다." 역시 헬게 한센의 말입니다.

죽은 자에 대한 기억. 그것은 내 곁에서 죽어간 자의 눈동자에 찍힌 내 모습을 기억하는 것만큼이나 고통스럽고 두려운 일일 것입니다. 생물학적인 안정과 일상의 안전을 위해서는 하루빨리 그런 부정적 기억들을 잊어버리는 게 훨씬 '유익한' 일일지 모릅니다. 하지만 그것은 '큰 것'과 자신을 동일시하는 행동과 다름없습니다. '가장 작은 자'들을 밀어내고 '큰 것'과 나를 합치시킴으로써 안전하게 보장된 미래를 소유하는 것. 내 앞에서 죽어가는 자의 고통에 무감해질 때 나는 다음 차례로 다가올 나의 죽음을 예감할 수 없습니다. 감응이 불가능할 때 나의 죽음의 순간은 다만 단독자의 죽음이 되며, 여기에서는 아무런 공감도 연대도 생겨날 수 없을 것입니다. 겁쟁이가 된다는 것은 타자의 죽음이 나의 죽음과 연결되어 있으며, 죽은 자의 삶이 산 자의 죽음과 다르지 않음을 지각하는 데 있습니다. 이는 '큰 것'과의 동일시와 정반대로 진행되는 '가장 작은 것'과의 동일시이자, 안전감을 추구하는 생물학적 존재로서는 결코 자연스럽지도 이성적이지도 않은 선택에서 발원하는 불가능한 동일시, 즉 윤리적 공감이라 할 수 있습니다.

정신분석적인 죄의식과는 다르게, 타인의 고통을 내 것으로 삼는 것은 결코 자신의 결여를 채우는 행위가 아니다. 타인의 고통을 함께―하는 것은 단순히 그의 감정을 흉내내거나 이해하는 게 아니고, 그의 고통을 공감하는 것, 즉 타자의 고통 속으로 인입해 들어가는 것em-pathy입니다. 하지만 그것이 구체적이면 구체적일수록 고통은 묘사 불가능해지고 공감은 표현될 수 없는 역설에 빠져듭니다. 도미야마 이치로는 이 역설을 '이야기된 담론으로는 구성될 수 없는 의미의 영역'이라 부르며, 말하려고 할수록 더욱 더 의미가 붕괴되어 부상하는 '공백'이라 부릅니다. 하지만 이 공백은 '허무'가 아니라 이성적인 논리 단독으로는 납득할 수 없는 장소, 오히려 감성을 통과해 감각해야 할 지대를 가리킵니다. 이 지대는 앞서 논급한 '느껴진 사유'이자

'사유된 느낌'의 영역일 터인데, 이는 감성적으로 밝혀지면서 점차 이성적인 인식으로 나아가는 흐름의 이행적 지대라 할 만한 불투명한 역설의 영역입니다. 이것이 결여가 아닌 이유는 그러한 이행을 통해 나와 타자가 연결되는 공감의 공동성이 마련되기 때문입니다. 즉 나와 타자 사이의 연대라는 가산적 종합이 발생하게 되는 것입니다.

다시 소설로 돌아가 보겠습니다. 사실 주인공과 권은은 초등학교 시절의 동창생이었습니다. 권은은 가난한 집안의 불쌍한 아이였고, 주인공은 그녀와 같은 반 반장이었습니다. 권은이 연락도 없이 나흘간 결석하자 담임은 반장과 부반장에게 그녀를 찾아가 상황을 살펴볼 것을 주문했는데, 부반장이던 여학생은 피아노 교습을 이유로 동행을 거절했고 반장이었던 주인공만 혼자 그녀를 찾아가게 됩니다. 아버지가 돈을 벌러 몇 달간 집을 비운 사이에 홀로 집을 지켜야 했던 권은은 값싼 동정을 거부하고 자기 처지를 비밀로 해줄 것을 요구합니다. 주인공은 비밀을 지켜주기로 하지만, 그것은 알 수 없는 책임감이 되어 그를 심리적으로 압박하는 요인이 됩니다. "그날 이후 나는 권은이 죽을지도 모른다는 상상에 자주 빠져들곤 했다. 권은이 죽는다면, 하고 가정하는 것만으로도 숨이 막혀왔다. 어떤 날은 같은 반 아이들이 나 때문에 권은이 죽었다고 수군거리는 환청을 듣기도 했다."

설령 권은이 죽는다 해도 그게 열세 살짜리 아이의 책임이 될 리는 없으나, 생의 위협에 처한 타인의 모습은 그를 유사한 고통의 위협에 빠뜨린 게 틀림없습니다. 그리고 이러한 고통이 바로 그로 하여금 타인과의 공감적 동일시로 나아가게 만든 것입니다. 만일 그가 '큰 것'과 자기를 동일화하였다면, 예컨대 피아노 교습을 받으러 갔던 부반장처럼 행동했다면 권은에 대해 개의치 않았을 것이며 그로써 심리적 안정감을 누릴 수 있었을지 모릅니다. 하지만 주인공은 '가장 작은 것'을 선택했습니다. 그것은 타자의 무게를 자기에게 똑같이 올리려는 행동이긴 하지만, 의식적이고 이성적인 판단에서 연유한 게 아니라 무의식적이고 감성적인 공유를 통한 것이었습니다. 이를 일종의 '윤리적 공통감각共痛感覺'이라 불러도 좋을까요? 윤리적 공통감각이란 지금 타인이 겪는 고통이 만일 그가 그것을 짊어지지 않았다면 나 자신에게 얹혔을 수도 있는 고통이라는 두려움이자 여기에서 발생하는 공감을 의미합니다.

"누가 시키지도 않았지만" 주인공은 권은의 방을 몇 차례 더 찾아갑니다. 어떤 의무감이나 의협심 때문이 아니라 "숨이 막혀 오고 환청을 듣는 게 싫어서"였습니다. 그렇지만 단지 자기 자신을 달래기 위해 그녀의 누추한 방을 반복적으로 방문한 것은 아니었을 것입니다. 권은이 괜찮으니 떠나라고 등을 떠밀 때까지 그는 그녀의 방 안을 서성거렸고 불안과 자책에 시달려야 했습니다. 그러던 어느 날, 주인공은 자기집 안방에서 우연히 필름카메라를 발견하고 "일말의 주저도 없이" 무작정 그걸 품에 안고 권은의 방으로 뛰어듭니다. 어린 그의 눈에 카메라는 "중고품으로 팔 수 있는 돈뭉치로 보였기" 때문입니다. 하지만 그녀는 카메라를 팔지 않았는데, 이유는 주인공의 판단을 넘어선 것이었습니다. "그녀에게 카메라는 단순히 사진을 찍는 기계

장치가 아니라 다른 세계로 이어지는 통로였으니까. 셔터를 누를 때 세상의 모든 구석에서 빛 무더기가 흘러나와 피사체를 감싸주는 그 마술적인 순간을 그녀는 사랑했을 테니까."

주인공에게 카메라는 기껏해야 돈으로 교환되는 무의미한 사물이지만, 권은에게는 고통스럽게 내버려진 삶을 다른 방식으로 전환시킬 수 있는 의미의 충전체였습니다. 이러한 변환은 주인공이 결코 의도하지 않았고 미리 생각하지도 않은 것이었으므로 우연하게 발생한 사건의 지위를 갖습니다. 두 사람 사이에는 논리적으로 설명되지 않는 기이한 공감이 발생하고, 일종의 공동적 관계가 드러나기 시작합니다. '나-카메라-그녀'의 계열은 이후의 삶의 궤적을 바꾸어 버린다. 절망에 빠져 "이 방을 작동하게 하는 태엽을 이제 그만 멈추게 해달라고, 내 숨도 멎을 수 있도록" 갈구하던 권은은 카메라 선물 덕분에 생의 의지를 갖게 되고 살아갈 힘을 얻었기 때문입니다. 훗날 그녀가 주인공에게 쓴 편지는 이렇게 끝맺음하고 있다. "반장, 사람이 할 수 있는 가장 위대한 일이 뭔지 알아? 누군가 이런 말을 했어. 사람을 살리는 일이야말로 아무나 할 수 없는 위대한 일이라고. 그러니까…… 그러니까 내게 무슨 일이 생기더라도 반장, 네가 준 카메라가 날 이미 살린 적이 있다는 걸 너는 기억할 필요가 있어." '빛의 호위'란 나-카메라-그녀의 계열이 만들어낸 감응, 그들을 에워싼 공감의 색조를 뜻하는 말일 것입니다.

자본주의 너머의 일상을 구성하는 감성교육

이 글의 서두에서 언급했던 '일베어묵' 사건으로 돌아가 보겠습니다. 이미 한국사회의 기형적이고 파행적인 사회문제로 대두된 지 오래인 일베는 일시적이고 산발적인 하류문화가 아닙니다. 2000년대 이후 대중문화와 대중운동의 첨단에 자리한 소셜네트워크서비스SNS를 기반으로 하여 광범위한 영향력을 행사하는 집단으로 등장했으며, 각종 정치적 현안들에 대해 자극적이고 도발적인 의사표현을 해왔고, 세월호 사건 이후로는 '폭식투쟁' 등에서 보이듯 현장으로까지 행동범위를 넓히는 사회세력으로 급부상하고 있습니다. 물론 이들의 주장이 시민사회에서 공론화되기에는 터무니없거나 지나치게 폭력적이어서 그 자체로 현실성이 없어 보이기도 합니다. 또한 인터넷 밖에서는 결집력과 실행력이 현저히 줄어들고, 주동적인 주의주장이 일관성을 갖추지 못한 경우가 많아서 실제적 위협이 안 될지도 모릅니다. 그러나 양식 있는 공론형성을 저해하고, 무엇보다도 민주화 세력과 그 역사를 전면부정하는 과격한 행태를 보이고 있어 그 위험성을 완전히 무시할 수 없음도 사실이다.

일베어묵 사건에서 우리의 주의를 요하는 것은 그들만의 기호로 인지되는 '일베' 표식, 즉 손가락으로 'ㅇ'과 'ㅂ'을 만들어 대중에게 전시함으로써 자기들만의 공동성을 확보하고 일종의 공동체 구성의 쾌감마저 누리고 있다는 사실입니다. 더구나 일베가 뚜렷하게 관철되는 이론적 체계 없이 기성세대와 기득권 세력, 과거 민주화 세력에 대한 반감과 증오심으로 뭉친 집단이란 점에서 그들의 공동성은 감성 혹은 공감에 기반한 것 같습니다. 본론에서 분석한 바와 같이, 탈근대적인 새로운 공동성이 감성의 토대 위에서 공감을 통해 이루어지는 것이라면, 일베와 같은 부정적 감정구조로 결속된 집단이나 이러한 조건을 갖춘 집단처럼 '위험'한 것은 없을 것입니다. 지난 몇 년간 일베의 사례가 그러했듯, 이러한 집단적 심성은 결코 인위적으로 파괴되지 않고 사라지지도 않을 뿐만 아니라 사회적 저항이 심할수록 부정적으로 강화될 소지가 높습니다. 하지만 자세히 살펴보면 이러한 집단화 현상에는 근대의 기묘한 반복이 내재해 있습니다. 일베의 감성적 연대를 구성하는 구심점은 바로 '큰 것'에 대한 동일시, 곧 국가에 대한 전적인 애착과 숭배에 있는 까닭입니다. '큰 것'과의 동일시는 분자적 운동의 다양성을 갖지 못하며, 거대집중화의 시기가 지나면 지리멸렬해질 공산이 큽니다. 왜냐면 '큰 것'과의 동일시는 '큰 것'보다 '가장 작은 것'들을 감싸 안지 못하고, 이로 인해 '작은 것들'의 집합으로 재생될 잠재성이 희박해지기 때문입니다.

우리에게 새로운 감성의 교육이라는 과제가 요청되어 있다면 지금은 이를 왜 수행해야 하는지, 그리고 수행하는 방식이 어떠해야 하는지를 새삼 고민해봐야 하는 시점입니다. 이는 당연히 한 세기 반 전에 플로베르가 구상했던 것과 같은 형식의 교육학일 수 없습니다. 감성은 이성적 체계에 의해 강제되거나 주입될 수 없는 감수성의 훈련에서 비롯되며, 신체성과 욕망, 무의식에 대한 감성능력을 배양함으로써 길러지기 때문입니다. 똑같은 방식은 아니겠지만, 본문에서 다룬 세 소설의 문제의식을 다시 음미해 보는 것은 새로운 감성교육에 대한 사유의 전환점을 제공해 주지 않을까요?

아마도 세 가지 지점에서 우리는 감성의 교육에 관해 논의할 수 있을 것입니다. 첫째, 감성교육은 무엇보다도 생각하는 힘을 버리지 않는다는 것입니다. 물론 여기서 생각이란 온전한 계산 가능성으로서 합리성의 사고를 지시하지 않습니다. 어쩌면 나의 행동이 타자를 위험에 처하게 만들지는 않았는지, 타자의 죽음을 초래하는 것은 아닌지 끊임없이 반문하는 것이 그 사고이어야 합니다. 원인으로서의 자기 자신에 대한 앎. 그것은 어떤 구체적인 내용을 길어내는 것일 수도 있겠으나, 소설의 주인공이 보여주듯 그러한 사고행위 자체의 지치지 않는 반복이 핵심입니다. 내가 맺고 있는 타자와의 관계를 소홀히 하지 않고, 지속적으로 불러내는 것. 흡사 우울증적 강박이라 표현했던 이러한 힘은 우리 삶을 감싸고 있는 수많은 계산할 수 있는 것들과 계산할 수 없는 것들의 관계에 대해 거듭 생각해 보는 것입니다. 그로써 감히 생각할 수 없는 것, 계산되지 않는 것, 보이거나 들리지 않는 것을 느낄 수 있어야 합니다.

둘째, 결과에 대한 앎이자 타인과의 관계에 대한 온전한 책임입니다. 함께-있음이라는 현사실성 자체가 이미 나를 단독자로서 타인들과 분리된 채 실존하게 만들지 않는다는 것입니다. 따라서 타인의 과거, 현재, 미래가 모두 나와의 관계 속에서 생성되는 현실임을 온전히 지각할 필요가 있습니다. 이는 타자들에 대해 무한한 죄의식을 갖고 살라는 뜻이 아닙니다. 지금-여기라는 특정한 시공간에 내가 처해 있다는 것은 타자를 대신해서 있음이며, 그 '대신함'의 현사실성이 나의 사고와 행위를 '좋은 관계'를 생산하기 위해 사용하도록 명령하는 것입니다. 이것이 '사건적 관계'인 바, 지금—여기에 내가 타자와 함께—있다는 사실은 현재 벌어지고 있는 이 사건적 관계로부터 내가 자유로울 수 없다는 것을, 역설적으로 그 사건에 연루되어 있음을 자인함으로써만 내가 자유로울 수 있음을 보여줍니다. 수년이 지난 후에도 실종된 진주의 소식을 끊임없이 탐문하는 「양의 미래」 속 주인공의 행위는 자기도 모르게 연루된 사건에 대한 책임을 자신이 무한히 지고자 하는 주체의 윤리적인 행동입니다.

셋째, 타인의 고통에 대한 공감, 즉 공통감각共痛感覺이 낳을 적극적이고 긍정적인 계열화에 지속적으로 관심을 갖는 것입니다. 하다못해 도덕교과서조차 타인의 불행에 민감해야 한다고 가르치는 현실이지만, 실제로 우리는 고통받는 타인에 대해서는 TV에 비친 모습조차 잘 견뎌내지 못합니다. 나보다 우월한 것, 더욱 신장된 나에 대한 환상을 갖게 해주는 '큰 것'과 동일시되지 않기 때문입니다. 간혹 타인의 고통에 시선을 돌리고 유심히 관찰하며, 때로는 동정을 표하게 되더라도, 그것은 그들의 아픔으로부터 내가 '분리'되어 있다는 안전감에서 비롯된 경우가 많습니다. '가장 작은' 타자와 자신을 동일시하는 것은 어려운 일입니다. 고통받는 타인의 다음 차례가 바로 내가 될 것이란 예감을 갖고서 그의 아픔을 공감한다는 것은 결코 쉬운 노릇이 아닙니다. 하지만 타인에 대한 감수성, 공감능력은 바로 이러한 절박한 아픔의 순간, 즉 그의 고통이 곧 나의 것이 될 것이란 위기감이 아니고서는 제대로 공유되지 않을 것입니다. 새로운 감성교육, 곧 공감능력의 훈련이란 타자의 고통에 거리를 둔 채 관심을 갖는 일을 중단하는 것, 그의 아픔에 대해 직접적인 개입을 할 수 있도록 자신의 감수성을 열어놓는 게 아닐까요? 나아가 이러한 감수성의 개방이 야기시키는 사고와 행동의 계열이 '좋은 마주침'이 될 것이란 것, '빛의 호위'가 되어 타자와 내가 맺는 공감의 공동체를 에워싼다는 것을 믿는 것이 아닐까요? 설령 내게 밝혀지지 않은 방식으로, 내가 알지 못하는 과정으로 내가 수혜를 받지 못할지라도 그 빛이 공동체를 감쌀 것이라는 믿음의 감각 없이 우리는 어떠한 행위도 할 수 없을 듯합니다.

글을 맺을 때가 되었군요. 새로운 감성교육을 주제로 글을 쓰기 시작하고 그것이 공감의 공동체를 향해야 한다는 확신으로 마쳐야 할 때, 나는 오히려 이 시도가 아직 '시론'에 불과함을 강하게 느낍니다. 왜냐면 지금 말하고 있는, 그리고 읽거나 듣고 있는 당신들이 과연 새로운 감성을 받아들일 수 있는 것인지, 그렇게 변화하고 있는 것인지 알 수 없기 때문입니다. 물론 우리는 지금—여기서도 지속적으로 서로 영향을 주고 받고, 사건적 관계 속에서 변형되고 있을 것입니다. 그러나 그것은 비가시적이며 비지각적인 존재의 변형이므로 우리가 이러한 변형을 명확히 알거나 느낀다고 말할 수는 없습니다. 감성의 변이는 우리가 원하는 것보다 훨씬 느리고 미세하게 진행되기에 우리가 할 일은 그저 차분히 감성의 훈련을 실행하는 것뿐입니다. 이는 우리 각자에게 먼저 맡겨진 과제이며, 공감을 통해 더욱 강화되고 확대될 수 있는 능력에 달린 문제입니다. 아마 일상생활의 (재)구성이란 감성의 훈련, 공감적 공동성의 창조를 통해 삶을 조금씩 개간하려는 노력이 아닐까요? "각인의 자유로운 발전이 만인의 자유로운 발전의 조건이 되는 하나의 연합체"9)로서 미-래의 공동체는 이처럼 일상을 새로이 구성하는 가운데 실현될 것이라 믿습니다.

---

9) 칼 맑스·프리드리히 엥겔스, 「공산주의당 선언」, 김세균 감수, 『맑스·엥겔스 저작선집』 1, 박종철출판사, 1990, 421쪽.

새로운 공감장치로서의
가상현실(VR)

오영진

Profile

한양대학교 에리카 캠퍼스 『기계비평』 기획자

새로운 공감장치로서의 가상현실(VR)

가상현실 기술과 공감적 신체의 출현

우리는 인간을 둘러싼 기술-미디어 환경의 변화에 민감해야 합니다. 기술-미디어가 우리의 신체와 정신 모두를 변화시키기 때문입니다. 이는 신체의 개조 나아가 사회의 개조에 맞먹는 일입니다. 현재 가상현실 기술은 교육, 의료, 오락, 군사 등 다양한 분야에 응용될 가능성이 높아 세간의 관심을 끌고 있습니다. 우리는 가상현실이라는 기술이 인간에게 어떤 기술인지를 묻는 것이 아니라 가상현실과 결합한 인간이 어떤 인간인지 질문할 필요가 있습니다.

에드가 앨런 포의 단편소설 「천일야화 천 두 번째 이야기」는 기술과 인간이 어떻게 결합되는가에 대해 논하고 있는 작품입니다.『천일야화』가 끝난 다음 천 두 번째 날, 미래의 지구에 갔다가 돌아온 세헤레자데가 왕에게 보고 들은 바를 말합니다. 세헤레자데는 팔이 너무 길어 다마스커스까지 편지를 쓸 수 있는 사람(전신전보시스템), 목소리가 너무 커 그 소리를 지구 반대편까지 들리게 만드는 사람(전화기), 태양에게 자신의 초상화를 그리라고 감히 명령하는 사람(사진기) 등과 같이 괴물 같은 인간들이 미래의 지구에 가득하다고 왕에게 보고합니다. 그러자 왕은 그녀의 괴기한 이야기를 더 이상 받아들이지 못하고 격노하여 세헤레자데를 참수해 버립니다. 잔인한 이야기처럼 보이지만 SF를 가미한 블랙코미디로 이해하면 유머러스합니다. 이 소설은 우리에게 '미디어는 신체의 변형이다'라는 맥클루언 식의 명제를 다시 환기하고 있습니다. 세헤레자데의 시선은 평범한 은유가 아니라 실제로 기계와 결합해 작동하는 인간의 모습을 날것 그대로 진술한 것입니다. 그랬더니 전신전보 시스템은 팔이 비현실적으로 긴 인간으로서 파악됩니다. 기술에 대한 통찰에서 진짜 중요한 것은 전신전보 시스템의 작동원리와 그 응용이 아니라 그러한 기술적 대상이 인간과 관계 맺는 방식, 그리고 그 방식이 낳는 새로운 신체의 효과입니다.

그동안 가상현실과 관련된 논의의 상당부분은 가상현실 기술의 응용방법과 그 기술적 지원에 대한 것들이었습니다. 교육환경에서 위험한 실험을 대체하는 방법이라든가 인터넷 쇼핑몰 환경에 도입해 보다 몰입감 있는 쇼핑체험을 유도한다든가 군사작전의 대리체험으로서 사용하는 방법 등의 연구가 넘쳐났습니다. 이들의 관심은 가상현실이 몰입감을 유도하고, 이를 위해서 사람들을 잘 속일 수 있는 방법이 무엇인가 골몰하는 방향을 지향하고 있습니다. 이 점에서 가상현실은 가짜경험을 진짜경험처럼 전환하는 데 골몰하는 기술이 됩니다.

내가 체험한 것이 아닌 다른 시간과 공간 속의 체험을 지금 여기로 끌어오는 일은 단순히 나를 속이는 일이 아니라 시간과 공간의 제약을 없애고 경험을 확대하고 증폭시키는 일에 가깝습니다. 인간은 특유의 공감능력을 가지고 있어 자신이 경험하지 못하는 것을 상상할 수 있는 능력을 발휘해 왔습니다. 간단한 스토리텔링에서부터 구술발화, 문학적 글쓰기 등은 공감능력을 돕거나 그 발현의 결과라 할 수 있습니다.

가상현실 기술은 공감적 신체의 출현을 유도하고 있습니다. 공감능력의 계보 속에서 가상현실기술은 인간의 오감을 직접 확장, 변형하는 방식으로 진화하고 있습니다. 그러니 가상현실이라는 새로운 기술이 인간에게 어떤 도움을 줄 수 있을 지보다 인간을 어떻게 변경시킬 수 있는 지 질문하는 것이 좋고 이를 위해서는 '공감'이라는 주제에 집중해야 합니다. 그럼에도 불구하고 가상현실과 공감의 문제를 연결시켜 고찰하는 논의는 드문 편입니다.[1] 저는 가상현실 기술이 새로운 공감적 신체를 만든다는 문제의식에서 시작하려 합니다.

---

[1] 가상현실기술의 공감문제를 고찰하려고 노력한 논문은 다음과 같다. 이들 논문은 가상현실기술의 당장의 쓸모보다는 가상현실의 본질을 공감으로 파악하고 이를 기반으로 기술을 고찰하려한 연구들이다.; 1) 김선지·윤정현, 「가상현실에서의 몰입을 통한 공감구현 기술의 가능성과 숙제」, 『과학기술정책』 제27권 제2호, 2017.2. 2; 이형래 외, 「가상현실을 통한 정보 전달 시 존재감과 뇌 활성화의 관계」, 『우리춤연구소』 통권 제2집 2006.6.

VR에서 카메라: 눈의 존재론적 위상과 윤리적 개입

it's just like looking at needle in a haystack on

〈〈눈물의 고속도로(Highway of Tears): 360 Video〉의 한 장면〉

캐나다의 방송사 CBC가 2016년 제작한 VR 다큐멘터리 〈눈물의 고속도로Highway of Tears: 360 Video〉는 VRVirtual reality의 미장센이란 무엇인가를 고민케 만드는 작품입니다. 내용은 캐나다의 브리티시컬럼비아 주 16번 고속도로 선상의 특정 구간에서, 1969년부터 2011년에 걸쳐 발생한 아메리카 원주민 여성들에 대한 연쇄 살인사건을 다루었습니다. 영화는 피해자 라모나 윌슨의 어머니 마틸다 윌슨을 만나면서 시작합니다. 그녀는 생전의 라모나의 마지막 순간을 진술하며 그 초상사진을 들고 있습니다.

아마도 이 장면에서 관객은 그녀의 안타까운 사연을 듣고 있지만은 않을 것입니다. 360도로 촬영된 실내를 자연스럽게 둘러보게 되면서, 벽에 붙어 있는 엘비스 프레슬리와 시디장, 혹시 라모나가 그렸을 작은 그림들이나 그녀가 좋아했을 지도 모르는 곰인형 등을 살펴보게 될 것입니다. 이 물건들은 라모나의 부재를 보여주는 사물들이며 그녀의 가족이 경험한 비극을 몇 마디 말보다 잘 드러내고 있습니다. 관객으로서 우리는 의도하지 않은 사물들을 마치 누군가 의도한 것처럼 읽어내게 됩니다. 영화의 압권은 드론을 띄워 살인현장 근처의 고속도로를 부감으로 찍은 장면입니다. 평화롭게 펼쳐진 침엽수림과 아무 일 없다는 듯이 지나가는 자동차들을 배경으로 여전히 미제사건인 살인의 풍경이 대비되면서 관객에게 섬뜩한 느낌을 자아냅니다. 이제 관객은 360도 시야를 통해 곳곳을 살펴보게 될 것입니다. 마치 탐정이라도 된 듯 말이죠.

VR 형식의 영상물에는 전통적인 미장센의 개념이 불가능하거나 없는 것처럼 보입니다. 360도로 촬영된 이미지는 통제되지 않는 피사체와 배경을 남김없이 표현하고 있고, 관객 역시 특정한 프레임에 갇혀 구경하지 않기에 연출자의 의도적인 구성이라는 것이 헛되기 때문입니다. 미장센Mise-en-Scène의 개념은 제한된 화면 안에서 최대한의 의미를 담기 위해 고도의 상징적인 배치 등을 계획하는 노력을 의미하는 것이니, 어쩌면 미장센의 존립 자체가 의문시 되는 환경입니다. 하지만 반대로 이미지 속 사물들의 배치를 각각의 관객의 의도대로 읽어내므로 VR의 미장센은 관객의 시선 그 자체라고 보아야 하지 않을까요.

영화문법이 별 볼이 없었던 초기, 영화인들은 카메라 촬영시 유지해야 하는 180도 법칙에 대해 배웠습니다. 영화의 이미지 안에서 인물의 좌우가 바뀌면 안 된다는 원칙으로, 기본적으로 관객의 수동적인 주체로 놓고 설정한 문법입니다. 하지만 실제로는 180도 법칙을 무시하고 좌에서 우로, 우에서 상으로 인물의 위치를 바꾸어도 관객은 현기증을 느끼거나 헛갈리지 않습니다. 관객이 컷과 컷 사이를 끊임없이 자신의 상상력으로 메꾸고 있었기 때문입니다. 장 뤽 고다르 감독은 이 점에서 혁명적이었습니다. 그에게 연출이란 의식하고 의도한 바를 철저히 통제해 보여주는 일이 아니라 이미지 사이의 비워진 틈을 채워넣을 수 있도록 관객을 자연스럽게 유도하거나 방임하는 일에 가까웠습니다. VR은 영화의 관객들이 오랫동안 자연스럽게 컷과 컷 사이를 메꿔왔던 일을, 세계의 텅빔을 향해 스스로 메꾸는 방식으로 전환한 미디어 형식이라는 점에서 영화의 가속화된 미디어라고 볼 수 있습니다.

〈〈Refugees 360 VR documentary〉의 한 장면〉

　암스테르담에 근거를 둔 최초의 VR 스튜디오 Scopic사가 만든

다큐멘터리 〈Refugees 360 VR documentary〉는 시리아 난민문제를 다루고 있습니다. 관객으로서 우리는 해안가에 도착한 조그만한 보트가 난민들을 해안가에 토해내는 장면을 한 가운데서 경험하게 됩니다. 그리고 거센 바람과 뾰족한 바위가 가득한 지형 그리고 흔들리는 보트 위에서 뛰어내리는 사람들을 쳐다보며 뉴스로는 전달되지 않는 지옥 같은 풍경을 경험해 봅니다.

여기서 흥미로운 것은 360도 카메라를 들고 있는 카메라맨이 그대로 노출되었다는 점인데, 카메라맨은 가까스로 카메라의 위치를 고정시키며 현장에서 버텨내려 합니다. 카메라맨의 의도란 오로지 관객의 시선이 가능해지도록 만드는 한 '점'을 만들어내는 일뿐입니다. 이 점에서 우리는 VR 카메라-눈이 인식론적 주체가 아니라 우선 존재론적 주체가 되어야함을 깨닫습니다. 이제 관객은 역사의 한 복판에 존재합니다. 이 존재의 자리를 만들어주는 일, 이것이 VR 다큐연출의 핵심인 것입니다. 그러니까 VR영화에서 카메라-눈의 시선은 무엇을 보기 앞서 내가 어디에 있는가에 대한 질문으로부터 시작될 수밖에 없다는 것입니다. 그리고 어디에 '있는가'에 대해 질문하고 나면, 곧이어 왜 '보는가'로 자연스럽게 질문이 이어질 것입니다. 이러한 질문의 동력이 연출의 디자인 속에 있다는 가정 하에 VR은 역사상 가장 윤리적인 미디어 형식으로 발전하게 될 것입니다. 어떤 입장이 되어보는 것은 그만큼 질문의 강도가 세어지는 결과를 낳기 때문입니다. 롤러코스터 VR에서 관객들은 쉴 새 없이 쏟아지는 비명소리와 중력의 곡예에 압도되어 질문할 기회를 얻지 못하고 대신 멀미만을 얻습니다.

영화평론가로서는 이례적으로 헐리우드 명예의 전당에 선 로저 이버트는 감격에 찬 목소리로 이렇게 말한 적 있습니다.

영화는 모든 예술에서 가장 강력한 공감 기계입니다. 내가 훌륭한 영화를 보러 간다면 나는 잠시 다른 사람의 삶을 살 수 있습니다. 나는 다른 사람의 신발로 걸을 수 있습니다. 다른 성별, 다른 인종, 다른 경제 계층, 다른 시간에 살기, 다른 종교를 가진 자들의 감정을 느껴 볼 수 있습니다.2)

로저 이버트의 영화에 평가는 실은 VR에 해당되는 이야기처럼 들립니다. 근래에는 많은 사람들이 VR을 공감장치empathy machine로 지칭합니다.3) 이 점엔 다들 이견이 없는 듯 보입니다. VR은 무엇보다 공감의 해상도를 높여주는 장치라고 할 수 있습니다. 철학자 데이비드 흄은 우리의 감각하는 영상의 생생함 정도에 따라 공감의 정도도 달라지는 것에 주목했었습니다.4) 공감의 편파성'은 공감이 도덕의 기초이면서도 공감이 도덕 그 자체가 될 수 없는 원인이기도 합니다. 제아무리 측은지심의 감정

---

2) 연설문 초안은 로저 이버트의 홈페이지에 게재되어 있다.
   (http://www.rogerebert.com)
3) VR을 공감장치(Empathy machine)로 지칭한 뉴스들은 다음과 같다.
   「가상현실은 궁금적인 공감장치인가?」(https://www.wired.com/brandlab/
   2015/11/is-virtual-reality-the-ultimate-empathy-machine/)
   「가상현실은 공감을 가르칠 수 있을까요?」(http://hechingerreport.org/can-
   virtual-reality-teach-empathy/)
4) 데이비드 흄, 이준호 옮김, 『정념에 관하여』, 서광사, 1996.

일지라도 가까운 거리의 불행이라든가 친인척 혹은 친구 사이를 넘어서가 힘듭니다. 나와 다른 타자의 고통에 관심을 갖게 되지만 단순한 연민으로 그칠 수밖에 없는 이유는 공감의 해상도가 약해지면서 그 이후의 질문과 실천으로 넘어갈 수 없기 때문입니다.

철학자 데이비드 흄은 가까운 것은 공감하지만 먼 것은 공감할 수 없다는 '공감의 편파성'을 지적하며 이 생생함을 유지하는 것이 공감이 도덕이 되는 길이라고 판단했었습니다. 그런데 VR은 공감의 해상도를 높여 먼 곳의 상황을 지금 여기로 가져옵니다. VR은 공감의 편파성을 극복할 수 있는 해법처럼 보입니다. 하지만 공감의 해상도가 높아진다는 것은 그 만큼 외면받기 쉬울 수 있다는 뜻이기도 합니다. 타자의 고통이 현전하는 VR 속에서 끔찍함을 견뎌낼 수 없는 사람이라면 생생한 이미지의 VR을 거부할 수도 있습니다. 수잔 손택이『타자의 고통』을 통해 사진 이미지의 생생함이 손쉽게 외면받는 일에 대해 비판적으로 논평한 바 있습니다. 인간은 생생한 전쟁의 참상을 보고도 그저 스펙터클의 소재로 소비할 수도, 먼 나라의 이야기로 치부하며 거리두기를 할 수도 있습니다. 아담 스미스는 대부분의 사람들은 중국인 100만 명이 죽었다는 뉴스보다 손가락을 조금 다치는 것에 더 동요한다고 평가했습니다. 이 경우에도 공감은 인간 사이 커뮤니케이션의 관점에서 중요하지만 여전히 약점이 많은 감정형식이었습니다.

중요한 것은 생생한 이미지를 받아들이는 주체의 상태입니다. 주체는 이 생생함을 받아들이는 일, 즉 타자의 상황을 자신

앞에 현전시키는 일에서 멈추지 말고 그 다음 질문을 할 수 있어야 합니다. 만약 누군가의 고통 받는다고 한다면 우리는 이 고통을 치유할 방법을 고민하게 됩니다. 그리하여 상상력을 통해 보다 나은 미래를 지금 여기로 끌어오게 됩니다. 게다가 다른 이를 내 가족처럼 삼아 공감의 해상도를 높이는 일에도 역시 상상력이 필요합니다. 흄의 공감론에서 더 강조하고자 한 것은 공감의 해상도가 아니라 상상의 능력이었습니다.

이러한 흄의 사상에 주목한 질 들뢰즈는 도덕의 실체는 준칙이 아니라 실은 상상력이라고 말합니다.[5] 그는 흄의 경험주의가 세계인식을 소박하게 경험으로 환원하거나 분해하고자 하는 것이 아니라 세계를 경험의 연합을 통해 발명하는 일에 가깝다고 논평합니다. 그가 흄에게서 발견한 것은 공감을 도덕으로서 발명하는 전략이었습니다. 여기서 경험의 연합론적인 관계란 총량과 전체가 똑같은 경험의 단순 합이 아닙니다. 공감을 경유한 유비추리의 상상력을 통해 경험하지 못한 경험까지 자신 안으로 끌어들여 적극적으로 세계를 구성하는 일을 의미합니다. 흄의 입장에서 보자면 가상현실은 있지 않은 현실이 아니라 아직은 경험하지 못한 현실일 뿐이며, 예비된 현실로 취급되어 세계를 구성할 새로운 원자로서 기능합니다. 우리는 이 현실을 경험하면서 더하는 것이 아니라 곱합니다. 만약 VR에 공감의 해상도만 존재하고 그 상황을 질문하고 다음 상황으로 견인할 수 있는 윤리적 상상력이 존재하지 않는다면 VR은 오로지 생생함

---

5) 질 들뢰즈, 한정헌·정유경 옮김, 『경험주의와 주체성』, 난장, 2012.

그 이상이 되지 않을 것입니다. 현실풍자적인 VR 애니메이션 『Extravaganza』의 감독 에단 샤펠은 보다 VR에 대해 다소 비판적으로 말하기도 했습니다.

> VR은 (공감장치가 아니라) 몰입장치다. 그것은 당신을 옮겨올 수 있고 그래서 옮길 뿐이다.[6)]

타인의 고통과 연루의 감각

1968년 이반 서덜랜드는 최초의 웨어러블 VR기기인 '다모클레스의 검'을 만듭니다. 작명의 유래가 재밌는데 BC 4세기 전반 시칠리아의 시라쿠사의 참주 디오니시오스 1세는 어느 날 참주의 역할에 호기심이 동한 다모클레스에게 자신의 자리에 앉도록 했습니다. 다모클레스가 고개를 들어 위를 쳐다보니 그의 머리 위에는 칼 하나가 매달려 위태롭게 언제든 떨어질 준비를 하고 있었다고 합니다. 그러자 디오니시오스가 말했습니다. "그게 바로 참주의 자리일세" 아마도 천장에 부착된 VR기기의 무거움이 주는 위협 때문에 선택된 이름이었겠지만 의도했든 안 했든 이 일화가 최초의 VR기기의 이름이라는 것은 의미심장합니다.

---

6) 출처: 「VR은 '공감 기계'로 팔리지만 일부 아티스트는 신음합니다.」
(https://www.theverge.com/2017/5/3/15524404/tribeca-film-festival-2017-vr
-empathy-machine-backlash)

〈최초의 웨어러블 VR기기인 '다모클레스의   〈다크클레스의 검 일화를 그린 삽화〉
검': 천장에서부터 연결되어 있다.〉

　나의 자리를 버리고 타인의 자리에 가 보는 일은 위험을 감수
하는 일이라는 것을 암시하고 있기 때문입니다. 제멋대로 감정
이입하는 '연민'은 안전하지만 상대의 입장을 내 안으로 끌어들
이는 '공감'은 위험합니다. 무엇이 위험한가? 타인의 고통이 나
를 변용할 가능성이 있다는 말입니다. 쉽게 말하자면 공감은 나
를 상처입힐 수도, 변하게 만들 수도 있다는 뜻이죠. 그렇기에
공감장치는 기본적으로 상호주체성의 공간이며, 타자의 침입
뿐 아니라 주체의 창조적 변용을 꾀하는 방식으로 더욱 활성화
시킬 필요가 있습니다.

　혹자는 VR의 경우, 능동적 읽기 주체의 가능성이 기본적으로
더 높은 것이 아닐까 생각합니다. 거추장스러운 HDM^{Head}
^{Mounted Display}을 굳이 쓰고 오감을 통해 다른 세계를 받아들이는
일은 유튜브 클릭이나 TV시청과는 다른 차원의 마음가짐을 요
구합니다. 이 점에서 우리는 VR의 또 다른 이름인 인공현실에

대해 논의해 볼 필요가 있습니다. 주로 컴퓨터 게임이 구현한 가상현실에서 우리는 실은 더욱 적극적인 상호작용을 할 수 있습니다. 렌더링이 필요없는 게임 엔진은 가상현실 속 공간을 돌아다니고 각종 오브젝트들을 만지는 것을 가능케 합니다. 이러한 행동을 통해 자연스럽게 플레이어를 연민의 주체보다는 공감의 주체로 변경시킵니다. 게다가 게임엔진으로 구현된 작품들은 본 작품이 키보드와 마우스 입력환경이었을지라도 약간의 조정을 통해 HMD환경으로 손쉽게 전환이 가능합니다.

엔스 스토버의 2008년 작품 『1378km』은 일인칭 슈팅 게임 『하프라이프 2』의 게임엔진을 이용해 만든 모드 작품입니다. 이 작품에서 플레이어들은 아직 통일이 되기 전 서독과 동독의 경계에서 일어났던 비극을 소재로 삼고 있습니다. 1378km는 그 경계선의 길이를 말합니다. 우선 두 가지 입장 나눠 선택해 플레이할 수 있는데, 하나는 구 동독의 탈출하려는 난민의 역할이고, 다른 하나는 동독의 국경수비대 역할을 행할 수 있습니다. 경비병을 맡은 플레이어는 난민들을 향해 총을 발포할 수도, 하지 않을 수도 있지만 어찌되었던 그 결과를 책임져야 합니다. 총을 발포한 자는 재판정에 서게 됩니다. 가상의 역사적 시공간이 있고 플레이어는 그 안에서 움직이고 환경과 상호작용하면서 플레이어는 역사적 상황에 연루되어갑니다.

처음 이 작품의 개발소식이 알려졌을 때, 국경지대에서 죽임을 당한 유족들의 엄청난 항의가 있었습니다. 하지만 이 게임의 실제 플레이 결과, 게임은 그 사건을 희화화한 것이 아니라 엄정하게 그 입장에 입각해 볼 수 있도록 디자인되었다는 것이 알려지게 되어 유족은 당초의 고소계획을 철회했다고 합니다.

HMD형식의 오감미디어의 유무보다 중요한 것은 플레이어가 가상현실과 맺는 연루의 가능성일 것입니다. 또 다른 컴퓨터 게임인 『언더시즈』는 2005년 전술미디어 행동가들의 모임인 아프카 미디어가 만든 일인칭 슈팅게임입니다. 이 작품을 통해 플레이어들은 이스라엘과 팔레스타인 분쟁지역에 놓이게 됩니다. 언뜻 보면 평범한 3인칭 슈팅 게임이지만 게임의 초반 아무 무기도 없는 무력한 팔레스타인 소년의 입장에서 플레이하게 함으로써 그가 왜 성전의 전사가 될 수밖에 없는가를 질문하고 답하는 서사를 제공합니다. 이 게임은 강대국 위주의 전쟁게임

〈시리아 프로그래머들이 만든 미디어 그룹, 아프카 미디어가 만든 게임 〈언더시즈〉(2005)의 한 장면〉

에 대항하는 방식으로 괴물화된 약자의 입장을 플레이어에게 선사함으로서 미디어의 대항적 힘을 발휘하고자 하는 의도를 지녔습니다.

이처럼 컴퓨터 게임의 양식 점점 다른 사람의 입장을 경험하는 공감장치로 실험되고 있습니다. 마지막으로 한 가지 사례를 더 소개하고 싶습니다. 2016년 성공적인 네티즌 펀딩을 끌어냈고, 이어 제13회 영국 게임 아카데미 시상식에서 '혁신적인 디자인상'을 받았던 컴퓨터 게임 『댓 드래곤 캔서』는 한 게임 개발자가 암에 걸려 시한부 인생을 살고 있는 자신의 아이를 모델로 한 게임입니다. 이 게임은 현재 본격적인 VR 형식으로 고쳐 재발매를 기다리고 있습니다.

개발자 라이언 그린은 아이의 죽음을 되살리는 식의 시나리오를 택하지 않고, 아이와 자신의 삶을 온전히 가상현실 속에 구현하려 했습니다. 이 게임은 한 가족의 개인적 기억 속으로 빨려 들어가는 경험을 선사합니다. 호수공원에서는 오리의 입장이 되어 조엘 그린의 빵조각을 먹는다던가 시한부 선고를 받는 병원 장면에서는 아무 말 없는 증언자 역할을 요청받습니다. 플레이어가 할 수 있는 상호작용은 오로지 가끔 위로할 수 있는 손동작밖에 제공하지 않음에도 불구하고 많은 플레이어들은 깊은 몰입감을 느끼고 이 가족의 비극에 동참하게 됩니다.

이 게임체험의 가장 강렬하고 끔찍한 순간은 아픈 조엘이 10여 분간 울어대는 10번째 스테이지일 것입니다. 플레이어는 조엘의 고통을 경감할 어떤 수단도 가지고 있지 못하고 대개의 경우 그저 전전긍긍하며 병실 안을 서성이게 됩니다. 가끔씩 플레이 자체를 여기서 중단하는 경우도 있습니다. 유튜브로 업로드된 게임영상을 보면 타인의 고통이 직접적으로 느껴져 너무 끔찍하다는 반응도 많습니다. 하지만 많은 플레이어들은 공감의 동력으로 이 스테이지를 유지합니다. 이 공간에 내가 있다는 것에 책임감을 느끼고 있는 것입니다. 게임의 프로토타입에는 아무것도 할 수 없다는 불가능성을 플레이어가 느끼자 마침내 기도하기 버튼이 등장하는 식으로 스테이지가 마무리되기도 했습니다. 그것은 이 사건을 해결할, 마냥 믿을 순 없지만 유일하게 잡을 끈처럼 보인다. 기도하기는 휘말린 자만이 진심으로 선택할 수 있는 양식이었습니다. 이제 가상현실에 연루된 플레이어는 '왜 보고 있는가?'라는 질문을 넘어서 '무엇을 해야 하는가?'라고 질문하게 된 것입니다. 컴퓨터 게임의 인공현실은 플레이어가 그 속에서 무언가 행동하고 반응을 얻을 수 있는 환경이므로 이 욕망을 더욱 추인하는 방식으로도 디자인 될 수 있습니다.

〈유튜버 GameStar의 〈That Dragon, Cancer〉 플레이 장면〉

인터넷 환경을 적극적으로 해석해온 철학자 허버트 드레퓌스는 인터넷 상이나 VR에서 벌어지는 원격현전은 그 윤리적 가치가 낮다고 주장합니다.[7] 대의를 위해 목숨을 건 도약도 장애를 정면으로 맞대할 용기도 이 가상현실에서는 거짓으로만 존재하거나 그 위험이 낮은 상태로 부여된다는 주장입니다. 그러므로 가상현실 속의 우리들의 확장된 신체는 그 실체가 불분명다고 그는 말합니다.

하지만 MIT 사회심리학 교수이자 연구자인 셰리 터클은 새로운 세대에게는 현실이든 가상현실이든 분별없이 받아들인다는 점을 폄하하거나 간과하고 있지 않은가 반문합니다. 그는 이렇게 말하고 있습니다.

> 아이들은 움직이는 것은 생물로 생각한다. 그들은 컴퓨터상의 살아 움직이는 것에 대해 그것이 생물이라고 생각했다.[8]

전 세대가 철학적 검토를 해야 하는 문제를 다음 세대는 울음으로서 간단히 해결해 버리고 있습니다. 오히려 우리는 새로운 신체의 은유를 준비해야 할 시점에 와 있다고 생각합니다. 언어학자이자 철학자인 마크 존슨에 의하면 우리의 언어는 대개 신체적 경험에서 기인한 것이 많다고 합니다. 그렇다면 가상현실을 통해 확장되고 변화된 신체성은 언어와 마음의 근간을 이루

---

7) 휴버트 드레이퍼스, 최일만 옮김, 『인터넷의 철학』, 필로소픽, 2015 참조.
8) 셰리 터클, 이은주 옮김, 「생명을 다시 생각하다」, 『외로워지는 사람들』, 청림출판, 2012, 265쪽.

는 뿌리 은유마저 뒤흔드는 근거를 마련한 환경이 될 수 있습니다. 신체의 변형 및 확장으로서 작동하는 새 미디어의 등장은 인간지각균형을 뒤흔드는 경우가 많습니다. 인쇄기의 등장은 정보소통과정을 시각 에만 의탁하게 만들었습니다. 반대로 텔레비전의 등장은 단일감각 커뮤니케이션에 종지부를 찍고 멀티미디어적 신체를 부여함으로써 인간의 세계인식을 근본적으로 바꾸었습니다. 중요한 것은 원격현전의 가능유무가 아니라 신체가 어떤 미디어를 경유하고 뒤틀리고 있는지에 대한 관심인 것입니다.

파르마콘으로서의 VR, 더 나은 미래를 향한 선택

기억력과 문자의 관계에 대한 논쟁을 담은 오래된 이야기가 있습니다. 플라톤과 파이드루스라는 인물의 가상의 대화입니다. 어느 날 발명의 신인 테우트는 '문자'를 발명하게 됩니다. 그리고 그는 신왕인 타무스에게 자신의 발명품을 보여주며 모든 이집트인들에게 '문자'가 알려져야 한다고 주장합니다. ① 테우트는 '문자'가 사람들의 기억을 향상시킬 것이며 자신은 기억과 지혜를 위한 파르마콘pharmakon9)을 발견한 것이라고 타무스를 설득한다. 그러자 ② 타무스는 문자를 쓰는 사람들은 기억을 훈련시키지 않고 잊어버리게 될 것이며 무엇인가를 기억하는 내

---

9) 독 혹은 치료제의 의미 모두를 가진다.

적인 능력 대신에 문자라는 외부적인 기호에 의존하게 될 것이라고 날카롭게 테우트를 비판합니다.

이 우화는 새로운 미디어가 어떻게 '독이며 동시에 약'이 될 수 있는지를 잘 보여주고 있습니다. 여기에 문화를 VR로 바꾸면 역시 비슷한 문제를 설정할 수 있습니다. 가상현실은 우리의 공감력을 높여줄 것입니다. 시공간적으로 먼 것들을 지금 여기에 생생하게 현전시킬 수 있습니다. 반대로 이러한 직접적 자극에 익숙하게 된 세대는 상황을 음미하여 상상력으로 복원하는 능력을 잃어버릴 수도 있을 것입니다. 공감의 해상도는 높였지만 이를 보다 낳은 미래로 견인할 수 있는 공감의 상상력은 더 잃어버릴 수 있습니다.

물론 이러한 걱정은 과장된 것입니다. 우리 사회의 문제는 VR의 범람이 아니라 치열한 경쟁사회 속에서 상호부조의 공감능력이 결여된 데 그 진짜 문제가 있기 때문입니다. 하지만 VR이 공감능력의 결여를 더욱 가속화하는 방식으로 작동할 가능성도 높습니다. 성적이고 폭력적인 이미지는 VR로 더욱 생생하게 진화할 것이며, 우리들은 이 생생함이 불러일으키는 책임감을 더욱 고의적으로 억제하는 훈련을 할지도 모릅니다. 이것이 폴 비릴리오가 예견한 시공간의 절멸, 그로 인한 신체소멸의 시나리오입니다. 일례로 VR은 아니지만 SNS는 즉각적인 커뮤니케이션으로 나와 타자 사이 정보흐름의 속도를 높였으나 신체적 상호성을 맞이하는 것은 되레 두려워하게 만들고 있지 않은지요. VR이 선사하는 즉각적이고 풍부한 감각은 현실 세계의 정상적 언어적 소통행위를 의미 없는 것으로 지목하고 소멸시킬 가능성이 있습니다.

한편, VR로 시도한 다른 사람되기의 사례를 살펴보겠습니다. 예술퍼포먼스 그룹 BeAnotherLab이 2014년 시도한 프로젝트 〈The Machine To Be Another: Art investigation〉는 장애인과 비장애인이 서로의 감각을 나누거나 남성과 여성이 젠더 스왑을 하는 방식으로 VR을 사용합니다. 이 경험을 통해 휠체어에 앉은 장애인은 튼튼한 근육의 다리를 선물 받습니다. 내가 경험해 보지 못한 타자의 몸 안으로 들어가 보는 일은 경이롭습니다. 이 퍼포먼스에서 사람들이 놀라워하는 것은 타자의 몸의 경험 그 자체가 아니라 타자와 내가 연결되었다는 사실에 있습니다. 이 콘셉트만으로도 참가자들은 눈물을 자아냅니다. 우리들은 외로운 단자가 아니며 마음만 먹으면 언제든지 타자의 신체 안으로도, 타자가 내 안으로도 들어올 수 있는 그러한 자유로운 연합적 관계라는 것을 VR체험을 통해 깨닫습니다.

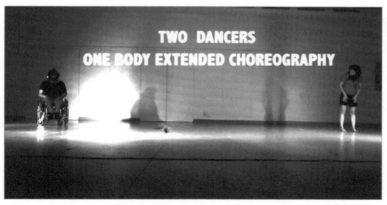

〈〈The Machine To Be Another: Art investigation〉 퍼포먼스의 한 장면: 장애를 가진 자가 가지지 않은 자의 몸을 경험하고 있다.〉

티모시 리어리는 가상현실이 디지털 LSD이며 차세대 사이키델릭이 될 수 있을 것이라 예견했습니다. 컴퓨팅 능력을 기초로 한 가상현실에의 기투를 통해서 계급, 인권, 신앙, 성적 문제에 존재하는 장애를 제거할 수 있는 사이키델릭적 체험이 가능해지고 나와 타자가 연결되는 공동체를 이룰 수 있다는 상상력입니다. 마셜 매클루언은 그의 저서 『미디어의 이해』를 통해 "게임은 많은 사람들이 쉽게 접할 수 있는 유일한 예술"이며, "게임이 우리의 사적인 자아가 아니라 사회적 자아의 확장이며, 또한 커뮤니케이션 미디어"[10]라 예견했습니다. 어쩌면 공감능력 자체의 존립여부가 문제가 아닐 수도 있겠습니다. VR을 통한 공감능력은 우리에게 어떤 삶의 체험과 공동체를 제공할 수 있는가라고 묻는 편이 더 발전적입니다. 새로운 세대는 체르노빌의 금지된 구역인 존을 VR로 탐험하거나 9.11 테러 현장을 시뮬레이션 해 직접 유사죽음을 체험하고 있습니다. 비록 단순한 호기심일지라도 이들은 금지된 세계 안으로 들어가고 그것을 자신의 세계로 확장해 전유해 나갑니다.

가상현실이 꿈꾸는 공동체는 스토리텔링의 개념과 유사합니다. 화자는 옛날 옛적에로 시작하는 가상의 극장을 세우고 그 안에 공동체 구성원들을 몰입시킵니다. 중요한 것은 스토리에 대한 몰입이지 플롯의 곡예적 재미가 아닙니다. 몰입은 곧 동질한 신체적 감각을 야기하고 이것이 곧 상호이해의 가능성을 만듭니다.

---

10) 마셜 매클루언, 김상호 옮김, 『미디어의 이해』, 커뮤니케이션북스, 1999(각각 416쪽, 422쪽).

리처드 커니는 타자를 이해하는 가장 중요한 방법으로서 스토리텔링을 제시했습니다.11) 괴물화된 이방인을 이웃으로 만들기 위해 우리가 할 수 있는 일은 모든 것을 열어버리는 조건 없는 환대가 아닙니다. 그것은 윤리가 아니라 자학적인 자기파괴에 가깝습니다. 그렇다고 타자란 실은 존재하지 않는다는 인식도 거짓입니다. 타자는 분명 경계 밖에 존재하며 때로는 이방인으로, 괴물로, 신으로 등장합니다. 스토리텔링에 의해서 괴물화된 타자는 이해가능한 타자로 바뀝니다. 타자를 타자로 인정하면서도 이해가능한 존재로 바꾸는 일은 그 타자의 공간 속에 직접 들어가 보는 일입니다. 그런 의미에서 타자의 스토리텔링은 최초의 가상현실인 셈이며 반대로 VR이 스토리텔링의 계보 속에 배치되어야 할 이유가 됩니다.

VR기술이 우리를 더 나은 공동체로 만들어줄까요? 이러한 질문은 허무합니다. 질문이 잘 못 되었기 때문입니다. 기술이 우리를 새로운 사회로 이끄는 것이 아니라 우리가 새로운 사회 속에 기술을 배치해야 합니다. 기술은 잠재성으로 가득 찬 대상입니다. 가상현실기술은 누군가에게는 성적 쾌락을, 누군가에게는 전쟁의 기술을, 누군가에게는 학습의 기회를 줄 것입니다. 기술적 대상 옆에 무엇이 배치되어 있느냐에 따라 기술의 의미는 변합니다. 우리들은 이 새로운 기술이 본질적으로 무엇인가에 대해 질문하기보다 무엇으로 바꾸어야 하는지 토론해야 합니다.

지금까지 저는 공감장치로서 가상현실의 몇 가지 문제에 대해 검토해보았습니다. 그 주의사항을 확인해 보겠습니다. VR은

---

11) 리처드 커니, 이지영 옮김, 『이방인, 신, 괴물』, 개마고원, 2004.

오감을 사용해 타자의 시공간을 여기에 옮겨올 수 있다는 점에서 언뜻 공감장치로 이해되고 있으나 공감이란 타자의 공간을 그저 생생하게 체험하는 데에서 완성되지 않습니다. 공감의 해상도는 높은 것이 좋지만 결국에는 이를 통해 신체적 공동성을 형성하는 일 즉 이 가상의 세계와 연루된다는 감각 없이는 책임감을 끌어낼 수 없으며 이는 곧 도덕적 능력의 실패로 이어집니다. 또한, 컷과 프레임이 거의 필요 없는 VR 연출의 중점은 그것에 동참하는 관객의 시선을 존재론적으로 질문하게 만들고, 동시에 윤리적으로 참여하게 만드는 데 향해 있어야 합니다. VR이 공감장치가 되기 위해서는 가상현실을 받아들이기 위한 맥락에 대한 사고가 결국 개입해야 합니다.

VR은 새로운 공감장치가 될 여러 조건을 갖추고 있습니다. 아마도 인간의 오감을 더 확장해 사용하는 방식으로 발전할 것이며, 이는 내가 가보지 못한 타자의 자리를 내게 가져올 것입니다. 멀리 보면 이러한 공감장치의 가능성이 우리가 보다 윤리적인 인간이 되도록 만들 것이라 판단합니다만, 앞에서 언급한 몇 가지 문제는 반드시 해결해야 할 것입니다. 결국 가상현실의 몰입기술뿐 아니라 사건에 연루될 수 있는 윤리적 맥락을 설계하는 일이 필요하다고 생각합니다. 이것을 VR전문가들은 '연출'이라고 부르지만, 저는 '윤리적 상상력'이라고 부르고 싶습니다. VR기술은 고통 받는 자들의 목소리를 우리들의 귓가에 가져올 유력한 기술입니다. 우리가 인간과 인간을 연결해 보다 나은 삶을 영위할 수 있는 공동체를 꿈꾼다면, 가상현실기술은 반드시 염두에 두고 새롭게 발명해야 합니다.

참고문헌

데이비드 흄 지음, 이준호 옮김, 『정념에 관하여』, 서광사, 1996.

리처드 커니 지음, 이지영 옮김, 『이방인, 신, 괴물』, 개마고원, 2004.

마셜 매클루언 지음, 김상호 옮김, 『미디어의 이해』, 커뮤니케이션북스, 1999.

마이클 하임 지음, 여명숙 옮김, 『가상현실의 철학적 의미』, 책세상, 1997.

산드라 헬셀·쥬디스 로스 지음, 노용덕 옮김, 『가상현실과 사이버스 페이스』, 세종대학교 출판부, 1994.

셰리 터클 지음, 이은주 옮김, 「생명을 다시 생각하다」, 『외로워지는 사람들』, 청림출판, 2012.

질 들뢰즈 지음, 한정헌·정유경 옮김, 『경험주의와 주체성』, 난장, 2012.

폴 비릴리오 지음, 배영달 옮김, 『동력의 기술』, 경성대학교 출판부, 2007.

피에르 레비 지음, 전재연 옮김, 『디지털 시대의 가상현실』, 궁리, 2002.

휴버트 드레이퍼스, 최일만 옮김, 『인터넷의 철학』, 필로소픽, 2015.

Jim Blascovich& Jeremy Bailenson, *Infinite Reality*, USA: William Morrow, 2011.

〈참고사이트〉

더버지-기술리뷰 (https://www.theverge.com)

와이어드-기술리뷰 (https://www.wired.com)

해킨저리포트-교육기술리뷰 (http://hechingerreport.org)

3부
평화를 위한 예술가의 순례

예술을 통해, 타자와 역사를 만나다 · 사카다 키요코

길 위에서의 생각
: 대한민국 원자력발전소 기행 · 신혜정

예술을 통해,
타자와 역사를 만나다

사카다 키요코

Profile

일본 니이가타 출신의 미술가로 오키나와로 이주해서 가르치며 활동하고 있다. 오키나와에서 타자로서의 삶을 체감하며 경계에서 살아가는 불확실한 존재를 사유하기 시작했다. 바다와 바다 사이에서 새로운 공동체를 상상 중이다. 〈About opposite shore〉(2017평창비엔날레), 〈대안-순환하는 풍경〉(2017, 新潟), 〈Transit Republic〉(2017 Los angeles, USA) 〈반전-다가올 전쟁에 저항하기 위해)(2014, 東京) 〈아시아를 이어내다-경계를 살아가는 여성들1984-2012)(2013, 福岡) 등의 작업을 하고 있다.

예술을 통해, 타자와 역사를 만나다

<번역: 심아정(수유너머104 연구소)>

일본해/동해라고 불리는 바다는 대한민국, 조선민주주의인민공화국, 일본, 러시아 연방에 둘러싸여 있다. 그 때문일까. 니이가타의 해안선을 따라 걷다 보면 연안으로 떠밀려 들어온 다채로운 언어의 표류물을 볼 수 있다. 세찬 바닷바람과 파도에 실려 이곳저곳을 표류해 왔을 터, 어느 것 할 것 없이 상처가 심하게 나 있다. 하나를 집어 든다. 한때는 이 표류물의 소재지였을, 표류물의 상처를 손으로 만지작거리면서 주위를 둘러본다. 누구로부터 왔을까, 누구에게 가 닿을까. 수취인이 없는 무수한 편지들이 산란해 있는 광경으로도 보였다. 그리고 길고도 험난했을 그것의 여정에 상상력을 덧대어 본다.

일본해/동해를 교차하면서 <여기>와 <저기>를 바꾸어가면서, 보이지 않았던 서로의 <대안(對岸)>에 대해 상상해 볼 수 있지 않을까? 눈앞에 펼쳐진 바닷가에 떠밀려온 수취인 불명의 무수한 편지들과 왕복서간을 시작할 수는 없는 걸까?

오키나와의 예술가

저는 '니이가타'에서 태어났고 '오키나와'로 이주해 23년 동안 살았습니다. 지금은 오키나와를 거점으로 미술가로서 활동하고 있습니다. 먼저 오키나와에 대해 간단히 설명해 드리겠습니다. 오키나와는 서울에서 출발하면 비행기로 2시간 정도가 걸리는 아열대 기후의 지역입니다. 이곳을 다들 일본으로만 알고 계시겠지만 원래 오키나와는 류큐 왕국이었습니다. 1872년에 류큐 왕국은 일본에 강제로 편입되었고 이후 일본 천황을 숭배하는 황민화 정책을 강요당해왔습니다. 1945년에 전쟁이 끝났지만, 오키나와에서는 미군이 상륙해 지상전을 벌였습니다. 그로 인해 총 22만 명의 사상자가 있었는데, 당시 오키나와의 인구 4분의 1에 해당하는 4만 명이 사망했습니다. 1945년부터 1972년까지 오키나와는 미군의 통치 아래에 있었고, 1972년 이후에 일본으로 반환되었습니다. 전쟁은 끝났지만, 아직도 오키나와의 여러 곳에 전쟁의 상흔이 남아 있습니다.

Okuma Rest Center
Ie Jima Auxiliary Airfield
Northern Training Area
Yaedake Communication Site
Camp Schwab
Gesaji Communication Site
Camp Hansen
Henoko Ordnance Ammunition Depot
Tengan Pier
Kadena Ammunition Storage Area
Gimbaru Training Area
Senaha Communication Site
Kin Blue Beach Training Area
Sobe Communication Site
Kin Red Beach Training Area
Yomitan Auxiliary Airfield
Camp Courtney
Torii Communication Station
Camp Mctureous
Army Oil Storage Facility
Camp Shields
Kadena Air Base
Ukibaru Jima Training Area
Camp Kuwae
Camp Zukeran
White Beach Area
Makiminato Service Area
Tsuken Jima Training Area
Naha Port
Awase Communication Station
Futenma Air Station
Deputy Division Engineer Office

〈오키나와의 미군 기지를 표시한 지도〉

오키나와 본토의 지도를 살펴보면 여전히 미군 기지가 남아 있는 것을 볼 수 있습니다. 일본 본토의 10% 이상에 해당하는 방대한 땅을 미군 기지가 점령하고 있으며, 일본의 미군 74%가 오키나와에 집중해서 주둔하고 있습니다. 이 지도의 위쪽을 살펴보면 헤노코辺野古라고 하는 곳이 있는데요. 이곳에 지금 새로운 미군기지가 건설 중이고, 주민들의 반대에도 불구하고 활주로가 만들어지고 있습니다. 주민들은 오늘 이 시간에도 미군기지 앞에서 시위를 하고 있습니다.

오키나와는 남극의 아름다운 휴양지로 잘 알려진 섬이지만, 한편으로는 미군기지 문제와 전쟁의 상흔으로 얼룩져 있는 곳이기도 합니다. 오키나와의 장소성과 사회 배경은 제 작품 활동에 큰 영감이자 계기가 되었습니다. 오키나와에서 처음 작품 활동을 할 때, 외부자로서의 나의 입장이 중요하게 작용했습니다. 첫 번째 주제인 '증오와 시선과 가해자로서의 나'에 대한 이야기를 해보겠습니다.

오키나와에서의 체감: 증오의 시선, 가해자로서의 나

처음 오키나와에 이주했을 때는 오키나와라는 곳을 교과서에서 본 정도로밖에 알지 못했습니다. 여행으로 오키나와에 오는 것과 오키나와에 뿌리내리고 사는 것 사이에는 커다란 알력軋轢이 있다는 것을 느꼈습니다. 저는 입체물 같은 예술 작품을 만드는데, 주로 오키나와에 있는 소재들을 이용하여 작품을 만듭니다. 전시회를 열었을 때 한 관람객이 다가왔습니다. 그는 제 작품에 집중하는 것이 아니라, 제가 오키나와의 재료를 이용하는 것에 마음이 쓰였던 것 같습니다. 오키나와 것을 함부로 쓰지 말라고 저에게 말씀하셨습니다. 지금 와서 생각해보면 그분은 아마도 오키나와의 물건을 빼앗아 가지 말라는 메시지를 전한 것 같습니다. 이처럼 오키나와 출신이 아니니까, 외부자이니까 이 이상은 들어오지 말라는 식의 거절을 당한 적이 많았습니다. 제에게 부딪쳐오는 오키나와 사람들의 분노에 저는 당시 큰 충격을 받았습니다.

그런데 이런 거부의 배경에는 전쟁 후 몇 십 년이 지났지만 여전히 미국과 일본 사이에서 괴로워하고 있는 오키나와 사람들의 고뇌가 담겨 있었습니다. 그들이 나에게 '증오'라는 마음을 보냈을 때, 증오는 '나' 자신에게 향했다기보다 나를 통해 '일본'이라고 하는 것에 향해 있었습니다. 일본 본토에서 온 내가 오키나와 사람들에게는 '가해자의 입장'이 되었던 것입니다. 당혹스러웠지만, 이 체감을 통해 저는 일본과 오키나와를 새롭게 만날 수 있었습니다.

〈사진 작품 〈자화상〉〉

이 사진은 제가 대학생이었을 때 〈자화상〉이라는 제목으로 찍은 사진입니다. 오키나와에 옮겨와서 맞닥뜨린 이러저러한 알력 때문에 어찌할지 모르는 제 모습을 표현했습니다. 오키나와는 햇빛이 굉장히 강한 곳이기 때문에 양지와 음지 사이의 대조가 명료합니다. 한번은 빛과 그늘 사이의 경계선을 만져보려고 손을 내밀어본 적이 있습니다. 빛이 있는 곳은 따뜻하고 그늘이 있는 곳은 차 가운데 그 두 가지 감각이 나의 신체를 통해 동시에 느껴졌습니다. 상반되는 두 가지 감각이 나의 체감을 통해 구현되었을 때, '내가 여기서 시작할 수 있는 게 있지 않을까' 하는 희망을 보았습니다. 다음 작품을 통해 두 번째 주제로 넘어가 보도록 하겠습니다.

경계선과 바다의 주변, 해안을 둘러싸고

공간을 표현한 작품입니다. 바람이 부는 순간을 카메라로 포착한 것처럼 보이지만, 사실은 전시장에 이 순간이 계속될 수 있도록 장치를 해둔 것입니다. 시간과 공기가 멈춘 공간을 표현하고 싶었습니다. 이 작품은 미국과 일본의 안전보장인 '일미안보'라는 배경을 가지고 있습니다. 두 국가 간의 동맹이라고 할 수 있는 일미안보에는 미국이 하는 모든 전쟁에 일본도 참전한다는 내용이 포함되어 있습니다. 1960년에 이 조약이 한 번 개정되었는데, 미군이 일본 본토에서 어떠한 죄를 지어도 일본에서는 책임을 묻지 못하는 '지위협정'이 추가되었습니다. 체결된 협정은 줄곧 유지되어, 오키나와에서는 아직도 미군의 범죄

〈작품 〈Stopped Curtain〉〉

에 대응하지 못하고 있습니다. 1960년에 시작해서 반세기가 지나도록 해결되지 못하고 있는 오키나와의 여러 문제—일미 안보나 불평등한 조약들—를 작품을 통해 표현했습니다. 작품에서 커튼은 이쪽과 저쪽을 가로막는 역할을 하고 있습니다. 저쪽에 누가 있다는 낌새 정도는 알아차릴 수 있지만 그것이 무엇인지 확실하게는 알 수 없습니다. 이러한 불확정함, 불확실하므로 생기는 불안까지 작품을 통해 전하고 싶었습니다.

불확실한 존재들의 집합체, 공동체를 향한 전망

〈작품 〈For instance, one room〉〉

이것은 〈예를 들면 하나의 방〉이라는 작품입니다. 이 작품을 통해 또 하나의 다른 주제로 옮겨가보겠습니다. 세 번째 이야기할 주제는 불확실한 입장에 있는 집합체들, 공동체를 향한 전망입니다. 보시다시피 이 작품은 다리가 엄청 많이 붙어 있는 의자들입니다. 미군이 오키나와에서 쓰다 버린 의자의 다리나 대만과 같은 아시아 각지에서 온 다리들을 붙여서 만들었습니다. 물론 일본에서 온 다리도 있겠지만, 다리들은 대부분 어디에서 온 것인지 전혀 출신지를 물을 수 없는 다리입니다. 제게는 이 다리들의 배경 하나하나가 고유한 인격처럼 다가왔습니다. 작품을 만들 때는 생활에서 일어나는 상실, 사고思考의 상실에 중심을 두고, '정체'와 '이동'이라는 상반된 주제를 담기도 했습니다. 작품을 보면 필요 이상으로 많은 다리가 의자를 떠받치고 있는데, 지면에 닿지 않고 붕 떠 있는 다리들도 있고, 방향이나 재료가 저마다 각양각색인 다리들이 의자에 붙어 있습니다. 의자에 앉는 면이 사람들이 발 딛고 있는 장소라고 생각했고, 우리의 존재 기반이 되는 지면이 불확실한 것들로 채워져 있음을 표현하고 싶었습니다. 그래서 이 작품은 우리가 마음속에 품고 있는 불안이라든가, 나를 지키는 방어, 저항, 정체의 느낌을 담고 있습니다.

〈작품 〈Hair Brush〉〉

　이것은 무엇일까요? 맞습니다. 〈Hair Brush〉라는 작품입니다. 크기가 15cm로 실제 빗 크기와 같습니다. 이 작품을 시작한 2014년 일본에서는 '집단적 자위권'[1]이 의회에서 통과되었습니다. 저는 당시 반전에 대한 생각을 줄곧 하고 있었는데, 어느 날 머리를 빗는 꿈을 꾸게 되었습니다. 머리가 잘 빗겨지지 않았고 갑자기 하얀 것이 우두두 떨어졌습니다. 이 하얀 게 뭘까 하고 보았더니 '이빨'이었습니다. 내 것인지 남의 것인지 모르지만, 내 신체의 일부였던 혹은 누군가의 일부였던 것들이 떨어지

---

1) 집단적 자위권은 자국에 대한 공격이 아니어도, 밀접한 관계의 타국(동맹국)에 공격이 있을 시, 무력으로 개입할 수 있는 국제법적 권리이다.

는 것처럼 느껴졌습니다. 이빨은 살아있는 것일까, 죽은 것일까. 과연 어디까지가 삶이고, 어디까지가 죽음일까, 저는 꿈을 통해 이런 것들을 생각하게 되었습니다.

자신에게서 떨어져 나온 것들은 상당히 불확정한 존재입니다. 국가와 같은 '내부'에서 생활을 하다 보면 대립이나 갈등과 같은 문제를 마주하게 됩니다. 불확정적인 존재는 그 대립의 사이, 삶과 죽음의 사이에서 헤매고 있는 것이라 생각합니다. 이 작품을 통해 빗살 사이의 수많은 틈을 비집고 들어가 존재하는 불확정적인 것들을 표현하고 싶었습니다. 직접적 갈등이나 대립을 회피하는 방식으로 말입니다. 실제 이빨은 좀 징그러워 작품은 조개껍질로 만들었습니다. 조개껍질도 원래 자신의 신체에서 떨어져 나온 불확정한 존재라는 점에서 통하는 것이 있어서 쓸 수 있었습니다.

바다와 바다, 사이에서 상상하는 공동체

다음 작품은 네 번째 주제를 잘 표현한 작품입니다. 대안對岸2) 을 둘러싼 공동체에 대한 상상을 발휘했습니다. 작품에는 재일在日 조선인 김시종 시인의 시 한 편이 사용됩니다. 제가 너무너무 운이 좋았던 걸까요. 김시종 시인과 만나게 되었고 그의 시 일부를 인용하여 이렇게 작품을 만들게 되었습니다.

---

2) 바다와 바다가 마주보고 있는 연안.

〈작품 〈A Seascape〉〉

먼저 시를 간단히 설명해 드리자면, 김시종의 시집 『원야의 시原野の詩』에 수록된 장편 시 「니이가타」입니다. 이 시에는 1948년에 제주도에서 일어났던 4.3사건, 일본으로 강제 징용되었던 수백 명의 조선 노동자들이 해방 직후에 부산항으로 향하다가 배가 침몰했던 일(우키시마호 사건), 일본에서 한국 전쟁에 반대했던 사람들이 조선으로 무기가 유입되지 못하게 하기 위해 철도를 폭파시킨 일, 그리고 일본 내 재일조선인들이 했던 투쟁과 관련한 일들, 1959년 이후에 북한이 고향인 이들을 송환하는 귀국선 사업, 귀국선이 떠나는 곳이었던 니이가타에 대한 이야기 등이 있습니다. 이렇게 김시종 시인은 자신이 경험한 수많은 이야기를 시에 담았습니다. 시에서 직접 사건을 서술하기보다, 시적인 방식으로 힘을 접어 넣었습니다.

시집에는 지렁이, 번데기, 작은 돌들이 등장합니다. 이들(시적 화자)은 자신의 모습을 계속 변형시켜가면서 사건에 말려듭니다. 마지막에는 "나를 벗어나서 나온 것들이 모두 내 곁에서 떠나가고 나는 한 사내로 걷고 있다"는 장면이 나옵니다.

「니이가타」는 문자로 치면 17,656자로 구성되어 있다고 할 수 있습니다. 저는 「니이가타」 시 전편의 문자 하나하나 위에 소금 결정을 올려놓는 작업을 했습니다. 일본에서는 '일본해日本海', 한국에서는 '동해東海'라고 하는 바다의 바닷물을 길어 올려 소금 결정을 만들었습니다. 이 작품을 만들기 위해서는 정말 많은 시간이 필요했고, 작업을 해가는 그 시간 동안 제가 가진 문제의식을 생각해볼 수 있었습니다.

소금 결정에는 여러 의미를 담아보았습니다. 먼저는 바닷물을 길어 올려 만들었기 때문에 저쪽과 이쪽을 가르는, 가로막는 바다의 이미지를 갖게 됩니다. 하지만 문자 위에 소금 결정을 올려놓으면 빛이 반사되면서 이전과는 다른 새로운 언어, 빛의 언어를 만들어냅니다. 이를 통해 '새로운 길을 모색한다'는 의미를 표현할 수 있었습니다. 빛은 바다에 흡수되어 상실된 것도 다시 떠오르게 하는 힘이 있습니다. 또한, 바다 속으로 사라져버린 것들, 바다에서 상실된 것들의 묘표墓標가 되기도 합니다. 우리의 몸속에는 다 이런 바다가 있다고 생각합니다. 우리가 가진 개개인의 바다는 각자의 눈물로 그 형태를 바꾸는 것이기도 합니다. 저의 이런 생각들을 김시종 시인의 시와 함께 작업했습니다.

별도의 다른 작품인데요. 소금 결정 밑으로 책들이 깔려 있는 〈왕복하는 배〉라는 작품입니다. 책들은 여러 나라의 언어로 쓰였고 그 위로 소금 결정이 뿌려져 있습니다. 우리는 이 책들이 정확하게 어느 곳에서 왔는지, 어떤 언어로 쓰였는지 모릅니다. 이 작품을 통해서 배를 보게 되기도 하지만 동시에 바다 밑바닥을 들여다보는 경험을 할 수도 있습니다. 바다 밑에 깔린 존재들의 묘표와 같은 것을 느낄 수 있죠. 수면에 철새들이 비치는 것도 함께 생각해 볼 수 있습니다. 작품을 보고 있는 우리는 가라앉는 과거와 머리 위로 날고 있는 미래를 동시에 보는 존재가 됩니다.

〈작품 〈Oscillating Vessels〉〉

〈작품 〈About Opposite Shores〉〉

앞의 그림은 원래 영상인데, 두 가지 화면이 있습니다. 왼쪽이 있는 영상은 일본의 바다, 언어, 일본어로 된 시가 나옵니다. 그리고 오른쪽에는 한국의 바다와 문자, 한국어로 된 시가 등장합니다. 시는 언어로 되어 있는데 하나씩 그 단어를 발음할 때, 언어는 소리로 바뀌게 됩니다. 두 영상에서는 각각 시를 한 글자씩 읽고 그 위에 소금 결정을 놓는 작업을 하고 있습니다. 한쪽은 일본어이고 한쪽은 한국어이지만, 결국 모두 하나의 소리로 들리기 때문에 그것이 어떤 언어인지는 경계가 모호해집니다. 언어를 소리로 바꾸는 작업을 통해 한국어와 일본어의 경계가 사라지는 체험을 할 수 있습니다. 영상을 보다 보면 어떤 소리가 먼저 가기도 하고 뒤처지기도 하고 그러다가 만나기도 하는 일들이 벌어집니다. 앞서 살펴본 작품 〈왕복하는 배〉가 언어를 빛으로 바꾼 것이라면, 이 작품은 언어를 소리로 바꾼 것입니다. 저는 이 작업에서, 우리가 정치가 아닌 다른 방식으로 섞일 수 있는 방안을 찾아보려고 했습니다.

미래의 아픔을 소거하는 상상력

이제 정리를 해보겠습니다.

저쪽과 이쪽 어느 곳에도 끼지 못하고 소외당하는, 또는 이쪽과 저쪽 둘 다이기도 하지만, 결국 자기가 살아갈 자리를 찾지 못하는 것들. 이들은 불확실한 장소, 불확정한 입장에 있는 존재들입니다. 2011년부터 저는 이러한 생각을 하며 작품 활동을 해오고 있습니다. 오키나와라는 장소에서 제가 겪었던 불확실한 위치와 입장에서 작품이 시작되었습니다. 어느새 그들의 아픔과 고통을 공유하게 되었고, 그곳에서 제 위치를 '획득'하는 경험도 할 수 있었습니다.

가해자와 피해자, 실재와 부재, 다수자와 소수자, 사람은 어느 한쪽에만 속하는 것이 아니라 그 어느 쪽도 될 수 있다고 생각합니다. 사람은 여러 가지 얼굴을 가지고 있기 때문입니다. 우리가 발 딛고 있는 곳에서 나의 입장이 나의 신체와 감각을 통해 체감될 때, 세계 각국의 폭력, 고통을 나의 것으로 느끼게 될 것입니다. 이것을 저에게 알려준 것은 '오키나와'라는 이주한 땅이거나 김시종 시인의 시와 같은 것이었습니다.

어떻게 보면 아픔을 공유한다는 건 슬픈 이야기처럼 들릴 수도 있지만, 아픔을 자신의 감각으로 느끼는 경험을 통해 과거의 아픔을 보는 것뿐 아니라 미래에 도래할 아픔을 소거할 수 있는 상상력을 만들어갈 수도 있습니다. 저쪽, 이쪽 그리고 보이지 않는 저쪽을 상상할 수 있는 상상력은 그 둘 사이의 관계를 다시 설정하고, 새롭게 이어나갈 수 있는 바탕이 되어줄 것입니다.

길 위에서의 생각
: 대한민국 원자력발전소 기행

신혜정

Profile

시인. 2001년 『서울신문』 신춘문예로 등단하여 작품 활동을 시작했다. 쓴 책으로 시집 『라면의 정치학』, 산문집 『왜 아무도 나에게 말해 주지 않았나』, 『흐드러지다』 등이 있고, 『시크한 그녀들의 사진 촬영 테크닉』을 우리말로 옮겼다.

길 위에서의 생각

: 대한민국 원자력발전소 기행

나는 왜 이 이상한 책을 썼을까?

오늘 저는 제가 쓴 이상한 책 『왜 아무도 나에게 말해 주지 않았나』를 중심으로 이야기할 것입니다. 이 책은 제가 몇 년 전 우리나라의 원자력발전소 지역을 두루 다니며 보고 듣고 느낀 것을 중심으로 쓴 원자력 발전소에 관한 입문서이자 탐방기라고 할 수 있습니다. 이상하다는 표현을 쓴 이유는 시인인 제가 사회적으로 민감한 이슈인 원전을 주제로 글을 썼다는 점, 그리고 비전문가로서 전국의 지역을 직접 발로 돌아보며 관련 이론까지도 함께 녹여서 썼다는 두 가지 이유 때문입니다.

"내 글을 부지런히 읽는 독자와 내 글에 관심을 갖고 있는 이들에게 나는 일관성 있게 보이는 데에 전혀 관심이 없다는 것을 말하고 싶다. 진실을 추구하는 과정에서 나는 많은 생각들을 버렸고 많은 새로운 것을 알게 되었다. (…중략…) 따라서 누구라도 나의 글들에서 불일치를 발견했을 때, 내가 아직 제정신이라고 믿는다면, 같은 주제의 두 글 중에서 나중 것을 택하는 것이 현명한 일일 것이다."

-마하트마 간디

본론에 앞서 제가 마음에 삼고 있는 경구를 하나 소개합니다. 저는 간디가 남긴 이 말을 마음에 간직하며 가끔씩 새겨보곤 합니다. 세상에 불변의 진리는 없다는 것, 그리고 현재 내가 믿고 있는 진리 또한 그것을 추구하는 과정에서 변해갈 수 있다는 것을 새기며 그러한 자세로 세상을 보고자 합니다. 아마도 오늘 저와 함께 나눌 이야기는 그런 연속선상에 있을 지도 모릅니다. 여러분이 그동안 생각해온 원전의 이미지가 제 이야기와 맞지 않을지라도 여유 있게 마음을 열어 유연하게 생각해보는 시간이 되었으면 좋겠습니다.

　제가 원전에 관심을 갖게 된 것은 우연한 계기로 읽은 한 권의 책 때문입니다. 그 전까지 원자력발전은 제게 하나의 관념이었고 어려운 과학기술 분야의 하나였을 뿐입니다. 저는 일본의 반핵운동가이자 원자력 전문가인 고이데 히로아끼의 『원자력의 거짓말』을 읽은 이후 원전에 대한 지식을 습득하기 시작하였습니다. 어쩌면 다음에 소개하는 한 문장 때문이었다고도 감히 말할 수 있겠습니다.

"여러분께, 특히 젊은 사람들과 앞으로 태어날 아이들에게 정말 미안하고 힘없는 내가 한심하기도 합니다."

책의 서문에 있는 이 구절을 읽으며, 이미 이 책의 내용을 읽기도 전에 궁금함을 느꼈습니다. 오랫동안 반핵운동에 앞장서온 사람이 하는 이 자탄은 후쿠시마핵발전소 사고 이후에 나온 말이기 때문입니다. 저의 호기심에 불을 지핀 한 마디의 말이었고, 저는 마치 흡수하듯 이 한 권의 책을 읽었습니다. 책장을 덮은 후에는 기회가 닿는다면 관련 책을 써보고 싶다는 희미한 의지마저 일었습니다. 그만큼 이 책이 준 전율이 컸기 때문일 것입니다.

이후 저는 관련 책들을 접하면서 '공부'를 시작하였습니다. 그러다 문득 궁금해졌습니다. 체르노빌과 후쿠시마처럼 대형 원전사고가 있었던 지역은 익히 알고 있지만, 과연 우리나라에는 얼마만큼의 원전이 어디에 있을까 하는 점이었습니다. 우리의 일생생활과 맞닿은 그곳을 대중에게 안내한 책은 찾아보기가 어려웠습니다. 그래서 제 나름으로 하나씩 지도에 표시해 보았습니다. 원전이 있는 지역은 울진, 경주, 부산, 영광 4개 지역으로, 당시 23기의 원전이 운영 중에 있었습니다. (2017년 현재 기준으로 건설 중인 원전을 제하고도 25기의 원전이 있고, 이 중 고리 1호기는 영구정지 단계에 들어가 24기를 운영 중에 있습니다. 한국은 이미 국토면적당 핵밀집도 1위의 국가로 원전 수로도 세계 5위의 핵강국이라고 할 수 있습니다.) 저는 원전이 있는 지역을 표시하고 그와 관련 이슈가 있는 지역들도 함께 표시했습니다. 앞서 말한 네

지역을 비롯해 원전 예정 고시지역인 삼척과 영덕, 양수발전소
가 있는 양양, 송전선로 문제로 오랫동안 갈등을 빚어온 밀양,
우라늄광산 문제로 가끔씩 뉴스에 나곤 하는 대전까지 표시하
였습니다. 얼마 후 그 지도가 저를 안내하였고 그 길을 오가면
서 썼던 글이 하나의 책으로 묶이게 된 것입니다.

〈원전 탐방 지도〉

　지도상에도 표시가 되어 있듯, 우리나라의 원전은 해안에 밀
집해 있습니다. 그것도 우리나라에서 가장 아름다운 국도로 꼽
히는 7번국도에 가장 많습니다. 2017년 현재까지 지어진 25기
를 제외하고 건설 중이거나 건설 예정인 것이 11기~13기로 이
모든 계획이 실현된다면 우리나라의 원전은 최소 36기가 됩니

다. 이명박, 박근혜 정부를 거치면서 원전의 추진은 더욱 적극적으로 펼쳐졌는데, 박근혜 대통령의 탄핵으로 들어선 문재인 정부는 탈원전을 공약에 내세워 계획은 변경될 수도 있으리라 봅니다. 에너지의 효용과 위악이 갑자기 변하는 것이라고 보지 않습니다. 국가의 에너지사업은 정책 추진 주체의 입장에 따라 그 운명이 변할 수도 있다는 것을 실감하는 요즘입니다. 그런 의미에서 그동안 원전 신화를 대변해왔던 정책 기조에 대해서도 한 번 더 돌아보아야 하는 시기가 아닌가 생각해 보게 됩니다.

길에서 본 것들

길에서 본 것들: # 사람

"벌써 맷번이나 그랬다꼬. 한 세 차례 되지 싶어요(*영덕 핵시설 유치와 관련한 주민 투쟁을 뜻함). 주민들이 반대하면 머하노. 나라에서 밀고 들어오면 별 수 있나. 그냥 하는 기재."

"원전 위험한 거야 알지마는, 여 사람이 없다 사람이. 공사 시작되믄 사람이 올 거 아인가. 그럼 장사도 좀 되고 좀 살만해지는기지."

"우리가 살 땅, 그동안 살아온 터전이 없어진다는 것. 그게 슬픈기라. 다른 의미는 없다."

"저는 안 들어왔으면 좋겠어요. 여 앞에 바닷가에 나가 보이소. 얼마나 아름답습니까. 그냥 그대로 놔두었으면 좋겠어요."

소개한 인터뷰 내용은 2014년 영덕 영해리 지역에서 만났던 주민들의 이야기입니다. 때로는 혼자 움직이고 때로는 행사에 참여하거나 시민단체의 활동가들을 만나 함께 움직였습니다. 영덕에서 제가 한 일은 사람들의 이야기를 육성으로 들어본 것이 전부입니다.

제가 원자력발전소 관련 지역을 발로 뛰겠다고 생각했을 때 사실 머릿속에는 아무것도 없었습니다. 무엇을 해야겠다거나 무엇을 확인하겠다는 목표 같은 것들 말입니다. 그곳에도 사람이 있을 텐데, 그곳에서 사는 사람들의 실상은 어떨까 하는 궁금함만을 가진 채였지요.

어느 날, 살던 지역에 갑자기 원전이 들어서게 되었다는 소식을 듣는다면 여러분은 어떤 마음일 것 같나요? 위의 인터뷰는 원전의 예정고시지역으로 발표되었던 영덕 주민들의 목소리입니다. 노점에서 좌판을 벌이고 있는 할머니, 손뜨개를 하고 계시던 아주머니들, 정육점을 운영하시는 아저씨 등…, 찬성과 반대의 이야기를 원전이 이미 들어선 지역보다는 비교적 자유롭게 나누었던 것 같습니다. 아마 자신이 살던 지역에 정부 정책으로 대형 기피시설이 들어온다고 할 때 일어날 수 있는 평범한 사람들의 목소리일 것입니다. 그러나 원전과 같은 대형 시설은 한번 들어서게 되면 그 지역에서 이어오던 삶의 방식을 송두리째 흔들게 됩니다. '송두리째'라는 말이 다소 과장되었다고 여겨질 수

도 있습니다. 이제 제가 걸었던 길에 대한 이야기를 소개하면서
조금 더 들어가 보기로 합시다. 그 말이 과장인지 아닌지는 읽
는 여러분의 판단에 맡기고자 합니다.

길에서 본 것들: # 양양 양수발전소

이 여정에서 처음으로 방문한 곳은 양양양수발전소입니다.
저는 원자로 돔이 보이는 발전소로 바로 가지 않고 그 주변부부
터 천천히 밟아보기로 하였습니다. 원자력발전은 그 하나를 운
영하기 위해 따라오는 것들이 많아 이렇게 에둘러 가지 않으면
이해하기가 어렵습니다. 처음으로 나섰던 양수발전소는 원자력
발전에 필연적으로 따라오는 부수 발전시설입니다. 우리나라는
고리원전 1호기가 발전을 시작한 지 꼭 이태 후인 1980년부터
양수발전소 가동을 시작했습니다. 이후 원전이 늘면서 양수발
전소도 늘어나 현재는 7개 지역에 16기의 양소발전소가 있습니
다. 그리고 제가 방문한 양양에는 국내 최대 규모의 양수발전소
가 있습니다.

원자력발전에 왜 양수발전소가 필연적으로 따라와야 하는지
그에 대한 설명을 잠깐 해야 할 것 같습니다. 원전은 핵분열을
통해 물을 끓입니다. 그리고 그 뜨거운 물에서 발생한 수증기로
발전기의 터빈을 돌려 전기를 생산하는 아주 고전적인 원리로
가동됩니다. 그것은 화력발전의 원리와도 같습니다. 이렇게 '수
증기'의 힘으로 가동되는 발전을 '기력발전'이라고 부릅니다. 발
전 자체가 간접적인 가열 방식이라 가는 길도 아주 멉니다. 그

래서 양수발전과 같은 대규모 시설이 필요한 것입니다.

원자력은 핵에 자극을 주어 분열을 시킬 수는 있지만 그것을 끄는 스위치가 없는 미완의 기술입니다. 불을 켜는 방법만 알고 끄는 방법을 모르는 것이지요. 그렇기 때문에 전력의 수요와 상관없이 원자력발전은 계속해서 일정 수준의 전기를 생산하게 됩니다. 이때 '남는 전기'가 발생하게 되지요. 양수발전은 이 '남는 전기'를 이용해 가동을 하는 부수시설입니다.[1]

'양수'. 물을 들어올린다는 뜻의 이 발전은 강의 인근에 거대 저수지를 만들고, 대략 아파트 30층 높이로 산에 가늘고 긴 수로를 만듭니다. 그리고 산 위에도 저수지를 하나 만들죠. 이것을 하부댐과 상부댐이라고 합니다. 남는 전기를 이용하여 심야시간에 하부댐에서 상부로 물을 끌어올려 놓습니다. 그리고 전기가 부족할 때 끌어올려놓은 상부댐의 물을 내려보내면서 그 힘으로 전기를 생산하는 것이 바로 양수발전입니다. 양수발전은 대형화력발전에서 남는 전기를 이용하기도 하지만, 대부분은 그 용량을 마음대로 조절할 수 없어 남게 되는 원전의 잉여 전기를 활용하는 '전기 저장소'입니다.

양양 양수발전소는 매년 연어가 올라오고 수질이 좋기로 유명한 남대천에 자리하고 있습니다. 양양과 인제 두 지역에 걸쳐 있는 이 시설은 동양 최대 규모의 시설이라고 자랑합니다. 저는 굽이치는 산길을 따라 그곳에 가보았습니다. 산은 여행자의 마

---

[1] 핵력에 의해 작동하기 때문에 서구에서는 '핵발전, 핵력발전'이라는 명칭이 일반적입니다. 일본과 우리나라에서만 '원자력'이라는 표현을 쓰고 있습니다. 이 책에서는 그 두 가지 명칭을 필요에 따라 혼용하였습니다.

〈양양 양수발전소 하부댐 모습〉

음을 넉넉하게 풀어주었지만 발전소 주변 지역은 을씨년스러울
만큼 고요한 침묵이 감돌았습니다. 남대천은 이 거대 시설로 인
해 지금도 천이 마르고 탁해지는 현상으로 몸살을 안고 있습니
다. 그에 따른 주민들의 민원도 증가하고 있다는 보도가 끊이지
않고 있습니다.

　저는 댐의 사이에 위치한 홍보전시관인 '양양에너지월드'에
도 방문하여 보았습니다. 1층에는 양수발전의 원리를 알려주는
시설과 운영주체인 한국수력원자력(이하 한수원)이 운영하는 발
전소 현황 등의 정보가 있었습니다. 2층은 말 그대로 원전 홍보
관이었습니다. 우리나라의 원전이 후쿠시마보다 얼마나 '안전'
하게 설계되었는지 '안심'시키는 문구들로 가득했습니다. 양수
발전홍보관의 한 층을 원자력홍보관으로 할애하면서 원자력을
가리켜 '21세기 연금술'이라는 표현을 쓰고 있더군요. 제가 아
는 한 '핵발전'이라는 이 미완의 기술 때문에 존재할 수밖에 없
는 양수발전에서 쓰기에는 부적절한 극찬으로 보였습니다. 그
것도 강과 산에 큰 부담을 주고, 그 영향이 주민들의 피부에 와

닿는 상황에서 말입니다.

이후 들른 하부댐은 고요에 가까웠습니다. 자연이 풀어주는 넉넉한 고요가 아닌 을씨년스러운 거대 저수지를 바라보았습니다.

길에서 본 것들: # 핵발전의 생애주기

여러분 '밀양'이라는 지역명에서 어떤 단어들이 떠오르시나요? 아주 오랫동안 지역민과 정부의 투쟁이 이어진 곳입니다. 바로 765kV 송전선로 건설 문제였지요. 지금은 이미 송전탑 공사가 강행되어 움막 농성은 끝난 상태이지만, 그 싸움은 여전히 끝나지 않은 우리의 문제입니다. 밀양 주민들은 국가의 효용에 반대하는 지역 이기주의로 똘똘 뭉친 이기적인 사람들일까요? 왜 우리는 원전을 이야기하면서 다시 송전선로 문제를 들여다봐야 하는 걸까요?

이를 위해 우리는 조금 더디더라도 핵발전의 생애주기를 살펴볼 필요가 있습니다. 간단한 원리를 습득하고 난 후에야 이 거대 그림에 대한 윤곽이 드러나기 때문입니다. 핵발전의 기본 원리는 앞서 설명한 대로 간단합니다. '핵분열을 이용해 물을 끓인다. 끓인 물로 수증기를 만들어 발전기를 돌린다.' 이 두 가지입니다. 그러나 이 두 가지를 유지하기 위해 돌아가는 과정이 아주 복잡하지요.

우선 간단히 연료 가공 과정을 요약해 보겠습니다.

"우라늄을 광석에서 분리해 낸다 → 그것을 육불화우라늄(UF6)이라는 기체 상태로 만든다 → 육불화우라늄에서 우라늄235를 농축한다 → 농축된 우라늄235 기체를 다시 고체 상태로 환원해 담배 필터 크기만 한 핵연료봉을 만든다 → 핵연료봉을 5만 개 정도 한데 모은 연료 다발을 만들면 비로소 원전에 장착할 핵연료가 된다."[2]

복잡한 과정을 통해 만든 핵연료봉으로 핵발전을 가동하고 나면 핵쓰레기가 배출됩니다. 이 핵쓰레기는 원전에 사용된 모든 부품, 건물을 포함하여 '사용후 핵연료'까지 모두 포함됩니다. 이 모든 것들은 중저준위부터 고준위까지의 방사능을 포함하는데 이 방사능 역시 인류의 기술로는 처치 불가합니다. 중저준위 핵폐기물은 300년까지 격리, 관리 기간을 두고 있고 고준위 핵폐기물은 30만년까지의 관리, 격리 기간을 두는 위험한 물질입니다. 자연상태에서도 방사능이 존재하지만 인간은 그 방사능 물질을 가지고 농축하고 성형하고 다시 분열을 일으켜 기존에 없던 인공 방사능 물질 200여 가지를 만들었습니다. 이들에게서 방사능이 없어지는 데에는 짧게는 며칠, 길게는 30만 년까지 소요됩니다.

핵연료 가공 시 농축의 과정은 핵무기 제조 과정과 동일합니다. 핵발전이 핵무기 제조에서 비롯되었기 때문입니다. 그리하여 농축이나 재처리 시설은 핵무기 보유국에서 전담을 하는 것이 원자력 협정의 중요 내용입니다. 연료의 농축이나 '사용후핵연료'로 불리는 원전 가동 후 남게 되는 '핵쓰레기'를 재처리하

---

2) 신혜정, 『왜 아무도 나에게 말해 주지 않았나』(호미, 2015) 中에서

는 과정을 통해 핵무기를 생산할 수 있기 때문이죠. 실제로 핵발전을 통해 핵무기를 만들어낸 나라도 있습니다. 이스라엘, 인도, 파키스탄과 같은 나라들이 그 예입니다.

아이러니한 것은 고갈되는 화석에너지를 대체할 미래지향적 에너지라고 일컫는 원자력발전은 채광부터 폐기의 모든 과정에서 엄청난 양의 화석에너지를 소모합니다. (우라늄 매장 또한 석탄처럼 한정되어 있습니다.) 암석에서 분리해낸 우라늄을 노란 분말형태의 '옐로우 케이크'로 만드는 정련 과정에서만 우라늄으로 원자로에서 발생시키는 에너지보다 30배 이상 많은 에너지가 소모됩니다.[3] 그리고 우리나라는 미국, 캐나다, 호주, 카자흐스탄 등에서 우라늄 연료를 100퍼센트 수입하는데 채광의 과정부터 광부들은 피폭됩니다. 북미의 우라늄 광산 광부들이 5분의 1에서 2분의 1까지 폐암으로 사망했거나 암이 진행 중이라는 통계는 놀라운 것이 아닙니다. 채광 과정에서 라돈220에 노출되어 나타나는 결과입니다.

이미 핵발전은 처음 시작부터 차별로 얼룩져 있고 엄청난 양의 화석 에너지가 없으면 돌아갈 수 없는 매우 비효율적인 시스템이라는 사실이 드러납니다. 그리고 30년 정도를 운영하는 원전에서 나오는 쓰레기는 30만년 이상을 모든 생명체와 격리해야 하는 위험한 물질입니다. 이 30만년은 제게 영원에 가깝게 느껴집니다. 과거로 거슬러 올라가면 이는 인류의 역사보다 더 긴, 현생 인류가 출현하지도 않았던 시간이기 때문입니다. 우리

---

3) 『원자력은 아니다』(헬렌 칼디코트, 이영수 옮김, 양문, 2007)에서 인용.

는 이러한 미완의 기술을 돌리며 미래 세대를 숙주로 삼고 있는 것일지도 모릅니다.

길에서 본 것들: # 밀양, 송전선로와의 기나긴 싸움

자, 그럼 이제 밀양의 이야기를 볼까요? 밀양은 10년이 넘는 시간 동안 송전선로 문제로 주민의 투쟁이 이어졌습니다. 그리고 스스로 목숨을 끊은 주민도 세 분이나 됩니다. 이것을 단순히 자기 손해를 보기 싫어하는 지역민들의 '님비'현상으로만 볼 수 있는가를 생각해 봅시다.

저는 어느 봄날 서울에서 출발하는 희망버스를 타고 밀양으로 내려갔습니다. 그곳에서는 765kV(킬로볼트) 송전탑 저지를 위한 행사가 진행되었습니다. 희망버스를 타고 모인 사람들과 밀양의 지역민들이 평화적으로 콘서트를 하고 이 사업 강행의 부당함을 알리고 있었지요. 저는 행사 후 송전탑이 들어설 자리에 친 움막에서 하루를 보내기로 하였습니다. 주민들과 함께 긴 나뭇가지를 지팡이 삼아 40여 분을 산으로 올라갔지요. 송전탑이 들어설 자리였습니다.

밀양을 관통하는 신고리－북경남 송전선로 건설사업은 신고리 3, 4호기의 생산 전기를 송전할 목적으로 계획된 사업입니다. 애초에 수도권까지 연결하겠다던 계획이 번복되어 북경남까지의 송전만을 담당하게 된 것입니다. 765킬로볼트는 초고압 송전탑입니다. 수도권에서 흔히 볼 수 있는 154킬로볼트 송전탑을 기준으로 열여덟 배의 전류가 흐릅니다. 전자파뿐 아니라 이곳

〈주민들이 송전탑 자리에 만든 농성 움막〉

에서 발생하는 '코로나 소음'으로 인해 인근 지역에서는 창문을 열어 놓기도 힘들 정도라고 합니다. 이 765 송전선로는 캐나다 퀘벡의 수력발전소와 미국의 북동부 지역과 같이 1천 킬로미터 대의 장거리 송전에 주로 사용되는 방법입니다. 남한의 국토 종단 길이는 500킬로미터 내외입니다. 이것을 생각하면 국내에 시행된 765 송전선로를 조금 더 신중히 택했어야 하는 것 아닌가 하는 의문이 듭니다. 특히 밀양은 마을과 학교를 관통하고 있고 다양한 대안이 제시되었음에도 공권력의 힘으로 강행이 되었습니다. 제가 하룻밤을 뒤척이며 머물렀던 그 움막은 경찰력의 집행으로 철거되었고 그 자리에는 이제 송전탑이 남게 되었지요. 송전선로는 비단 원전뿐 아니라 발전소에서 필수적으로 필요로 하는 시설입니다. 전기를 수송해야 각 가정까지 전기가 들어갈 수 있으니까요. 그러나 문제는 원전은 필연적으로 초대용량의 시설이어야 한다는 것이고, 앞으로 살펴볼 것처럼 바다를 끼고 있어야 유지되는 시설이기 때문에 큰 용량을 멀리까지 송전해야 하는 송전 문제가 더더욱 불거지는 것입니다.

밀양보다 더 적은 볼트수의 345킬로볼트 초고압 송전탑이 지나는 충남 서산의 한 마을은 태안의 대형 화력발전소의 전기를 수송하는 선로가 지납니다. 20년이 지난 지금 송전탑 100미터 이내에 거주하는 주민 73명 중 25명이 암에 걸렸습니다. 34%에 달하는 통계치입니다. 이 문제는 원전 인근의 송전선로가 지나는 모든 주민들이 겪는 문제이기도 합니다. 고리의 길천마을, 울진의 신화리와 같은 곳이 그 대표적 예일 것입니다. 이것이 밀양, 또 다른 밀양의 미래가 아니었으면 합니다.

길에서 본 것들: # 경주, 월성1호기와 방폐장

송전선로는 대형발전시설에서 필수적인 장치입니다. 소비지는 사람들이 많이 사는 도시인데 그것을 생산하는 곳은 소비지와 아주 먼 지역에 위치해 있습니다. 지방은 마치 도시의 식민지처럼 위험시설과 기피시설이 운영됩니다. 이를 지역의 식민화라고 이야기하기도 하지요.

저는 이러한 사실을 길 위에서 절감하였습니다. 서울에서 멀어질수록 지역에는 인구가 없다는 것이 눈으로도 실감할 만큼 드러났습니다. 특히나 젊은 층의 인구는 빠진 이처럼 텅 비어 있었다고나 할까요. 양양과 밀양에서 부수시설들을 보는 것만으로도 마음이 조금 지쳐갔습니다. 그럼에도 저는 이제 원자로돔이 보이는 마을로 들어서기로 하였습니다.

제가 처음으로 간 원전은 경주에 있는 월성1호기입니다. 월성

원전 지역에는 6기의 원자력 발전과 우리나라 최초의 '중저준위 방폐장'이 있습니다. 저는 사전 방문 허가를 받고 부산의 '에너지정의행동' 활동가들의 일원이 되어 월성원자력발전소로 향했습니다.

월성1호기 안에 직접 들어가 보았고, 안내를 맡은 한수원의 직원분과 원전 주변에 생기는 방폐장에 대한 심도 있는 이야기도 진행하였지요. 월성1호기는 당시 30년 수명을 다해 수명연장에 대한 심사가 들어가 있는 상태였습니다. 그 후 수명 연장이 졸속으로 진행되어 10년 운영 허가에 부쳐졌고, 현재 고리 1호기의 영구 정지 결정에 이어 월성 1호기의 운명은 보류되어 있는 상태라고 할 수 있습니다.

당시 거의 완공 단계이던 '월성중저준위방폐장'은 경주 일대의 지진 사태가 빚어진 지금 단계에서는 더더욱 우려가 되는 상황이지요. 승인허가가 난 그 지대는 지반이 약해 삽으로도 흙이 부서지는 암반지대입니다. 그리고 수천 톤의 지하수가 흐르고 있어 300년이라는 시간 동안 방사능 물질의 격리가 가능하겠냐는 치명적인 문제가 제기되었지요.

사실 방폐장이라는 것이 큰 원리가 있는 것이 아닙니다. 일반 건축물에 사용되는 원료보다 더 강한 콘크리트를 이용하여 거대 동굴을 만들고 거기에 사용후핵연료가 아닌 대부분의 방사능물질들을 매립합니다. 그리고 콘크리트로 그 사이를 메꾸어서 마감하는 것이죠. 여기에는 원자로 돔 같은 대형 시설도 포함되는데, 사실 이런 방사능 물질을 이동하는 것에서도 만만치 않은 사회적 갈등과 비용, 이동에의 어려움이 따르게 됩니다.

그런데 앞서 말했던 30만 년이란 세월은 차치하고라도, 이 300년이라는 세월은 어쩌면 국가의 시간보다 더 긴 시간일 지도 모릅니다. 대한민국의 300년 전은 조선시대가 아니었던가요?

월성 원전에서 빠져나와 우리 일행은 바로 옆에 있는 문무대왕릉으로 향했습니다. 죽어서도 바다를 지키겠다는 유언에 따라 수중에 지어진 문무왕의 무덤은 월성원전과 너무도 가까웠습니다. 유적이 너무 가까워 더 이상 그곳에는 원전이 들어설 수 없게 되었습니다. 문무왕이 수장된 그 천 년 전의 시간마저 원전은 되돌릴 수 없게 만들 수 있는 괴력을 지니고 있지요. 마음이 매우 아득해진 시간이었습니다.

길에서 본 것들: # 고리, 신고리

고리에는 기사에서 많이 들어 익숙한 고리1호가 있습니다. 저는 고리와 신고리 주변을 혼자 걸었습니다. 아무 예정도, 예약도 하지 않은 채 부산에서 버스를 타고 정관신도시를 지나 고리까지 갔지요. 멀리 임랑해변에서 고리원전이 보였습니다. 원전이 가까워지자 송전탑과 고압선로가 촘촘하게 박힌 진원지가 보였습니다. 그리고 그 1킬로미터 내의 반경에 마을이 있었습니다. 검은 현수막에는 주민들의 고통이 담겨 있었습니다. '핵천국 길천, 더 이상의 살 희망이 없다'라는 절규에 가까운 목소리였죠. 그곳에서 만난 주민의 말이 오래도록 지워지지 않았습니다. "여는 젊으나 늙으나 다 암으로 죽어요"라는 말이 그냥 흘러나왔습니다. 슬픔도 탄식도 아니었지요.

고리에는 우리나라 최초의 원자력발전소가 들어섰고, 고리에 4기, 신고리에 6기까지가 예정되어 총 10기의 원전이 밀집될 예정입니다. (현재 추진되고 있는 탈원전 정책에 따라 달라질 수 있습니다.) 고리에 원전이 들어선지 40년이 된 지금 많은 문제들이 있어왔지만 그중에서도 집단이주로 터전을 잃은 주민들의 문제가 참 마음이 아팠고요. 그리고 그 집단이주에도 포함되지 못한 길천마을은 더한 고통에 시달리고 있었습니다. 당시 고리에서 이주했던 분들 중 신고리원전이 건설되면서 두 세 차례 살던 곳을 떠나야 했던 분들도 있습니다. 그리고 길천마을은 초고압 송전탑을 머리에 이고 마을 전체가 신음하고 있는 곳이지요.

당시에는 큰 바람이었으나 실현된, 조금은 반가운 소식도 있습니다. 고리1호기는 영구정지가 결정되어 폐로 단계에 들어갔습니다. 그러나 원전은 폐로에만도 천문학적 비용이 들어갑니다. 그리고 그 과정은 모든 단계가 만만치 않고 복잡하고 위험합니다.

폐로를 결정했다고 해서 바로 해체 작업을 할 수가 없습니다. 우선 사용후핵연료는 해당 부지에서 적어도 10년 정도의 냉각 기간을 거쳐야 됩니다. 가동을 멈춘 후에도 연쇄적인 핵분열은 계속해서 일어나기 때문이지요. 해체 방식에는 세 가지가 있습니다. 자연해체, 즉시해체, 영구밀봉의 방법인데요, 최소 15년에서 60년, 300년까지 걸리는 방식입니다. 기간이 짧을수록 비용이 절감될지는 모르지만 해체 노동자들의 피폭은 그만큼 많이 일어나고 더 위험해집니다. 그렇다고 한 기당 300년까지 걸리는 해체방식을 택할 수 있을까요? 고리1호기의 해체가 어떤 사회적 합의로 전개될지 잘 지켜봐야 하는 대목입니다. 그리고 그 해체비용 또한 천문학적입니다. 해체비용에 대한 추산은 1기 당 가장 적게 계산한 방식으로 2천억 원부터 가장 많이 잡은 계산 방식으로는 9,860억 원까지 예상을 합니다. 어떤 방식이 채택되든 그 비용은 가히 천문학적이라고 밖에는 말할 수가 없습니다. 지금까지 지어진 25기를 해체하는 데는 그만큼의 비용과 시간이 소요될 것입니다.

저는 그런 생각들을 하며 고리와 신고리 주변을 둘러보았습니다. 한눈에 보아도 외지인인 것이 빤히 보이는 저를 그곳 어르신들은 경계하며 바라보았지만 저의 '안녕하세요' 하는 한 마디에 경계는 곧 허물어졌습니다. 고리에서 신고리가는 방법을 어르신들로부터 친절하게 안내 받은 참이었고요. 저는 마을의 골목골목을 돌아다니며 많은 생각을 했습니다. 바람에 찢겨 힘을 잃은 핵발전 반대 현수막들, 오래된 마을 앞으로 신고리 공사 인부들을 위한 것으로 보이는 건물 공사 현장까지. 조용한 마을이었지만 원자로돔이 보이는 그곳의 변화들이 느껴졌습니다.

그리고 다시 부산 시내로 나가는 버스를 탔을 때, 상징적인 이정표를 보게 되었습니다. 신고리를 배경으로 하는 이정표에는 '부산 35km'라는 거리 표시가 되어 있었습니다. 방사능 피해의 가장 큰 기준이 되는 면적이 '반경 30km'이지요. 후쿠시마나 체르노빌도 반경 30km에는 거주 제한을 둡니다. 고리와 신고리는 많은 인구가 살고 있는 부산과 그만큼 가까운 곳에 있었습니다.

길에서 본 것들: # 울진 더더욱 생태적으로

　그리고 저는 울진으로 발걸음을 옮겼습니다. 신화리에서 원자력발전소, 부구리로 이어지는 이 버스정류소가 상징으로 다가왔습니다. 신화리는 원전에서 나오는 송전탑이 마을을 관통하여 건강을 위협받으며 고통을 호소하는 곳입니다. 부구리는 원자로 돔이 바라다 보이는 곳이지요. 울진에 있는 '한울원자력발전소'는 총 6기가 발전 중에 있습니다. 그리고 그 인근에 신한울 4기를 또 짓고 있고요. 부구리는 그래서인지 제가 개인적인 일로 방문을 했던 10여 년 전보다 매우 활기차 보였습니다. 서울에서 볼 수 있었던 프랜차이즈 커피 전문점도 들어서고 지방에서는 좀처럼 보이지 않는 취학아동들의 모습도 자주 눈에 띄었습니다. 그런 모습들을 보면서 저는 원자로 돔이 보이는 식당

에 들어가 밥을 먹었습니다. 고리에서도 그랬지만 이 여행을 지속할수록 저는 그것이 더 자연스럽게 느껴졌습니다.

그렇게 혼자만의 사색을 마치고, 몇몇 분들을 만나 이야기를 나누었습니다. 울진은 이제 제2의 탈핵운동기로 접어들었다고 말하는 분의 이야기가 마음에 와 닿았습니다. 생태적인 것을 그대로 두자는 것, 울진에 살고 있는 멸종 위기동물을 지키고 생태적 가치를 지켜 나가는 것으로 다른 위해시설이 들어오지 못하게 하자는 것이었습니다.

과거 울진에 핵폐기장 건설이 조용히 추진되려던 때가 있었고, 그것을 알게 된 주민들이 투쟁에 나서면서 전쟁 같은 경험을 했던 적이 있습니다. 어른들은 생업을 접었고, 학생들까지 수업을 거부하며 7번국도 위를 막아섰다고 합니다. 그 이후 추가 4기의 원전을 받아들이면서 더 이상의 핵시설 유치는 없게 하자는 결론을 지었다고 하네요. 그렇게 울진에는 추가 4기의 원전이 들어서면서 향후에는 10기가 운영될 예정입니다. 우리나라에는 이렇게 한번 원전이 들어선 곳에 추가 원전을 유치하면서 지역당 밀집도가 굉장합니다. 그것이 얼마나 위험한지는 이미 후쿠시마의 연쇄 폭발에서 경험한 바가 있습니다.

길에서 본 것들: # 삼척, 영덕

삼척과 영덕은 원전 예정 고시지역으로 거의 확정되었던 곳입니다. 삼척은 주민들이 직접 세운 '원전백지화기념탑'이 있는 곳입니다. 삼척과 영덕도 울진의 경험처럼 이미 원전과 핵폐기장

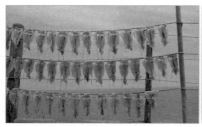

건설로 여러 차례 주민들의 투쟁이 있었던 지역입니다. 저는 삼척에서는 호우주의보에 빠졌다가, 영덕에서는 햇살을 만났습니다. 미역을 말리는 철이었던지 동네 어르신들이 삼삼오오 모여 미역을 널고 오징어를 말리는 정겨운 풍경을 보았습니다.

그렇게 날씨의 변덕을 경험하며 저는 이 긴 여정에서 우리나라에서 가장 아름다운 국도로 불리는 7번국도를 여러 차례 오갔습니다. 고성부터 부산까지 며칠에 걸쳐 내려가면서 새삼 그 바다가 아름답다는 것을 느꼈습니다. 고성, 속초, 양양, 삼척, 울진, 영덕, 울산, 부산…, 지명이 바뀔 때마다 바다의 빛깔 또한 달라졌습니다. 고성의 흑빛에 가깝던 짙은 물은 속초에서 양양으로 내려오면서 쪽빛 바다가 되었습니다. 그리고 점점 내려갈수록 물빛이 투명해지더니, 영덕에서는 매우 아름다운 에메랄드빛이 드러났습니다. 울진이나 영덕은 수도권에서 이동할 때 그 경로가 매우 깁니다. 직선 도로가 뚫리지 않았기 때문인데요, 그렇게 어렵게 도착한 곳이라 그랬을까요. 그 풍경이 너무 아름다워서 그저 바라볼 수밖에 없었습니다. 원전이든 무엇이든 그냥 이 아름다운 바다만은 그냥 두었으면 좋겠다는 생각이 간절했지요.

길에서 본 것들: # 영광, 탈핵순례

모든 동해안 탐방이 끝난 후 저는 서해로 넘어갔습니다. 서해
에는 영광에 유일하게 원전이 있습니다. 그리고 그곳에는 매주
월요일마다 22킬로미터를 걸어서 이동하는 '생명평화탈핵순례'
가 지금까지 이어지고 있습니다. 저는 그곳으로 가기 위해 고속
버스를 타고 이동했습니다. 서해안에는 핵발전 대신 곳곳에 대
형 화력발전소가 세워졌습니다. 육지에서 뻗어나간 반도와 구
불구불한 지형 때문에 마치 섬에 건설된 것처럼 보이기도 하지
요. 가는 길 내내 바다에서 육지로 이어진 송전탑들을 보면서
머리가 아팠습니다. 그렇게 도착한 영광에서 저는 그곳 사람들
과 함께 걸었습니다.

생명평화순례는 당시 77차였고 지금은 200회를 넘어 매주 월

요일 눈이 오나 비가 오나 아무리 적은 숫자라도 거르지 않고 이어지고 있습니다. 저는 자료를 조사하다가 굉장히 흥미로운 정보보고서를 발견했습니다. 원전에 대한 '주민수용성'이라는 부분이었는데요. 굉장히 구체적으로 조사된 그 자료에서는 경상도지역이 정부에 대한 주민의 태도가 '순응적'이었고, 전라도 지역은 반항적인 태도를 보였다는 것이었습니다. 그래서 주민수용성이 좋은 경상도에 많은 핵시설이 들어서게 되었다는 내용을 읽고 눈이 커졌던 기억이 있습니다. 과연 이런 고된 투쟁과 목소리가 많아질수록 거대 자본과 권력의 흐름도 주춤하는 것이구나 하는 걸 그곳에 가서 한 번 더 실감하게 되었습니다.

여기서 온배수문제를 한번 짚어보겠습니다. 원자력발전은 핵분열로 발생하는 열의 30% 정도만 전기를 생산합니다. 나머지 열은 바다로 배출되게 되는데요, 이것이 바로 온배수 시스템입니다. 조수간만의 차가 큰 서해안의 영광은 개펄이 썩는 문제 등 온배수에 대한 피해를 가장 많이 보고 있고 그래서 그에 관한 민원도 많은 지역입니다. 온배수는 1천 메가와트급 원전 한 기당 초에 55톤이 배출됩니다. 바다 평균 온도보다 7도가 높은 상태로 배출된다고 하는데요, 여름에 기온이 평년보다 7도가 올라간다고 생각해 봅시다. 그런 것처럼 바다에 배출되는 막대한 양의 온배수는 바다 생태에 매우 커다란 영향을 미치고 있다고 할 수 있겠지요.

길에서 본 것들: # 대전, 우라늄 광산 개발 이슈

우라늄을 전량 수입에 의존한다고 앞서 설명을 드렸습니다만, 우리나라에도 대전과 충북 옥천 일대에 희소량의 우라늄이 매장돼 있습니다. 그러나 그 농도가 극히 낮아서 광산 개발을 할 수 있을 만한 양은 아니라는 게 지배적인 평가입니다. 가끔씩 대전 지역의 우라늄 광상 개발에 대한 목소리가 나오기도 합니다. 제가 길을 다니던 때에도 한참 주민 몰래 금산 일대의 암석을 시추했다는 기사가 나오기도 했지요.

우라늄 광산 개발은 우선 채굴 과정부터가 피폭입니다. 노동자들은 라돈과 같은 치명적인 방사능 물질에 피폭을 입게 되고, 그곳의 주민들은 우라늄을 얻기 위해 사용하는 화학약품과 방사능의 영향을 고스란히 받게 됩니다. 호주, 미국, 카자흐스탄 등 우라늄 광산 노동자들은 이미 피폭으로 인해 암과 여러 가지 질병으로 고통을 받고 있는 현실이지요. 그것을 보면 우리나라에 만에 하나 우라늄 광산이 생겼을 때 일어날 일도 미루어 알 수 있겠습니다. 외국 노동자들의 피폭을 딛고 원전이 돌아가고 있다고 해도 과언이 아닙니다.

저는 이 여행이 마무리되어 갈수록 마음이 점점 더 무거워졌습니다. 궁금한 것은 더욱 많아졌습니다. 사실 처음에는 핵발전이라는 이 시스템이 제가 책과 자료에서 접하던 것보다 덜 암울하기를 바랐습니다. 그리고 이 거대 시스템을 가동할 만한 이유를 저로서는 도저히 찾지 못했기 때문이 이 여정을 통해서 일말의 장점을 발견할 수 있지 않을까 하는 기대도 있었고요.

그러나 공부할수록, 알아갈수록, 돌아볼수록 책에서 보았던 그 실체를 확인하게 될 뿐이었습니다.

길에서 본 것들: # 일본에서 온 편지

그래서 또 다른 궁금증이 생겼습니다. 원전 노동자들의 삶이라는 단어가 희미하게 떠올랐죠. 국내 노동자들의 현실을 속 깊이 알고 싶기도 했지만 제가 가진 한계만 확인할 뿐이었습니다. 그 때 제가 연락한 분이 있습니다. 일본에서 40여 년 동안 피폭 노동자를 취재해온 사진작가 히쿠치 켄지 씨였습니다. 이분은 본인의 피폭을 감수하고 그곳 노동자들의 현실을 사진에 담았고 후쿠시마 핵발전소 사고 이후 더욱 주목을 받고 있습니다. 그 결과로 본인도 피폭이 되어 재생불량성빈혈을 앓고 있습니다. 저는 그분께 한국에 보내는 메시지를 청하였습니다.

원전 노동자들을 사진에 담으면서 알게 되었습니다. 원전은 노동자들의 수작업 없이는 하루도 운전하지 못한다는 것을. 1년마다 하는 정기점검에서, 원전 한 기당 1,500명에서 2,000명에 이르는 노동자가 인해전술 작업을 하고 있습니다. 원전을 추진하는 쪽은 이 작업이 모두 컴퓨터로 조작된다고 했지만, 실은 지금껏 국민을 속여 온 것입니다. 저는 비밀스럽게 감춰졌던 원전 작업을 정기점검 중에 촬영할 수 있었고, 그동안 그들이 해 온 거짓말을 폭로했습니다. 피폭은 정기점검 중에 가장 많이 일어납니다. 일본에 원전은 쉰 네 기가 있는데, 점검하는 사람들은 쉰 네 곳을 떠돌며 살아갑니다.

… 한국에 계신 분께 말씀드립니다. 원전과 인류는 절대 공생할 수가 없습니다. 원자력의 평화적 이용은 거짓말입니다. 원전에 미래는 없습니다.[4]

저는 이러한 메시지를 받고 또 한 번 더 확인하게 되었습니다. 환경단체에서는 원전노동자를 '피폭노동자'라고 합니다. 피폭을 전제로 일하는 노동자라는 뜻이지요. 그래서 인당 방사선 노출량을 정해 두고 그것이 초과하면 근무할 수가 없게 됩니다. 한수원의 정규직 직원보다는 하청과 재하청, 그 아래로 내려갈수록 위험한 작업을 맡게 되는데, 이는 히쿠치 켄지 씨가 말한 것처럼 '인해전술' 작업이라고 할 수 있겠습니다.

저는 정부에서 시행한 역학조사 보고서를 찾아보았습니다. 원전 주변 지역 주민들과 암 발생과 원전이 관계가 있는가, 원

---

4) 『왜 아무도 나에게 말해 주지 않았나』 중에서

전 노동자들의 건강이 원전과 관계가 있는가 등을 조사한 자료입니다. 그 자료를 분석한 보고서의 결론은 이렇습니다. 원전 주변 지역의 암 발생과 원전은 과학적으로 근거가 없다는 것이었습니다. 물론 이것은 자료를 어떻게 해석하느냐, 대조군을 어떻게 설정했느냐 등에 따라 많은 이견들이 있고 지금까지도 논란에 있습니다. 그러나 이 보고서의 말미에는 원전 노동자들의 유전자 변이가 일어나고 있다는 점이 발견되었습니다. 다만 그것으로 어떤 결론을 지을 수는 없고 향후 연구가 더 이루어져야 한다고 결론을 맺지요.

길에서 본 것들: # 그리고 다시, 서울

그렇게 모든 곳을 둘러본 후 저는 서울로 돌아왔습니다. 그리고 열심히 책을 읽고 자료를 캐내고, 관련된 분들과의 인터뷰 등을 진행하면서 한 권의 책을 완성하게 되었습니다. 부산에서 고리원전을 둘러보고 돌아오던 날, 서울역의 밤 풍경이 참 생생합니다. 고리와 신고리 주변을 둘러보며 지역민들의 마음을 한편으로 헤아려보았던 그 길을 벗어나자마자, 전기 없이는 한시도 못살 것 같은 서울의 밤을 보았기 때문입니다. 건물 전체 벽면을 LED 전광판으로 밝힌 대형 빌딩 앞에서 잠시 먹먹해진 기억이 있습니다.

여행의 지평: 여행이 알려준 것들

암울한 사회 이야기를 했으니 잠깐 머리를 식혀봅시다. 저는 이후 여행산문집 『흐드러지다』를 출간했는데요. 이건 저의 기질이라고도 할 수 있습니다. 어려서부터 호기심이 많아 몸으로 부딪쳐보는 것을 좋아하는 그런 기질 말입니다. 여행은 그런 제게 잠깐의 휴식이자 많은 생각거리를 던져주는 하나의 기제로 작용하기도 합니다. 그래서 그런지 여행지에서 찍은 사진이 거의 없습니다. 그 이유로 이 산문집에는 사진 대신 제가 없는 솜씨로나마 직접 그린 그림들로 채워지게 되었습니다.

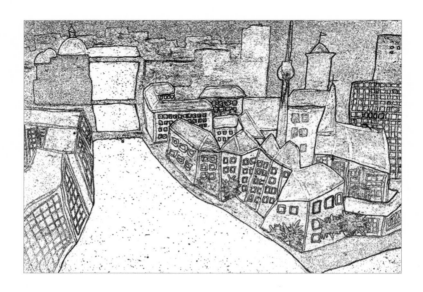

　독일에 머물던 아파트의 담쟁이 넝쿨과, 베를린의 야경을 가
끔 생각합니다.

터키의 술탄아흐멧 지구의 블루모스크를 가끔 떠올리기도 하고요.

그러나 길거리 노점상에서 아주 저렴한 가격에 마실 수 있었던 석류즙을 잊을 수는 없지요. 레몬나무가 가로수로 열리던 셀주크의 거리도 그렇고요. 그런 여행자의 고독 속에서 시가 나오기도 합니다.

7번국도

그날 함께 본 일출을 기억하십니까 고성에서 밑으로, 밑으로 내려가면서 우리는 아무 음악도 틀지 않았지요 멀리 걸어오는 저 사람의 투명한 윤곽 걷는 자의 쓸쓸함 낭만은 오로지 풍경에만 있을 것 같은

유배의 시간 그곳에 다다랐지요 우리는 오로지 아름다움에 대해서만
이야기했습니다 영원을 살아보지 않은 자의 미숙함으로 몇 억 광년일
지 모를 시간을 헤아렸습니다 유성우가 하늘을 가르며 떨어졌습니다
순간의 반짝임은 이미 오래 전에 죽은 불빛이라고, 당신이 말했습니다

　죽은 불빛으로 반짝이는 그곳의 바다는 여전히 아름다워서 나는
해안선 위로 떠오르는 태양에 마음을 빼앗겼지요 짭조롬한 바람을
머금은 갯완두가 하늘거렸지요

　유배된 해안선에서 오래 전의 그리움이 떠오릅니다 당신이 만약
그곳에 있다면 우리가 어떤 오늘을 만들었는지 오랫동안 침묵했던
자의 고독처럼 영원히 잊지 말기로 합시다

　여전히 음악처럼 흐르는 바다를 듣기로 합시다

원전을 다닐 때는 나오지 않았던 시를 한참이 지난 후에야
쓸 수 있었습니다. 그리고 다시 인도의 북동부 국경지대인 라다
크에서 가서는 영광에 있는 백수 해안을 떠올렸습니다.

　달 스위치

　발뒤꿈치에 굳은살이 생기도록
　희박한 공기 속을 걸었다

해발 4,500미터 판공초

디젤발전기가 툭툭툭 돌아가는 마을
잠깐 불을 밝히면
검은 매연도 함께 솟아오르는 곳

어쩌면 그것은 오래된 미래

모든 전원이 상실되고

빛은 어둠 속에서
스스로를 밝힌다

비로소
달의 스위치를 켜는 시간

백수해안에도
같은 달이 떴을 것이다

해발 4,500미터의 고산지대에 있는 소금호수 판공초에서 저는 블랙아웃을 경험했고 그 때 한반도의 한 구석에 있는 백수해안을 떠올렸던 것입니다. 저는 삶의 자세와 태도가 먼 훗날 자신을 얼마나 변화시킬 수 있는지에 대한 이야기를 어쩌면 하고 있는지도 모르겠습니다.

제가 지나왔던 이런 모든 여정들이 저는 다르다고 생각하지 않습니다. 원전으로 뚜벅뚜벅 향했던 저와 유럽행 비행기에 몸을 실었던 저는 오히려 매우 연결되어 있습니다. 철저한 고독을 마주한 자만이 알 수 있는 것이 있지요. 여행은 그 고독 속으로 들어가는 것이고, 모든 감각을 열어 낯설고 두려운 것을 마주해야 하는 과정입니다. 그럼에도 그 안에서 느낄 수 있는 새로움과 즐거움이 있지요. 그래서 저는 젊은 여러분께도 기회가 닿는 대로 여행을 떠나보시라고 말씀드리고 싶습니다.

그러므로 우리는 무엇을 해야 하는가

공동체라는 운명

다시 처음의 이야기로 돌아가 봅시다. 앞서 저는 국내의 현실만을 두고 이야기를 했었지요. 간단하게 세계의 추세를 돌아보면 이상한 점을 발견하게 됩니다. 유독 한·중·일을 중심으로 한 동아시아 지역에서만 핵발전을 적극적으로 추진하고 있다는 것입니다.

세계에서 원전 기수가 가장 많은 나라는 미국입니다. 현재 99기의 원전이 돌아가고 있고 4기의 원전을 건설 중이지만, 1976년 스리마일 원전사고[5] 이후 미국은 신규원전 건설을 전면 중

---

5) 미국의 스리마일 섬에서 일어난 대형 원전사고. 체르노빌, 후쿠시마와 함께

단하였습니다. 지금도 매우 소규모로 짓고 있고요. 2015년 기준 원전의 영구정지 현황은 미국이 33기, 영국이 30기, 독일 28기, 프랑스 12기 등 원전의 영구정지 수에 비해 신규건설 추진은 미미한 수준입니다. 독일은 대표적으로 탈핵을 추진하는 나라이지요.

그러나 동아시아의 핵산업에 대한 팽창은 심히 우려스러울 만한 수준입니다. 후쿠시마 핵발전소 사고 이후 원전 가동을 전면 중단했던 일본의 일각에서는 원전을 재개하려는 움직임도 보이고 있습니다. 그리고 우리나라는 세계 핵밀집도 1위의 국가입니다. 한국, 중국, 일본, 대만 등 우리 주변국들의 원전 지도를 펼쳐보면 우리의 운명도 함께 보입니다.

후쿠시마에서 핵발전소 사고가 났을 때 우리 정부가 발표했던 내용을 기억하시나요? 우리나라는 편서풍의 영향으로 후쿠시마에서 오는 방사능의 영향이 미미하다고 했습니다. 다음 장의 지도는 한, 중, 일, 대만의 현 주소를 나타냅니다. 그림에는 없지만 중국은 예정된 핵발전이 우리의 서해 건너편에 밀집해 있습니다.

생각하고 싶지 않지만 만약 우리나라에서 핵사고가 일어난다면 어떻게 될까요? 그 피해는 우리뿐 아니라 고스란히 바람을 타고 일본으로 넘어갈 것입니다. 서해안 건너편 중국에서 난다면 어떨까요? 우리가 매해 봄마다 겪는 미세먼지대란을 떠올려본다면 그 영향이 얼마만큼 일지 미루어 짐작할 수 있으리라고봅니다. 어쩌면 이런 것을 운명이라고도 할 수 있겠습니다. 문재

3대 원전 사고로 꼽힌다.

인 정부에 들어와서 추진되고 있는 탈원전 정책이 얼마만큼의 공론화를 이끌어낼지는 알 수 없습니다만, 북핵의 문제까지도 안고 있는 우리나라가 탈핵이라는 화두로 동아시아의 평화를 유지하는 역할을 해볼 수도 있지 않을까요? 한반도의 평화가 절실한 즈음에 드는 생각입니다.

〈『한겨레21』 특집기사(2014)〉

질문으로 떠난 길: # 추구하고, 구하는

이제 이 긴 여정을 마무리해야 할 것 같습니다. 제가 하고자 했던 이야기는 무엇일까요. 무엇이 옳고 그른지 그 답을 저에게 구한다면 저는 그것을 단 한마디로 요약할 수가 없을 것입니다. 저는 이 지난한 이야기와 제가 지나온 길을 통해 질문하는 사람에 대한 이야기를 하고 싶었습니다.

정답을 구하는 자보다 질문하고 탐구하는 자가 진리에 더 가깝다는 생각을 하게 됩니다. 저도 그런 과정에서 끊임없이 질문을 던집니다. '왜 그럴까', '어떤 이유일까', '다른 이유는 없을까'…. 수많은 질문 속에서 저는 다시 떠나야 할 이유를 찾게 됩니다. 그러한 질문이 길과 길을 연결했습니다. 그래서 결국 원자력발전의 폐해를 떠나 그것을 가동해야만 하는 이유를 찾고자 했던 길에서 저는 더 깊은 폐해를 발견하게 된 것이고요.

생각해 봅시다. 원자력발전은 모든 진행 과정에서 화석 연료를 필요로 합니다. 핵연료 농축의 과정은 원자력발전소 생산량과 맞먹는 화력발전을 필요로 하지요. 그리고 그 모든 과정과 순간이 피폭입니다. 피폭 노동 없이는 굴러갈 수 없는 것이 원전이라는 것을 우리는 확인했습니다. 더구나 30만 년이나 남는 핵쓰레기를 후대에게 물려주게 됩니다. 온배수, 양수발전, 대규모 송전시설…. 원전으로 인해 드러나는 갈등의 이면을 봅시다. 제가 또 한 가지 뼈저리게 느낀 것은 우리는 도시에 살면서 지역을 식민화하는 현상에 직면해 있다는 것이었습니다. 지역의 당사자들이 겪는 고통이 있을 것입니다. 그 고통을 단순히 님비

현상으로만 치부할 수 있을까요? 답을 들려주기 전에 여러분들이 생각해주었으면 합니다.

그래서 잠깐 질문을 바꿔 봅니다.

'핵발전의 대안은 무엇인가요?'라고 누군가 묻는다면, 저는 탈핵으로 가기 위해 무엇을 하면 되는가? 라는 질문을 돌려드리고 싶습니다. 이렇게 질문을 바꾸면 또 다른 해법이 보이거든요. 한번 뒤집어 보면 다시 말해, 우리가 핵발전에 대한 태도를 바꾼다면 동아시아의 핵발전에 대한 맹목을 조절할 수 있는 길도 열리지 않을까요?

추구할 것, 구할 것, 항상 질문을 던질 것, 신성시 되는 것에 의심을 가질 것!
추구하는 사람만이 답을 구하는 것에 가까워집니다. 그러한 태도가 스스로를 구하고, 가족을 구하고 또 이 세계를 구하는 것에 다가가는 것이 아닐까 생각해 봅니다. 후쿠시마 핵발전 사고를 겪은 다쿠키 요시미쓰의 다음 말을 인용하며 말을 마치고자 합니다.

여러분한테 꼭 부탁하고 싶은 것은, 아무리 어려워 보이는 주제라해도 반드시 자기 머리로 생각해 보라는 겁니다. 스스로 생각하지 않고 '전문가'나 '권위' 따위에 판단을 맡겨 버리는 것, 인생을 그런 식으로 사는 사람이 늘어 가는 건 무서운 일입니다.
　　　　　　　　　　　—『3·11 이후를 살아갈 어린 벗들에게』 중에서